REDLINE | VERLAG

Margaret Heckel

Der Weg in den UNRUHESTAND

44 Jobideen für eine entspannte zweite Lebenshälfte

Bibliografische Information der Deutschen Nationalbibliothek:
Die Deutsche Nationalbibliothek verzeichnet diese Publikation in der Deutschen Nationalbibliografie; detaillierte bibliografische Daten sind im Internet über http://d-nb.de abrufbar.

Für Fragen und Anregungen:
info@m-vg.de

Wichtiger Hinweis
Ausschließlich zum Zweck der besseren Lesbarkeit wurde auf eine genderspezifische Schreibweise sowie eine Mehrfachbezeichnung verzichtet. Alle personenbezogenen Bezeichnungen sind somit geschlechtsneutral zu verstehen.

Originalausgabe
1. Auflage 2024

Türkenstraße 89
80799 München
Tel.: 089 651285-0

Redaktion: Anne Horsten
Umschlaggestaltung: Marc Fischer
Umschlagabbildung: stock.adobe.com/Vita
Satz: ZeroSoft, Timisoara
Druck: GGP Media GmbH, Pößneck
Printed in Germany

ISBN Print 978-3-86881-959-5
ISBN E-Book (PDF) 978-3-96267-575-2
ISBN E-Book (EPUB, Mobi) 978-3-96267-576-9

Weitere Informationen zum Verlag finden Sie unter

www.redline-verlag.de

Beachten Sie auch unsere weiteren Verlage unter www.m-vg.de

Inhalt

Einführung

Etwas Neues wagen!

Das Werbeplakat auf dem Bahnsteig im beschaulichen Allgäustädtchen Memmingen hatte es in sich: Darauf versprach ein Münchner Technologiekonzern 3000 Euro Willkommensprämie für Elektroniker und Techniker – und 100 Euro gäbe es allein dafür, dass sich die Gesuchten zu einem Vorstellungsgespräch einfänden.

Angebote wie diese werden in den nächsten Monaten und Jahren deutlich zunehmen. Der Arbeitsmarkt hat sich unumkehrbar gedreht. In Zukunft werden es die Arbeitenden sein, die sich die Stellen und Arbeitgeber aussuchen. Diese Zeitenwende bietet erstmals seit Jahrzehnten ungeahnte Chancen auch für Menschen in der zweiten Lebenshälfte.

Menschen wie die Physiotherapeutin Elisabeth, die mit 61 Jahren eine Maurerlehre begann. Bauen und Handwerken hat ihr schon immer Spaß gemacht, jahrelang renovierte sie mit ihrem heutigen Ex-Mann ein altes Bauernhaus. Nach 40 Jahren als Physiotherapeutin hat sie nun die Chance ergriffen, etwas völlig anderes zu lernen, und sie hat auch einen Ausbildungsbetrieb gefunden.

In ihrem alten Job als Physiotherapeutin arbeitet Elisabeth abends und an den Wochenenden weiter. Nicht, weil sie das Geld braucht, sondern, weil ihr beides Freude bereitet. Arbeiten will sie, solange sie dazu in der Lage ist – nicht nur bis zu einer staatlich vorgegebenen Altersgrenze.

Oder der Kirchenmusiker Andreas, der sich mit Anfang 50 zum Triebfahrzeugführer umschulen ließ. Sein Leben lang war er Kirchenmusiker, und hatte auch eine Dozentur in diesem Fach inne, wie er erzählt. Beides habe er als erfüllend empfunden, aber irgendwann sei sein alter Traum, Lokführer zu werden, zurückgekehrt. Da die Mobilitätsbranche immer Mitarbeitende sucht, sind Quereinsteigende dort hochwillkommen. Auf vier Bewerbungen erhielt Andreas vier Zusagen. Inzwischen arbeitet er als Triebwagenführer bei der RheinRuhrBahn. Jeder Tag sei anders, sagt er, dieser Job bereite ihm große Freude.

Darüber hinaus eröffnen sich auch neue Möglichkeiten für Menschen, die sich bereits in Rente befinden. Kurt beispielsweise war mit 63 nach einem über 40-jährigen Berufsleben bei der Sparkasse in den Ruhestand gegangen. Reisen war schon immer sein Hobby, und so griff er sofort zu, als ihm ein gutes Jahr später ein Job als Flugkurier angeboten wurde: Mit maximal 24 Stunden Vorankündigung erhält er Aufträge, eilige Waren im Hand- oder Sondergepäck überall dorthin auf der Welt zu bringen, wo man sie dringend benötigt. Schon nach einem Jahr als Kurier hat er über 100 000 Meilen abgeflogen, die er für private Reisen einsetzen kann.

Bei Bernd war es ebenfalls das Hobby, das ihm zu einem Neustart nach Rentenbeginn verhalf: Der Manager sammelt schon sein Leben lang handgenähte Schuhe und baute eine beeindruckende Sammlung auf. Oft kauft er gebrauchte Schuhe auf Ebay. Seine Schätze reinigt und repariert der frühere Marketingexperte selbst, dazu hat er sich eine kleine Werkstatt eingerichtet. Gut gepflegt halten diese Schuhe locker 20 Jahre. Um Platz im Regal zu schaffen, verkaufte er die ersten Paare auf dem Flohmarkt, dann über monatliche Mailinglisten und schließlich in seinem eigenen Laden im badischen Staufen. Inzwischen arbeitet ein junger Schuhmacher mit ihm zusammen, der das Geschäft auch übernehmen will.

Gerhard war 91, als er noch mal ein Unternehmen gründete. Bis zum Alter von 70 Jahren leitete er die Geschäfte eines Baumaschinenherstellers, für den er einst einen Schaufellader konstruiert hatte. Dann genoss er seine Freizeit am schönen Bodensee, fuhr häufig Mountainbike und wanderte mit seinen Freunden in den nahen Alpen. Als er mit 86 nach einem Fahrradunfall nicht mehr so gut laufen konnte, begann er, gemeinsam mit einem Fahrradexperten einen geländegängigen Rollator zu entwickeln. 400 Stunden testete er das Gefährt, inzwischen ist die erste Kleinserie auf dem Markt.

Dies sind nur einige Beispiele aus einer täglich wachsenden Zahl von Menschen, die in der zweiten Lebenshälfte etwas Neues anfangen. Wie man so etwas schafft, was man dabei beachten sollte, und warum es diese neuen Chancen überhaupt gibt, thematisiert dieses Buch. Im Zentrum stehen die Jobs: Berufe für Angestellte, die sich neu orientieren wollen, Jobs für Soloselbstständige und Minijobber im Übergang in die Rente, sowie Ideen für all jene, die mit 50+ ihr eigenes Ding machen und ein Unternehmen gründen möchten.

Für jeden dieser Bereiche stelle ich interessante Jobs vor – als persönlich und ausführlich erzählte Geschichten, mitten aus dem Leben. Hinzu kommen konkrete Tipps für den Berufswechsel, den Übergang in die Rente, bei dem man nebenbei arbeitet, sowie für die eigene Gründung.

Diese Hinweise fasse ich im Serviceteil am Ende dieses Buches strukturiert zusammen. Dabei geht es beispielsweise um Ressourcen für den Berufswechsel: Wer kann mich beraten? Was kostet dieser Service? Welche Informationsquellen gibt es? Selbstverständlich behandele ich auch den Übergang in die Rente. Dazu gehören Antworten auf die Frage wie der nach dem frühestmöglichen Renteneintritt, genauso wie zu dem Aspekt, was es finanziell bringt, über die gesetzliche Rentengrenze hinaus weiter tätig zu sein.

Seit Anfang 2023 ist es möglich, bereits mit 63 in Rente oder Teilrente zu gehen und trotzdem voll oder in Teilzeit weiterzuarbeiten. Für wen sich dies lohnt und was es dabei zu beachten gilt, ist ein weiteres wichtiges Thema im Serviceteil dieses Buchs. Besonderen Wert lege ich dabei auf die Punkte Steuern und Sozialabgaben. Durch die Kombination von (Teil-)Rente und (Teil-)Arbeit gibt es hier viele Optionen, die jeder und jede gewinnbringend für sich nutzen kann.

Zunehmend hat die Politik erkannt, wie wichtig es ist, den Renteneintritt zu flexibilisieren. In den skandinavischen Ländern beispielsweise ist es seit vielen Jahren üblich, dass die Menschen ihren Rentenbeginn individuell nach ihren Lebenslagen und Interessen selbst festlegen. Dazu erhalten sie frühzeitig einen Überblick, welche finanziellen Leistungen ihnen in welchem Alter zustehen und was (längere) Lebensarbeit ihnen einzubringen vermag. Üblich ist dort auch, dass Berufstätige in Teilrente gehen und nach ihren zeitlichen Wünschen weiterarbeiten. Auch wer schon in Pension ist, kann wieder zu arbeiten beginnen.

Daher verwundert es nicht, dass die skandinavischen Länder die weltweit besten Werte bezüglich der »gesunden Lebensspanne« (Healthspan) aufweisen. Mit diesem Begriff messen die Wissenschaftler die Lebenszeit, die wir bei guter Gesundheit verbringen.

Viele von Ihnen haben vielleicht schon gehört, dass sich die Lebenserwartung überall in der Welt seit gut zwei Jahrhunderten ständig erhöht. Im 20. Jahrhundert hat sie sich fast verdoppelt. Derzeit bekommt jeder von uns jeden Tag im statistischen Mittel rund fünf Stunden zusätzliche Lebenszeit geschenkt.

Somit steigt unsere Lebenserwartung alle zehn Jahre um zwei bis drei Jahre. Jedes zweite Mädchen, das momentan in Deutschland geboren wird, wird demnach ihren 100. Geburtstag erleben. Die Jungs sind noch nicht ganz so weit, aber sie holen auf.

Was aber nützt dieses Geschenk an Lebenszeit, wenn wir sie krank und gebrechlich verbringen? Um diese Fragen zu beantworten, hilft der Blick auf die gesunde Lebensspanne. Ganz vorne in Europa sind die Schwedinnen, die sich im Alter von 65 Jahren auf weitere 16,4 gesunde Jahre freuen dürfen[1]. In Deutschland sind es nur 11,7 Jahre – also ein satter Unterschied von fast fünf Jahren. Bei Männern liegen die vergleichbaren Werte bei 15,4 Jahren für die Schweden und 10,4 Jahre für die Deutschen.

Die Wissenschaft ist diesem gravierenden Unterschied seit einiger Zeit auf der Spur. Es überrascht dabei kaum, dass gesunde Ernährung und Bewegung wichtige Faktoren für die gesunde Lebensspanne darstellen. Auch die jeweilige genetische Ausstattung der Menschen spielt eine Rolle. Auf diese Aspekte werde ich noch zurückkommen.

Zudem verdichtet sich in der Forschung immer mehr die Erkenntnis, dass es unsere gesunde Lebensspanne ebenfalls deutlich verlängert, gute soziale Beziehungen zu unterhalten und in ein Netzwerk wertschätzender Menschen eingebunden zu sein. Dazu zählt selbstverständlich auch unsere Arbeit – zumindest dann, wenn sie uns erfreut und das Gefühl vermittelt, etwas Sinnvolles zu tun.

Dies ist die zentrale Erkenntnis der »Glücksstudie« der bekannten US-amerikanischen Harvard Universität. Seit dem Jahr 1938 verfolgen Wissenschaftler dort das Leben von knapp 800 Menschen und befragen sie regelmäßig. Sie wollen herausfinden, was ein »gutes Leben« ausmacht. Inzwischen nehmen auch die Kinder und viele Kindeskinder der ursprünglich Befragten an dieser Studie teil, weitere über 1300

Männer und Frauen. Nirgendwo sonst auf der Welt findet sich ein derartiger Datenschatz zu dem, was ein gutes Leben ausmacht, wie bei dieser Langzeitbefragung der Harvard-Wissenschaftler.

Was also umfasst ein »gutes Leben«? Oft antworten die Befragten, dass sie »glücklich« sein wollen. Dies ist eine Aussage, die sofort zu neuen Fragen führt. Denn was ist »Glück«? Robert Waldinger, der derzeitige Direktor der Harvard-Studie, hat beide Fragen zum Anlass genommen, gemeinsam mit seinem Co-Autor Marc Schulz ein Buch über das gute Leben vorzulegen: *The Good Life ... und wie es gelingen kann: Erkenntnisse aus der weltweit längsten Studie über ein erfülltes Leben*[2].

In diesem außerordentlich lesenswerten Buch gehen die beiden Autoren allen Faktoren nach, die wir gemeinhin mit dem guten Leben assoziieren: Gesundheit, Glück, unsere Familie, Wohlstand – was wir beruflich, gesellschaftlich und persönlich erreicht haben.

All diese Aspekte seien wichtig, schreiben die beiden. Ein Faktor stelle sich jedoch über die fast neun Jahrzehnte der Studie und die rund 3000 Befragten hinweg immer wieder als der allerwichtigste heraus: »good relationships« – gute Beziehungen. Oder vielleicht noch besser, weil leichter verständlich: in ein positiv wirkendes soziales Netzwerk eingebunden zu sein, in dem wir uns wohlfühlen, geschätzt und geliebt werden und in dem wir einfach wir selbst sein können.

Dieses Element sagt auch besser als jedes andere vorher, wie jeder und jede Einzelne von uns altert, schreiben Waldinger und Schulz: »Also trugen wir alles zusammen, was wir über sie im Alter von 50 Jahren wussten, und fanden heraus, dass es nicht ihre Cholesterinwerte im mittleren Alter waren, die vorhersagten, wie sie alt werden würden, sondern wie zufrieden sie in ihren Beziehungen waren. Die Menschen, die im Alter von 50 Jahren mit ihren Beziehungen am zufriedensten waren, waren im Alter von 80 Jahren am gesündesten (geistig und körperlich).«[3]

Unmittelbar damit hängt auch unser Bild vom Altern zusammen. Leider ist es – zumal in Deutschland – noch zu oft ein negatives: Viele Menschen glauben immer noch, mit 50 sei der Gipfel des Lebens erreicht, und danach beginne ein mehr oder weniger schneller, aber unaufhaltsamer Abstieg.

Diese Annahme ist kompletter Unsinn. Meiner Ansicht nach hat sie viel mit unserer jüngeren Geschichte zu tun. Während der Massenarbeitslosigkeit, die auf die Deutsche Einheit folgte, wurden viele Männer und Frauen schon kurz nach 50 auf ein – politisch gewolltes – »Altenteil« geschickt: Sie sollten Platz für Junge machen. Es gab sogar ein Förderprogramm dafür, das besagte: »ein alter Mensch raus, ein junger« rein.

Natürlich funktionierte dieser Ansatz nicht. Doch viele der heute noch gängigen Vorurteile über ältere Mitarbeitende stammen aus dieser Zeit. Zum Beispiel, Ältere seien langsamer als Jüngere, öfter krank und nicht so flexibel. Dies ist alles weitestgehend Unsinn, wie die Wissenschaft inzwischen dokumentiert hat. Doch leider halten sich solche Vorurteile hartnäckig.

Schauen wir uns also die Fakten an. 1,2 Millionen Daten sammelte das Team des Demografieforschers Axel Börsch-Supan, langjähriger Direktor des Munich Center for the Economics of Aging (MEA). Mit seinen Mitarbeitenden trat er an, herauszufinden, ob Ältere weniger produktiv bei der Arbeit als Jüngere seien. Bei einem Automobilhersteller und in einer chemischen Produktionsanlage beobachteten die Wissenschaftler über vier Jahre Beschäftigte am Band. Als Maßstab dafür, wie produktiv diese Mitarbeitenden waren, verwendeten die Forschenden die Fehler, die in diesen Unternehmen passierten.

Auf den ersten Blick bestätigte sich das Vorurteil bezüglich der Älteren, die mehr Fehler machten. Doch auf den zweiten Blick erwies es sich als falsch: Denn die Fehler der Jüngeren waren deutlich gravierender – und viel kostspieliger für die jeweiligen Unternehmen. »Die Produktivität der älteren Mitarbeiter ist am Ende höher als die der jungen«, zitiert die *Frankfurter Allgemeine Sonntagszeitung* den Forscher[4].

Thomas Zwick von der Universität Würzburg erklärt das Produktivitätsvorurteil. Dieses hängt mit einer wissenschaftlichen Messmethode zusammen, die man bis in die frühen 2000er-Jahre anwandte. Wenn man dabei 30-Jährige und 60-Jährige verglich, war das oft eine sogenannte Querschnittsbetrachtung.

So vorzugehen ist jedoch, als würde man Äpfel mit Birnen vergleichen. »Jüngere sind grundsätzlich produktiver als Ältere, einfach deshalb, weil sie in eine andere Zeit geboren wurden«, sagt Zwick. Eine heute 30-Jährige ist beispielsweise mit dem Internet aufgewachsen, während ein heute 60-Jähriger möglicherweise in der Schule noch Durchschreibpapier zum Kopieren verwendet hat.

Inzwischen sind sogenannte Längsschnittstudien wissenschaftlicher Standard, in denen man diesen dem Zeitfaktor geschuldeten Produktivitätsunterschied herausrechnet. Dabei zeigt sich deutlich, dass Ältere nicht wegen ihres Alters weniger produktiv sind als Jüngere, sondern einzig und allein wegen ihres früheren Eintritts ins Arbeitsleben.

Dies ist eine außerordentlich wichtige Erkenntnis, um die Fähigkeiten von Älteren besser zu verstehen. Jede neue Generation auf dem Arbeitsmarkt ist grundsätzlich produktiver als die vorherige – und zwar aufgrund des technischen Fortschritts und des immer weiter anwachsenden Wissens in der Gesellschaft.

Für die einzelne Person hingegen gilt dieser Sachverhalt nicht: Eine 55-Jährige ist zwar möglicherweise in diesem Sinne »weniger produktiv« als eine 33-Jährige. Aber sie ist nicht »weniger produktiv« als die 33-Jährige, die sie einmal war. Ihre Produktivität nimmt nicht mit dem Alter ab, zumindest nicht quasi als Naturgesetz.

Im Gegenteil hat sie möglicherweise in den dazwischen liegenden zwei Jahrzehnten viele Erfahrungen gesammelt, die sie nun den Jüngeren voraushat und durch die sie deutlich produktiver geworden ist. Oder weniger günstig: Vielleicht hatte sie das Pech, in einer Arbeitsumgebung zu sein, die Ältere wenig wertschätzt und ihnen suggeriert, sie seien weniger leistungsfähig.

Damit sind wir an einem zentralen und leider oft unterschätzten Punkt angelangt. Noch immer kursiert in der Gesellschaft eine Geringschätzung Älterer, die auch zur sich selbst erfüllenden Prophezeiung wird: Wenn ältere Menschen sich nicht geschätzt oder gewürdigt fühlen, leisten sie tatsächlich häufig auch weniger. Diesen Zusammenhang gilt es grundsätzlich zu sehen, um die Motivation und Leistungsfähigkeit von Älteren am Arbeitsplatz zu verstehen.

Bereits 2010 ergab das eindeutig eine Umfrage des Bundesarbeitsministeriums[5]. Dabei sollten Ältere berichten, ob sie ihr Arbeitspensum schaffen oder nicht. Ihre Antworten hingen entscheidend davon ab, ob sie sich in ihrem Unternehmen geschätzt fühlten. War dies der Fall, antworteten zwei Drittel mit »Ja«. Traf dies nicht zu, sagten drei Viertel der Befragten, sie würden das Arbeitspensum nicht bewältigen.

Die zuständige Ministerin war damals Ursula von der Leyen, die heutige Präsidentin der EU-Kommission. Als sie die Studie auf einer Tagung in Berlin vorstellte, sagte sie: »Die Frage des Alters ist ganz stark eine Kopfsache. Wenn wir Älteren keine Innovationen mehr zutrauen, trauen die sich das selbst nicht zu.«

Damit sind wir wieder beim so entscheidenden Altersbild: Wie bewertet jeder Einzelne von uns das Altern? Wie sieht das Altersbild in unserer Gesellschaft aus?

Schauen wir auf ein paar zufällig herausgegriffene Schlagzeilen der vergangenen Monate: »Plötzlich zu alt? Übergangen, gemobbt, abserviert: Wie Ältere diskriminiert werden?«, titelte der *Spiegel* im März 2023. Unter der Schlagzeile »Wenn Bewerber mit 45 schon ›zu alt‹ sind« berichtete die *Süddeutsche Zeitung* Anfang September 2022 über eine Umfrage der Jobplattform Indeed bei Personalverantwortlichen. Über die Hälfte der Befragten wollte Menschen über 45 nicht mehr einstellen. Die Zeitung zitiert Annina Hering, die als Ökonomin bei Indeed den Arbeitsmarkt analysiert, mit den folgenden Worten: »Es hat mich schockiert, dass es in den Personalabteilungen weiterhin so starre Altersgrenzen gibt. (...) Damit tut man nicht nur den Bewerbenden unrecht, die unfassbar viel Erfahrung mitbringen, sondern man schadet sich als Unternehmen auch selbst.«[6]

Wie aber könnte ein modernes Altersbild aussehen, das nicht defizitär angelegt ist? Die Psychologin Laura L. Carstensen ist dafür eine Vordenkerin. Sie gründete schon vor vielen Jahren das »Center on Longevity« (»Zentrum für langes Leben«) an der renommierten Stanford Universität in Kalifornien. »Wir sollten unsere Leben so planen, dass die Menschen mit 50 noch einmal aufbrechen. Sehen Sie es als ein ›fünfzig:fünfzig-Modell‹«, schreibt sie in ihrem bereits 2009 erschienenen Buch *A Long Bright Future*[7]. Die ersten 50 Jahre eigneten wir uns »all das Wissen und soziale Know-how an, um es die nächsten 50 Jahre an unsere Umgebung und die Gesellschaft zurückzugeben«.

Statt alles »nach 50 als Abstieg und Niedergang« zu sehen, spricht sich Carstensen für ein Modell der Lebensspannen aus. »In diesem neuen Skript wird es ab 50 erst richtig interessant und zu einer Zeit, in der man wirklich etwas beitragen kann, sei es in der Familie, bei der Arbeit oder in der Gesellschaft.« Für Carstensen eignet sich das alte dreiphasige Lebensmodell, nach dem wir zuerst lernen, dann arbeiten und uns schließlich ausruhen, für ein bald 100-jähriges Leben keinesfalls.

Wie ein tragfähiges Konzept für das 100-jährige Leben aussehen könnte, beschreiben die Wirtschaftsprofessoren Lynda Gratton und Andrew Scott in *Morgen werden wir 100. Wie unser langes Leben gelingt*[8]. Sie gehen von einem mehrstufigen Leben aus: Phasen des Arbeitens, des Lernens und des Ausruhens werden sich zwischen 20 und 80 immer wieder abwechseln.

Als einen der »aufregendsten Aspekte dieser neuen Stufen« sehen die Autoren die »Altersunabhängigkeit«: »In einem Drei-Stufen-Modell ist das Alter ein Indikator für eine bestimmte Lebensphase, und diese Deckungsgleichheit von Alter und Lebensphase ergibt einen einfachen, linearen Lebensverlauf. (...) In einem vielstufigen Leben mit zahllosen Möglichkeiten des Arrangements von Aktivitäten sind Alter und Lebensphase entkoppelt. (...) Tatsächlich müssen sich in einem vielstufigen Leben Menschen jedes Alters Eigenschaften bewahren, die bisher nur mit jungen Menschen assoziiert wurden: Jugendlichkeit und Plastizität, Verspieltheit und Improvisation; und die Fähigkeit, Neues zu wagen.«

Noch weiter geht die Stanford-Professorin Susan Wilner Golden mit ihrem Konzept »Stage (Not Age)«. Im gleichnamigen und leider noch nicht ins Deutsche übersetzten Buch argumentiert Golden[9], das chronologische Alter insbesondere in der zweiten Lebenshälfte sage kaum etwas über uns aus. Viel nützlicher sei die Frage, in welcher Phase (»stage«) unseres Lebens wir uns befinden.

18 derartige Phasen hat sie definiert, die sich in vier Bereiche gruppieren lassen: »Growth stages«, »Career and family stages«, »Reinvention stages« und schließlich »Closing stages«. Dabei unterteilen

sich die »Wachstumsphasen« in das »Anfangen, Wachsen, der erste Beginn und das Experimentieren«. Die »Berufs- und Familienphasen« beinhalten »ständiges Lernen, Entwickeln finanzieller Sicherheit, Elternsein, Pflegen und die Gesundheitsoptimierung«. Dies klingt eher gängig und folgt dem, was auch ein dreistufiges Lebensmodell besagt.

Neu hinzu kommt nun bei Golden die »Neu-Erfindungsphase«: In dieser geht es darum, Lebensprioritäten zu setzen, sich neu zu erfinden, über den Sinn des Lebens nachzudenken. Zudem meint sie damit, sich neues anzueignen und/oder in eine möglicherweise andere Umgebung überzusiedeln. Es geht um eine »Renaissance«, eine Art Wiedergeburt des eigenen Ichs: Was ist mein Portfolio? Wie kann und will ich mich neu erfinden?

Golden war bereits in ihren 60-ern, als sie nach einer erfolgreichen Karriere in der Wirtschaft zurück an die Universität Stanford ging. Dort bietet das »Distinguished Careers Institute« ein Fortbildungszentrum für Menschen, die in der zweiten Lebenshälfte noch mal etwas Neues anfangen wollen. Personen also, die in ihre »Reinvention stage« aufbrechen.

Golden definiert sie so: »In der Phase der Neuerfindung hören Sie vielleicht auf, dort zu arbeiten, wo Sie bisher gearbeitet haben, aber das bedeutet nicht, dass Sie sich aus dem Berufsleben zurückziehen oder kein Ziel mehr haben. In dieser Phase geht es darum, die Prioritäten in Ihrem Leben neu zu setzen. Es geht darum, zu überdenken, was Sie vielleicht tun möchten. Vielleicht haben Sie viele Talente, die Sie auf unterschiedliche Weise einsetzen möchten.[10]«

Menschen in dieser Phase können 50 oder 75 sein, sagt sie. Das chronologische Alter sei vollkommen egal: Wie diese Personen sich verhalten, was ihre Ziele sind – dies lässt sich viel besser mit dem »Stage-(Not-Age)«-Konzept erklären. Wichtig ist zu verstehen, dass diese unterschiedlichen Phasen nicht zwingend zeitlich aufeinander folgen. Es kommt immer auf die jeweilige persönliche Lage an. Menschen können zwischen diesen Phasen immer wieder hin- und herspringen. Jeder und jede geht dabei unterschiedlich vor – nach persönlicher Lage, Interessen und Möglichkeiten.

Dies zeigen auch die Lebens- und Berufsgeschichten in den nächsten Kapiteln dieses Buches. Die Männer und Frauen, die sich für einen beruflichen Neustart entschieden haben, befinden sich allesamt in unterschiedlichen Phasen (»stages«) ihrer zweiten Lebenshälfte. Manche haben noch Kinder in der Schule, andere freuen sich schon über Enkel. Etliche pflegen Verwandte, andere sind alleinstehend.

Manche Phasen sind ihnen jedoch gemein: die Suche nach den eigenen Prioritäten beispielsweise, die Lernphase, die Frage nach dem eigenen Portfolio an Fähigkeiten.

Mit dem Lebensphasenkonzept haben wir eine Methode an der Hand, auf die jeweiligen unterschiedlichen Bedürfnisse von Menschen besser einzugehen. Wer beispielsweise noch Kinder oder Jugendliche im Haus hat, wird nicht monatelang eine Fortbildung besuchen können. Er oder sie braucht modularisierte Weiterbildungsangebote, die auch virtuell zur Verfügung stehen. Wer sich nach einer Scheidung neu orientiert, denkt möglicherweise über einen harten Schnitt nach, der nicht nur einen Berufs-, sondern auch einen Ortswechsel mit sich bringen könnte.

Das Lebensphasenkonzept ermöglicht uns eine erste Annäherung an die Vielfalt, aber auch an die sich ähnelnden Bedürfnisse der Menschen in der zweiten Lebenshälfte. Denn das chronologische Alter hilft uns hier nicht. Es ist nichts weiter als eine Zahl, der wir aber aus Tradition (leider) zu viel Bedeutung beimessen.

Darf ich Sie hierzu auf ein kleines Gedankenexperiment einladen? Schließen Sie kurz die Augen. Oder nehmen Sie einen Stift und ein Blatt Papier, was immer ihre Lieblingsmethode zum Nachdenken ist. Wer von Ihren Bekannten und Freunden wird demnächst 50, 60 oder 70? Notieren Sie die Namen und versuchen Sie, Gruppen zu bilden. Wer davon ist optimistisch und freut sich auf die Zukunft? Wer ist krank oder anderweitig gehandicapt? Wer plant Neues oder ist dabei, sein Leben zu verändern? Wer beginnt viele seiner Sätze mit »früher war alles besser«?

Wenn es Ihnen so geht wie mir, taugt das chronologische Alter Ihrer Freunde überhaupt nicht dazu, ihre Lebenssituation zu beschreiben. Da gibt es den 50-Jährigen, der mit seinem Leben fast schon abgeschlossen hat. Und die 70-Jährige, die noch mal neu durchstartet. Dazwischen findet sich so ziemlich jeder, den man sich vorstellen kann.

Für mich ist deshalb das Konzept des 100-jährigen Lebens weit hilfreicher. Wenn ein solches Dasein der Regelfall wird, etwa bei unseren Kindern und Kindeskindern: Was würden wir dann in der zweiten Lebenshälfte alles noch anfangen?

Meine Mutter hat mir etwas Besonderes geschenkt: Sie hat mich am 06.06.66 auf die Welt gebracht. So durfte ich nicht nur am 06.06.99 mit über 100 Gästen ein rauschendes Fest zu meinem 33. Geburtstag feiern. Sondern ich bin auch fest entschlossen, den 06.06.66 noch einmal zu erleben – als 100-Jährige im Jahr 2066.

Dies definiert meinen Ausblick auf meine zweite Lebenshälfte: Stand jetzt sind es noch 43 Jahre. Der (chronologisch) gleiche Zeitraum wie zwischen meinem 13. und meinem 56. Geburtstag. Wenn ich zurückdenke, was in diesen Jahren alles in meinem Leben passiert ist und dann überlege, was in den nächsten 43 Jahren alles noch geschehen kann: Ist dies nicht eine wunderbare Vorstellung?

Ja, aber was ist mit dem Altern? Den Krankheiten? Dem körperlichen und geistigen Abbau? Dem Verlust lieber Menschen? Keine Frage, alles wichtige Themen. Doch ob diese Vorfälle mein Leben dominieren oder der positive Ausblick – dies ist in hohem Maße eine Frage meines Altersbildes, meines persönlichen Ausblicks auf mein weiteres Leben.

Leider bewerten Menschen in der zweiten Lebenshälfte das Altern oft noch negativer als Junge, wie Wissenschaftler herausfanden. Besonders groß sind die Vorurteile bezüglich der körperlichen Attraktivität und der geistigen Kompetenz von Älteren. Diese Ansichten sind deshalb so tückisch, weil sie intuitiv, ohne nachzudenken und somit unbewusst erfolgen.

Nehmen wir als Beispiel das Wort »Altern«: Sobald wir geboren werden, altern wir. Bei Kleinkindern, Jugendlichen und jungen Erwachsenen nennen wir diesen Prozess allerdings »Entwicklung« – einen Begriff, den wir Älteren nicht zugestehen.

Die Harvard-Medizinerin Ellen Langer sieht das kritisch: »Wer sich in seinem späteren Leben verändert, muss regelrecht gegen vorgegebene Meinungen ankämpfen, damit diese Veränderung als ›Entwicklung‹ und ›Wachsen‹ anerkannt wird«, schreibt sie in ihrem Buch *Counterclockwise*[11].

In meinen Vorträgen führe ich meist ein kleines Experiment durch, um die unbewussten Vorurteile über das Altern hervorzuheben. Ich bitte eine Hälfte des Saals, sich für wenige Sekunden die Ohren zuzuhalten. Der anderen Hälfte nenne ich drei Stereotype über das Alter wie beispielsweise »dement, abhängig, inkompetent«.

Danach lasse ich alle Anwesenden aufstehen und sich ein wenig die Glieder schütteln – nicht nur, weil Bewegung gut für uns ist. Sondern auch, weil eine Hälfte der Zuhörenden einige Millisekunden länger brauchen wird, um sich von ihren jeweiligen Sitzen zu erheben. Es ist egal, ob sie jung, alt, gesund oder krank sind.

Jetzt möchten Sie natürlich wissen, welche Hälfte länger braucht, oder? Na klar, Sie ahnen es schon: Die Menschen, denen ich die drei negativen Altersstereotypen zugerufen habe. Auf diese Weise »prime« ich die Leute im Publikum, wie die Wissenschaftler sagen. Unter »Priming« verstehen die Psychologen eine Methode, um unbewusste Vorurteile ans Licht zu holen. Das Priming (in etwa: »die Bahnung von Reizen«) legt dabei eine mentale Spur vor dem eigentlichen Test – das mache ich mit den drei Begriffen »dement, abhängig, inkompetent«.

Diese Altersstereotypen sind so negativ, dass sie körperliche Reaktionen beeinflussen: Unbewusst – und völlig unabhängig von ihrem jeweiligen Alter- und Gesundheitszustand – bringen sie Menschen im wissenschaftlichen Experiment dazu, messbar langsamer von ihren Stühlen aufzustehen.

Wie stark diese unbewussten Vorurteile wirken, zeigt ein anderes Experiment mit ausschließlich jungen Menschen. Bevor man sie bittet, eine kurze Strecke zu laufen, wird eine Hälfte mit negativen Altersstereotypen geprimt. Und tatsächlich: Im Schnitt gehen sie langsamer als die Gruppe, die neutral geprimt wurde.

Diese Ergebnisse belegen die Sprengkraft des Unbewussten: Viele der negativen Folgen des Alters hängen mit unseren unbewussten Vorurteilen, mit unserem Altersbild, zusammen. Doch genauso wie es die Kraft der negativen Gedanken gibt, existiert auch die Kraft der positiven Gedanken. Wenn wir unser Altersbild daraufhin ändern, wandelt sich alles. »Das Alter beginnt im Kopf«, sagt deshalb die Alternsforscherin Ursula Staudinger, die an der Universität Dresden lehrt. Unser Bild vom Altern ist der Schlüssel dazu, wie wir altern.

Die Kraft der positiven Gedanken unterstützt das, was Wissenschaftler schon seit einigen Jahren als gesichertes Wissen verbuchen. »Was Hänschen nicht lernt, lernt Hans nimmermehr« – also der Spruch, mit dem viele von uns aufgewachsen sind – ist grundfalsch. Hans lernt ebenso wie Hänschen, aber er lernt anders.

Seitdem Wissenschaftler mit bildgebenden Methoden unsere Gehirne untersuchen – ungefähr seit der letzten Dekade des vorigen Jahrhunderts – ist der alte Glaube erschüttert, dass sich ältere Gehirne nicht mehr verändern. Unser Gehirn wandelt sich an jedem Tag unseres Lebens: Es ist, wie die Wissenschaft sagt, »plastisch«. Ständig bilden sich neue Verbindungen zwischen den Nervenzellen.

Aber es gilt eben auch: Schon erlernte Fähigkeiten, die man nicht weiter trainiert, verlernen wir. »Use it or lose it« – wer sein Gehirn nicht fordert, verliert. Auch deshalb sind neue Herausforderungen gerade in der zweiten Lebenshälfte absolut notwendig für ein gutes Leben. Und die Gefahr des Abbaus ist umso realer, je weniger neue Reize uns im wahrsten Sinne des Wortes beleben.

Wichtig ist allerdings zu wissen, dass Jüngere und Ältere unterschiedlich lernen. Am einfachsten lässt sich dies bei kleinen Kindern beobachten: Sie saugen Neues gleichsam wie ein Schwamm auf und interessieren sich für alles. Einer der Gründe dafür ist auch die Jugend: Alles neu Gelernte kann irgendwann einmal nützlich sein.

Forschende nennen dies »fluide Intelligenz« oder flüssige Intelligenz. Sie ist weitgehend angeboren und beschreibt die geistigen Fähigkeiten, die Auffassungsgabe und auch die Schnelligkeit, Aufgaben zu erfassen und zu lösen.

Je älter wir werden, desto mehr Erfahrungen machen wir. Wir erwerben Erfahrungswissen. Dies beinhaltet auch Gelerntes, das wir unterbewusst und damit automatisch abrufen. Diese Art der Intelligenz bezeichnen die Forschenden mit »kristallin«. Ich stelle sie mir wie ein funkelnder Edelstein vor, ein »Diamant« im Kopf von Älteren: Spätestens, wenn die Haare grau werden, fängt der Diamant in unseren Köpfen an zu strahlen, zu blitzen und zu glitzern.

Menschen mit dem Diamanten im Kopf lernen am besten, wenn sie wissen, warum: Sie fragen sich – auch das oft unterbewusst – genau, was sie mit dem neuen Wissen anfangen können. Deshalb scheitern beispielsweise so viele Versuche, »einfach mal so Italienisch« zu lernen. Wer nur zwei Wochen im Jahr in die Toskana in den Urlaub fährt, braucht wahrscheinlich einfach nicht genügend Italienisch, um sich den Rest des Jahres damit aktiv zu beschäftigen.

Wenn ein 80-jähriger Deutscher sich aber in eine gleichaltrige Chinesin ohne Deutschkenntnisse verliebt, dürfte ihn dies außerordentlich motivieren, zumindest ein paar Brocken Chinesisch zu lernen – und dies wird dann auch funktionieren.

Für das Arbeitsleben zeigen sich hier enorme Konsequenzen: Während Jüngere jede Art der Weiterbildung im besten Fall aufsaugen, muss sie für Ältere unbedingt zielgerichtet sein. Wer seinen Mitarbeitenden mit dem Diamanten im Gehirn nicht erklären kann, wie der- oder diejenige davon auch persönlich profitiert, hat schlechte Karten. Oft bringen die Kurse und Aktivitäten dann nicht das, was das Unternehmen sich davon verspricht.

Wer als Mensch in der zweiten Lebenshälfte jedoch ein klares Ziel verfolgt und seine Weiterbildung daraufhin ausrichtet, macht alles richtig. Möglicherweise wird es nötig sein, anfangs noch einen Kurs über Lerndidaktik einzuplanen, um zu erfahren, wie wir effektiv lernen.

Dies gilt vor allem dann, wenn die Lernenden schon lange nicht mehr »auf der Schulbank« gesessen haben. Heutzutage findet Weiterbildung häufig virtuell statt, aber dennoch: Die Erfahrung vieler Arbeitgeber zeigt, dass sie hilfreich sein kann. So steht dem erfolgreichen Lernen auch in der zweiten Lebenshälfte nichts mehr im Wege.

Zumal es einige Tricks gibt: Beispielsweise unterstützt Bewegung das Lernen. Der Grund dafür ist einfach: Wenn wir uns bewegen, wird unser Gehirn besser durchblutet.

Probieren Sie es aus: Suchen Sie sich zwei schöne, in etwa gleichlange Gedichte aus, die Sie schon immer einmal auswendig lernen wollten. Das erste memorieren Sie am Schreibtisch, auf dem Sofa oder am Küchentisch – wo immer sie normalerweise lernen würden. Das zweite nehmen Sie auf einen Spaziergang mit und lernen es beim Gehen. Wetten, dass Sie sich die Zeilen dabei viel schneller einprägen?

Übrigens ist Tanzen eine der besten Sportarten, um das Gehirn zu trainieren. Neben der Bewegung schult es auch Motorik und Koordination. Eine Harvard-Studie hat beispielsweise ergeben, dass tanzbegeisterte Kinder in Geometrietests deutlich besser abschneiden als diejenigen, die nicht oder wenig tanzen. Oder wie wäre es mit Jonglieren? Außerordentlich empfehlenswert für die grauen Zellen.

Grundsätzlich ist Bewegung ein zentraler Schlüssel, um gut zu altern. Es ist faszinierend, was derzeit aus den Wissenschaftslaboren an neuen Erkenntnissen dazu kommt. Die vielleicht wichtigste ist, dass es sich lohnt, in jedem Alter mit Sport anzufangen. Prima wäre es, dabei Ausdauersport mit Muskeltraining zu verbinden. Studie um Studie gelangt zu dem immer gleichen Ergebnis: Bewegung und Sport verlängern das Leben – um bis zu 13 Jahre, wie skandinavische Wissenschaftler errechneten.

Nicht unterschlagen sei auch eine eher neue Entwicklung, welche die zweite Lebenshälfte noch attraktiver macht: Die »Longevity Revolution« oder lose übersetzt, die Langlebigkeitsrevolution. Sie erinnern sich an die fünf Stunden zusätzliche Lebenszeit, die Sie jeden Tag gewinnen? Die zwei bis drei zusätzlichen Jahre, die das pro gelebtes Jahrzehnt ausmacht?

Im vergangenen Jahrhundert verdoppelte sich die Lebenserwartung der Menschen in den Industrieländern vor allem aufgrund des medizinischen Fortschritts zu Beginn unseres Lebens. Man bekämpfte die Säuglingssterblichkeit erfolgreich. Menschen zogen vom Land in die Städte, wo die medizinische Versorgung besser war. Hygienestandards wurden nach und nach ausgebaut, Gesundheitsgefährdungen reduziert.

Nun aber, im 21. Jahrhundert, konzentrieren sich immer mehr Forschende auf das Ende des Lebens beziehungsweise den Prozess des Alterns: Warum altern Menschen? Was geht dabei in den Zellen vor sich? Können die zellulären Alterungsprozesse eventuell aufgehalten werden? Oder ist es vielleicht sogar möglich, sie umzudrehen – und auf zellulärer Ebene sogar jünger zu werden?

David Sinclair von der Harvard Universität ist davon überzeugt: *Das Ende des Alterns* heißt sein Bestseller *Lifespan* in der deutschen Übersetzung. Der Molekularwissenschaftler ist mit dieser Auffassung nicht allein: Seit einigen Jahren entstehen überall auf der Welt Forschungslabore, die sich einzig und allein der Langlebigkeitsforschung verschrieben haben.

Insbesondere die inzwischen selbst zum großen Teil schon in der zweiten Lebenshälfte angelangten Techmilliardäre aus dem kalifornischen Silicon Valley finanzieren die Langlebigkeitsforschung. Jeff Bezos ist dabei, der Gründer von Amazon. Peter Thiel, der sein Geld mit Paypal gemacht hat. Facebook-Chef Mark Zuckerberg und die

Google-Gründer selbstverständlich, aber auch die Regierung von Singapur oder der saudische Kronprinz.

Sie alle dürften persönlich motiviert sein, aber selbstverständlich ist Langlebigkeit auch das ultimative Gewinnmaximierungsinstrument. Es gehe um einen Markt, der größer sei als jeder andere, schreibt beispielsweise das *Manager Magazin*[12].

Sicher werden sich auch bei der Langlebigkeitsrevolution jede Menge Fehlschläge ereignen. Doch die inhaltliche Breite, die auf diesem Gebiet inzwischen zu beobachten ist, und auch die Brillanz der Forschenden, die es in diesen Bereich zieht, werden zweifellos irgendwann umsetzbare Ergebnisse liefern. Dies bedeutet, dass sich unsere Lebenserwartung weiter erhöht und hoffentlich auch unser »healthspan«, also die gesunde Lebenserwartung.

All diese Entwicklungen sind beste Voraussetzungen für eine positiv gestaltete zweite Lebenshälfte. Hinzu kommt der demografische Wandel – dieser sorgt zumindest in Deutschland wie ein Turbo dafür, mit hervorragenden Erfolgsaussichten auch beruflich noch mal etwas Neues anzufangen.

Berufslaufbahnen in der zweiten Lebenshälfte werden sich für die, die dies anstreben, fundamental verändern: Ein Sabbathalbjahr mit 50, dann eine umfassende Weiterbildung oder gar neue Ausbildung mit 56? Wechsel zwischen Teilzeit und Vollzeit? Rente mit 63 und trotzdem weiterarbeiten (aber dann nur im Winter beispielsweise)? Wiedereinstieg mit 68 für ein, zwei Jahre? Warum nicht? Die in diesem Buch porträtierten Pioniere und Pionierinnen setzen diese Wünsche bereits für sich um.

Diese Revolution ermöglicht ein Bündel von Entwicklungen, die ausnahmsweise einmal alle zugunsten der Arbeitnehmenden wirken. Allen voran ist da die Demografie: Seit gut vier Jahrzehnten kommen in Deutschland weniger Kinder auf die Welt, als nötig wäre, um die Bevölkerung stabil zu halten. Erst jetzt macht sich dies auf dem Arbeitsmarkt bemerkbar. Denn Deutschland profitierte lange Zeit von einer Reihe von Sonderfaktoren, die diese Entwicklung überdeckten.

Dazu gehörte der Fall der Mauer 1989, der zum Zusammenbruch der ostdeutschen Wirtschaft führte und Millionen Männern und Frauen in Ostdeutschland den Job kostete. Viele von ihnen strömten auf Arbeitssuche in den Westen und füllten dort schnell jede freiwerdende Stelle.

Die allermeisten von ihnen wurden jedoch arbeitslos. Diese Erinnerung, aber natürlich auch das traumatische Erleben der Betroffenen koloriert bis heute unseren Blick auf den Arbeitsmarkt.

Nach der Jahrtausendwende öffnete dann die Agenda 2010 von Bundeskanzler Gerhard Schröder bislang »ungenutzte Potenziale« im Arbeitsmarkt, wie Wissenschaftler wenig empathisch formulieren: Staatliche Transferzahlungen nahmen ab, der Druck auf Arbeitslose nahm zu. In der Folge entwickelte sich in Deutschland einer der größten Niedriglohnsektoren Europas.

Mindestens ebenso wichtig aber war die Osterweiterung der Europäischen Union mit der Möglichkeit, dass die neuen EU-Mitglieder unbeschränkt überall arbeiten konnten. Ab 2004 führte dies zu einem steten Strom von oft gut qualifizierten Berufstätigen aus Bulgarien, Rumänien, Polen und Litauen, die zügig offene Stellen in Deutschland füllten.

Allerdings sinken seit 2015 die Zuzüge aus dem EU-Ausland. Verschärfend kommt hinzu, dass auch immer mehr Menschen Deutschland verlassen. Es kommen also weniger Personen aus der EU nach Deutschland – und es ziehen mehr Männer und Frauen aus Deutschland wieder zurück in ihre Heimatländer. Den wichtigsten Grund für diese Entwicklung sehen Forschende[13] in der Demografie: Die Hauptherkunftsländer der EU-Migranten – Polen und Rumänien, aber auch Italien und Spanien – altern ähnlich schnell wie Deutschland.

Dann kam 2020 die Coronapandemie, und mit ihr standen nicht nur das öffentliche Leben, sondern auch viele Unternehmen, Verwaltungen und andere Institutionen beinahe still. Millionen Menschen hierzulande mussten über Monate immer wieder kurzarbeiten. Hunderttausende verloren ihren Job oder suchten sich einen neuen. Als die Pandemie im Laufe des Jahres 2022 endlich weitgehend überwunden war, rieben wir uns alle verwundert die Augen: Überall fehlen seither Fachkräfte, die ersten Experten sprechen sogar vom generellen Mangel an Arbeitenden insgesamt.

Tatsächlich wirkt sich eher das Zusammentreffen all dieser oben genannten Entwicklungen aus, verschärft durch die Demografie. Zwei Zahlen zeigen die Situation in all ihrer Deutlichkeit. Derzeit werden jeden Tag im Schnitt rund 3000 Männer und Frauen 65 Jahre alt. Ihren 18. Geburtstag feiern jedoch nur rund 2100 junge Menschen in Deutschland.

Nimmt man den 65. und den 18. Geburtstag als groben Anhaltspunkt für den Aus- und den Eintritt ins Arbeitsleben, heißt dies im Klartext: Jeden einzelnen Tag fehlen 900 junge Menschen, um die Jobs zu füllen, die durch den Eintritt in den Ruhestand frei werden.

Diese Lücke bleibt mindestens bis 2031 bestehen. Dann geht der Jahrgang 1964 in den regulären Ruhestand: Niemals zuvor und niemals danach wurden in Deutschland so viele Babys geboren. 1,4 Millionen Jungs und Mädchen kamen damals auf die Welt.

Zum Vergleich: 682 069 kleine Menschen wurden 2013 geboren und werden im Jahr 2031 ihren 18. Geburtstag feiern[14]. Die tägliche Lücke zwischen denen, die den Arbeitsmarkt verlassen und denen, die neu hinzukommen, ist dann mit knapp 2000 mehr als doppelt so groß.

Natürlich sind dies nur Näherungsrechnungen. Viele Menschen gehen schon früher in den Ruhestand, viele fangen erst später an zu arbeiten. Dennoch bleibt die grundsätzliche Erkenntnis: Von heute bis zum Jahr 2031 werden jeden Tag in Deutschland Arbeitsplätze nicht zu besetzen sein – und die Zahl steigt von derzeit 900 pro Tag auf rund 2000 pro Tag im Jahr 2031.

Selbstverständlich kann man gegen diese demografischen Entwicklungen mit Strategien angehen: Deutschland kann versuchen, Arbeitskräfte aus dem Nicht-EU-Ausland anzuwerben. Digitalisierung, Roboter und verstärkt auch der Einsatz von Künstlicher Intelligenz können menschliche Arbeitskraft ersetzen. Das alles wird den Arbeiter- und Fachkräftemangel zweifellos lindern.

Festzustellen aber bleibt: Die Machtverhältnisse im deutschen Arbeitsmarkt verschieben sich dauerhaft von den Arbeitgebenden zu den Arbeitnehmenden. Junge Menschen mit gesuchten Qualifikationen können schon längst auswählen, wie und wo sie arbeiten möchten.

Doch mit jedem Tag des Fachkräftemangels verbessern sich auch die Chancen von allen Menschen in der zweiten Lebenshälfte. Weil viele aber zum einen die bisherigen defizitären Altersbilder im Kopf haben und andererseits von den Zeiten der Massenarbeitslosigkeit geprägt sind, trauen sich bislang nur wenige, sich in der zweiten Lebenshälfte beruflich zu verändern.

Dabei bieten sich so viele Chancen, wie die folgenden Seiten zeigen. Mit dem vorliegenden Buch möchte ich deshalb auch dazu ermuntern, diese neuen Wege auszuloten und auszubauen.

Noch wünschen sich die allermeisten Menschen, so früh wie möglich aus dem Arbeitsleben auszusteigen. Dies hat immer individuelle Gründe, die natürlich alle zu beachten sind. Selbstverständlich hat jeder und jede es sich verdient, in den Ruhestand zu gehen.

Dennoch zeigt die Forschung auch, dass oftmals die Arbeitsbedingungen die Menschen in den Ruhestand drängen. Fehlende Wertschätzung, starre Arbeitszeiten, wenig Autonomie bezüglich der eigenen Arbeitsinhalte sind die am meisten genannten Gründe, so schnell wie nur irgend möglich in die Rente zu flüchten.

Arbeitsbedingungen lassen sich jedoch ändern – entweder von den Unternehmen selbst, die dringend nach Mitarbeitenden suchen. Oder von Mitarbeitenden, die den Arbeitgeber oder die Arbeitsinhalte wechseln und etwas Neues wagen. Dazu ein abschließendes, aber zentrales weiteres Argument: Gute Arbeit bereitet nicht nur Freude und finanziert das Leben, sie hält auch länger gesund.

»Wer beruflich aktiv bleibt, lebt unabhängig von seinen Vorerkrankungen länger«, sagt Ulrike Fasbender[15], Professorin an der Universität Hohenheim. Die Altersforscherin hat Dutzende von Studien weltweit durchforstet, wie gute Arbeit und Altern zusammenhängen. Alle Befunde deuten klar darauf hin, dass längeres Arbeiten positiv auf die physische und psychische Gesundheit wirkt. Fasbender fasst dies mit der Umkehr eines bekannten Sprichworts zusammen: »Wer nicht rastet, rostet auch nicht.«

Wo überall Mitarbeitende gesucht werden und in welchen Branchen die Chancen für Bewerber in der zweiten Lebenshälfte besonders gut sind, ist Inhalt des zweiten Teils dieses Buches. Viele Beispiele von Menschen, die beruflich noch mal etwas anderes angefangen haben, sollen ermutigen, sich vielleicht selbst auf diesen Weg zu begeben.

Im Kapitel »Jobs, die in den nächsten Jahren besonders gefragt sind« geht es um »Engpassberufe«. Dies sind Berufsbilder, in denen Arbeitgebende oftmals lange suchen müssen, um Bewerber zu finden. In der Altenpflege dauerte es im Sommer 2023 beispielsweise durchschnittlich 255 Tage, um eine freie Stelle neu zu besetzen[16]. Auch das Handwerk und im Grunde alle Bus- und Bahnbetriebe suchen händeringend neue Mitarbeitende. Wer sich in der zweiten Lebenshälfte für diese Branchen interessiert, hat deshalb auch mit Ende 50 noch gute Chancen. Zudem sind die Arbeitgeber hier in ihrer Personalarbeit oft schon viel weiter als andere Firmen und haben spezielle Trainings- und Zugangsprogramme für Quereinsteigende aufgelegt.

Um Menschen, die ihr Hobby zum Beruf machen, geht es im darauffolgenden Abschnitt. Oftmals haben diese Männer und Frauen neben ihren jeweiligen Berufen über Jahre und Jahrzehnte Know-how aufgebaut, das sie nun für den Start in einer anderen Branche nutzen. Da ist die Geschäftsführerin einer Maschinenbaufabrik, die heute aufwendigste mehrstöckige Hochzeitstorten backt. Oder eine Bankvertriebsmitarbeiterin, die zur Schneidermeisterin umschult. Die Erfahrungen der Berufswechsler ergänzen zudem Tipps von Experten.

Eine dritte Gruppe von Berufswechslern findet sich im Kapitel »Jobs, um die Welt besser zu machen«. Die hier beschriebenen Menschen störten gesellschaftliche Missstände oder fehlende Angebote sowohl im sozialen als auch im wirtschaftlichen Bereich dermaßen, dass sie selbst aktiv wurden. Manche gründeten ein Wirtschaftsunternehmen, andere einen Social Start-up oder eine Non-Profit-Organisation. Was dabei zu beachten ist, erklären Profis aus diesem Bereich.

Da immer mehr in Pension befindliche Menschen arbeiten folgen Jobs in diesen Bereichen. Über eine Million Männer und Frauen sind neben der Rente inzwischen in einem Minijob tätig. Wer dies tun möchte, um die Rente aufzubessern, kann sich im Kapitel »Jobs nach Beginn der Rente« weitere Anregungen holen.

In einem weiteren Abschnitt geht es um »Jobs an Orten, wo andere Urlaub machen«. Leider besteht dazu in Deutschland noch großer Nachholbedarf. In den USA beispielsweise ist es schon seit Längerem üblich, dass Unternehmen auf diese Weise das Potenzial Älterer nutzen.

So bieten etwa Handelsunternehmen über den Winter Jobs im Verkauf oder in der Beratung im Süden der USA für all jene an, die in wärmeren Gefilden überwintern wollen. Hotelketten, Reiseanbieter und Airlines ermöglichen ihren Teilzeitjobbern, stark rabattiert zu buchen. Viele Ältere arbeiten beispielsweise zwei, drei Monate im Jahr im Service einer globalen Hotelkette an ihrem Heimatort in den USA und machen dann verbilligt einige Zeit Urlaub in weltweiten Hotels der entsprechenden Kette.

Schließlich befasst sich dieses Buch noch mit Menschen, die sich in der Rente entweder soloselbstständig machen oder ein Unternehmen gründen. Dies sind oft Freiberufler, die in der zweiten Lebenshälfte noch mal etwas anderes angefangen haben und es so faszinierend, erfüllend und sinnstiftend finden, dass sie immer weiterarbeiten wollen.

Empfehlungen für Politik, Wirtschaft und Gesellschaft, um mehr Menschen den Berufswechsel in der zweiten Lebenshälfte zu erleichtern, finden sich im Folgekapitel »Was zu tun ist«.

Das Schlusskapitel liefert jede Menge handfester Tipps zu den Themen Steuern, Rente und Sozialversicherungen. Neu seit Januar 2023 ist beispielsweise die Möglichkeit, die Rente mit 63 zu beanspruchen und trotzdem voll weiterzuarbeiten. Dazu gibt es Modellfälle mit ausführlicher Berechnung der jeweiligen Abgaben- und Steuersituation.

Blättern Sie also nach Lust und Laune in diesem Buch herum. Ich wünsche viel Spaß dabei und würde mich freuen, wenn Sie dabei Lust auf Neues in Ihrer zweiten Lebenshälfte bekommen.

Jobs für die zweite Lebenshälfte

Jobs, die in den nächsten Jahren besonders gefragt sind

Es dauert keine fünf Minuten, um den Jobkompasstest[17] der Deutschen Bundesbahn online auszufüllen: 25 Fragen, kurz und knackig formuliert, vier Antwortmöglichkeiten auf einer Skala von »auf keinen Fall« bis »auf jeden Fall«. Es fängt an mit »Egal ob Baumaschine, Bus oder Zug: Ich steh auf viel PS!«, und geht weiter mit »Morgens, mittags, abends, nachts – Schichtarbeit kann ich«.

Ist die letzte Frage beantwortet, wirft das Programm ein PDF mit den »Top-10-Einstiegsmöglichkeiten« bei der Deutschen Bahn aus – gegliedert nach Jobtypen und versehen mit prozentualen Einschätzungen, wie gut der jeweilige Beruf zu den Antworten auf die Jobkompassfragen passt.

Rund 25 000 Menschen hat die Deutsche Bahn im Jahr 2023 neu eingestellt. Gut 4000 bis 5000 davon, also fast jeder Fünfte, ist Quereinsteigender[18]. Und nicht nur die Deutsche Bahn, sondern auch die vielen regionalen Mobilitätsanbieter sowie alle Verkehrsverbünde suchen händeringend nach Mitarbeitenden. Nach Angaben der »Allianz pro Schiene« wird es bis 2030 gut 50 Prozent mehr Arbeitsplätze[19] in der Bahnbranche geben, die schon heute 550 000 Menschen beschäftigt.

Für Quereinsteigende ist dieser Bereich besonders vielversprechend: Der Mangel an Fachkräften hat dort schon vor einigen Jahren eingesetzt und wird bis mindestens 2030 anhalten. Deshalb begannen die Unternehmen schon früh damit, auch Quereinsteigende einzustellen. Viele der Umschulungen bezahlen die Firmen.

Vor allem aber verfügen die Unternehmen über Erfahrungen mit Menschen, die in der zweiten Lebenshälfte noch mal etwas Neues anfangen wollen. Bevor weitere Informationen zu Jobs in diesem Bereich folgen, nun erst einmal zu den Geschichten von Andreas Immekeppel und Anja Wings.

MOBILITÄT

Vom Kirchenmusiker zum Triebfahrzeugführer

Lokomotivführer ist er nicht, das will Andreas Immekeppel gleich mal klarstellen. »Loks gibt es nur noch bei manchem IC und im Güterverkehr«, sagt der frühere Kirchenmusiker: »Ich fahre einen Triebwagen und bin dementsprechend Triebfahrzeugführer.«

Mit 53 hat sich Immekeppel entschlossen, seine Dozentur für Kirchenmusik aufzugeben. Sein Leben lang war er Kirchenmusiker. Schon mit zwölf spielte er Sakralorgel, mit 15 begann er die Ausbildung zum Kirchenmusiker. Mit Musik habe er manch eine Frau begeistert, erzählt der Rheinländer verschmitzt, vor allem, wenn er »Lieder von Reinhard Mey auf der Gitarre gespielt« habe.

Vor seinem Studium der Kirchenmusik absolvierte er allerdings noch eine Ausbildung als Bankkaufmann. »Das war die Bedingung meiner Mutter«, sagt er. Mehr als ein halbes Jahr sei er aber nicht in der Bank gewesen. Dann kam die Musik. »Alles, was Tasten hat«, erzählt Immekeppel, »Orgel, Cembalo, Clavichord.« 22 Jahre lang war er Kirchenmusiker in Aachen und Köln und bildete zudem als Dozent an der Hochschule andere Kirchenmusiker aus.

Er habe das äußerst gerne gemacht, sagt Immekeppel: »Meine Arbeit war schon erfüllend.« Doch irgendwann kam es zum Krach mit einem Vorgesetzten.

So beginnt Immekeppel mit Anfang 50, seine Lage zu analysieren: »Was kannst du noch? Was willst du noch? Woran hättest du beruflich noch Freude bis zum Eintritt in den Ruhestand?« Er registriert, dass die Bahn offensiv um Quereinsteigende wirbt. »Das hatte ich mir früher sogar mal überlegt, aber da war es ohne technische Vorbildung noch nicht möglich«, erzählt Immekeppel.

Warum also nicht jetzt? Der Musiker schreibt vier Bewerbungen und erhält vier Zusagen. Er entscheidet sich für die Transdev GmbH, die an mehreren Standorten in Deutschland Regionalverkehre betreibt. Zehn Monate dauert dort die Umschulung zum Triebfahrzeugführer, das »gleiche Programm wie bei der normalen Ausbildung«, wie Immekeppel betont. 13 Prüfungen habe er in der Zeit geschrieben, ein harter Lehrgang.

Sein Alter sei dort nie Thema gewesen. »Für die Qualifizierung zum Triebfahrzeugführer gibt es nur eine Altersgrenze, nämlich die Vollendung des 20. Lebensjahres bei Abschluss der Ausbildung«, sagt er. In der Bahnerfamilie sei jeder als Quereinsteigender willkommen. In anderen Branchen habe er dies so nicht erlebt, kritisiert Immekeppel. Dort meine man oft noch, Menschen ab 50 seien weniger leistungsfähig und lernfähig.

Dies ist nicht nur für Immekeppel totaler Unsinn, sondern inzwischen auch Stand der Wissenschaft. Dennoch hält sich das Vorurteil von den weniger leistungsfähigen Älteren leider noch immer hartnäckig. Vielleicht ist die Bahn in dieser Hinsicht auch weiter, weil dort vor der Einstellung ein Eignungstest auf die Bewerber und Bewerberinnen wartet. Schließlich braucht es hervorragende

Konzentrations- und Reaktionsfähigkeiten, um einen Zug sicher von A nach B zu lenken, ebenso wie medizinische und psychologische Fitness.

Immekeppel hatte zwar Respekt vor dem Test, aber seine Lebenserfahrung sagte ihm auch, seine Chancen seien sicher gut. Zumal er auch wusste, dass niemand den Test fehlerfrei bestünde, es sei denn mit »fünf Händen und drei Armen«, wie er mit seinem rheinischen Humor erzählt. Stattdessen gehe es darum, sich nicht verunsichern zu lassen und auch nach einem Fehler den Einstieg wieder zu finden – also genau um das, was man durch Lebenserfahrung und innere Ruhe mitbringt.

Dennoch sei während der zehnmonatigen Ausbildung »ein hohes Maß an Eigenmotivation« zwingend nötig. »Das ist keine Ausbildung light, die Prüfungen sind hammerhart und in sehr kurzem Abstand«, erzählt er. Mit ihm im Kurs waren Menschen von 21 bis 60 Jahren aus den unterschiedlichsten beruflichen Qualifikationen. Alle erhalten bereits während der Ausbildung ein festes Gehalt, das sich derzeit auf deutlich über 2500 Euro brutto im Monat beläuft.

Nach der theoretischen Ausbildung kam die Fahrpraxis. 40 Schichten ist er gemeinsam mit Kollegen gefahren, um die Abläufe im Zug und im Triebwagen zu lernen. »Mit jeder Fahrt durfte ich mehr selbst machen«, erzählt Immekeppel. Irgendwann dann war seine Jungfernfahrt, »da fällt dann der Hammer und man ist allein im Triebwagen vorn«. Ein Gefühl wie beim ersten Date sei das gewesen, sagt er, »das vergisst man nie«.

Inzwischen fährt Immekeppel bei der zur Transdev gehörenden RheinRuhrBahn verschiedene Strecken, derzeit beispielsweise zwischen Coesfeld und Borken, Bottrop und Moers, sowie Oberhausen und Duisburg. »Ist klar, Schichtbetrieb ist bei uns normal«, erzählt Immekeppel, »das geht oft gegen den eigenen Biorhythmus.« Es kommt zudem kaum vor, dass er an zwei aufeinanderfolgenden Tagen zur gleichen Zeit aufstehen muss.

Dennoch liebt er seinen Job und auch seine Fahrgäste. »Das ist wichtig, ich mag die Menschen, die mit mir fahren«, sagt er. Auf den Streckenabschnitten, die er oft fährt, kennt er viele seiner Gäste. »Wir betreten den Zug ja immer durch die Wagen, um dann zum Triebwagen zu gehen«, erzählt er, »da sehen wir die Pendler beispielsweise regelmäßig, und wir grüßen uns.«

Als Triebfahrzeugführer ist er auch für die regulären Ansagen an die Gäste zuständig, was dem lebenslustigen Kölner durchaus auch Spaß macht. »Wir können die vorgegebenen Ansagen gern auch variieren, und ich mache das oft auch«, sagt er. Wenn es mal wieder einen Stopp wegen einer nichtgängigen Weiche gibt, informiert er beispielsweise gern: »Die neue Weiche geht nicht. Ich hoffe, die Deutsche Bahn hat den Kassenzettel aufgehoben, da ist sicher noch Garantie drauf.«

Spannend sei zudem, dass jeder Arbeitstag anders sei. »Ich würde das immer wieder machen, den Berufswechsel zum Triebwagenführer«, sagt Immekeppel, »und ich kann auch jedem, den das interessiert, empfehlen, es auszuprobieren.«

Wenn alles gut geht, will er bis Mitte 60 vorne im Führerstand weitermachen, »das wäre schnuckelig«. Allerdings kann die Zeit im Triebwagen auch jederzeit zu Ende sein. Einmal jährlich müssen alle zum Betriebsarzt. »Wenn der den Daumen senkt, ist von heute auf morgen Schluss«, erzählt Immekeppel. Nur im Führerstand selbstverständlich: »Wir können unseren Berufsweg dann in anderen Bereichen fortsetzen, in der Ausbildung oder in der Betriebssteuerung beispielsweise.«

Tatsächlich finden sich auf den Webseiten sowohl der Deutschen Bahn als auch der verschiedenen Anbieter von Regionalverkehren wie der Transdev und anderen Dutzende von offenen Stellen aus allen Bereichen. Zudem ist die Bahnbranche besonders vom demografischen Wandel betroffen, überall werden in den nächsten Jahren tausende erfahrene Mitarbeitende in den Ruhestand gehen. Für Quereinsteigende bieten sich deshalb bundesweit hervorragende Chancen.

Immekeppel jedenfalls hat seinen Quereinstieg noch nie bereut, wie er sagt. Er sei zufriedener als vorher als Dozent und Kirchenmusiker. Und wenn er »morgens in der aufgehenden Sonne mit dem Zug durch den frisch gefallenen Schnee fährt und die kleinen Schneeflöckchen vom Gleis hochsteigen sieht«, so sagt er, »dann will man keinen anderen Job dieser Welt machen«.

Mit 54 als Busfahrerin einsteigen

Einmal hat sie sogar eine Runde Wassereis ausgegeben für die Schüler und Schülerinnen, die sie zwei Jahre lang täglich fuhr. »Das hat so Spaß gemacht mit den Kindern«, sagt Anja Wings, »ich wollte mich gut verabschieden, denn die Kinder sind von der Grundschule in die weiterführenden Schulen gewechselt und haben dann einen anderen Fahrweg.«

Aber klar, eine Haushaltsrolle hatte sie auch dabei, damit kein klebriges Wassereis auf die Sitze tropfte. »Wenn ich Bus fahre, herrscht Ordnung«, sagt die inzwischen 58-Jährige. Drei Eigenschaften seien wichtig beim Busfahren: ein guter Kundenkontakt, Aufmerksamkeit beim Fahren und bei den Ein- und Ausstiegssituationen sowie Konfliktfähigkeit. »Alle drei Eigenschaften liegen mir«, sagt Wings, »und so eine große Karre wie einen Bus zu fahren, ist sowieso das Größte.«

Wings fährt seit 2019 für MittelWeserBus und ist bei der Transdev Niedersachsen/Westfalen GmbH angestellt. Dies ist eine Tochtergesellschaft des bundesweit aktiven privaten Mobilitätsanbieters Transdev. Die Mutter von fünf Kindern hat immer gearbeitet, aber keine Berufsausbildung abgeschlossen. »Mein Lebenslauf geht über zwei Seiten, so viele verschiedene Jobs habe ich gemacht«, erzählt sie stolz, »ich scheue mich vor keiner Arbeit.« Ob in der Reinigung, in der Großküche, im Service, im Lager, in der Kommissionierung – Wings hat alles schon durch. Nur zu einer richtigen Berufsausbildung führte keine dieser Beschäftigungen.

So landete die zupackende Frau (O-Ton: »Ich hab Pfeffer!«) immer wieder bei der Jobagentur und bei derselben Mitarbeiterin. Mit dem zunehmenden Facharbeitermangel hielt diese dann irgendwann den großen Joker für Anja Wings bereit – ein Angebot, in Vollzeit Bus zu fahren.

»Ich hab da was für Sie, sagte mir die Mitarbeiterin im Amt«, erinnert sich Anja Wings, »würden Sie auch Kinder fahren?« Ja klar, habe sie geantwortet, »mit dem Transporter?« Dafür habe sie ja den Führerschein, meinte Wings. »Nee, Frau Wings«, hätte die Dame von der Arbeitsagentur da gesagt, »mit dem richtig großen Bus.«

Anja Wings informierte sich an einem Kennenlernabend über die offenen Stellen bei Transdev und MittelWeserbus und war sofort begeistert. Schon einmal hatte sie überlegt, sich als Fahrlehrerin weiterbilden zu lassen. Denn Auto zu fahren ist ihr Ding, warum also nicht einen Bus chauffieren?

Weil Wings zu diesem Zeitpunkt Arbeitslosengeld 1 bezog, übernahm das Jobcenter die Kosten für den Busführerschein. Zehn Wochen dauerte der Kurs mit Theorie und viel praktischem Fahrtraining, danach schloss sich ein sechswöchiges Praktikum im Betrieb an. »Wir waren zehn Leute im Kurs, das war eine tolle Truppe«, sagt Wings. Auch die Ausbilder hätten ihnen bestätigt, sie hätten selten so engagierte Lernende gehabt. »Ist doch klar«, sagt Wings, »wir wollten alle raus aus dem Leistungsbezug und wieder auf eigenen Beinen stehen.«

Einen großen Bus statt ein normales Auto zu fahren, sei nur eine Frage der Gewöhnung, so Wings: »Das braucht einen Monat, dann hat man das drin.« Als Busfahrerin beginnt ihr Tag früh, oft um vier Uhr morgens. Im Betrieb angekommen, nimmt sie sich das Fahrtenbuch und den Umlaufplan und bereitet ihren Bus vor.

Dann kann es losgehen. »Wenn die Kinder mich dann mit ›Guten Morgen, Anja‹ begrüßen, freue ich mich so«, erzählt Wings, »es ist einfach eine schöne Arbeit.«

18 verschiedene »Umläufe«, wie man die Touren im Arbeitsjargon nennt, fährt Wings, neben den Schulkindern auch normale Wege. In ihrem Bus herrsche immer Ordnung: »Ich mach auch mal eine klare Ansage, wenn nötig.«

Auch das Verhältnis mit ihren Kollegen und Kolleginnen sei ausgezeichnet. Ein halbes Dutzend Frauen sei jetzt schon dabei. Die Vorurteile gegenüber Frauen am Steuer gebe es zwar noch. »Ich habe da immer einen flotten Spruch, wenn mir sowas unterkommt«, sagt Wings.

Wer einmal mit ihr gefahren sei, sei dann ohnehin bekehrt: »Wenn sie dann zum zweiten Mal einsteigen, sind wir schon beste Freunde«, sagt sie, »und diesen Zuspruch und die Wertschätzung finde ich dann toll.«

Anja Wings fand mit Mitte 50 ihre Berufung: »Ich komme gern zur Arbeit. Und Bus fahren will ich mindestens bis zur Rente.«

Neben den Jobs am Steuer stehen Quereinsteigenden in der Mobilitätsbranche jede Menge anderer Berufe offen. Nur drei Monate beispielsweise dauert die Schulung zum Kundenbetreuer im Nahverkehr (KiN) bei der Deutschen Bahn, währenddessen das Unternehmen bereits das Grundgehalt ohne Zulagen zahlt.

Die Schaffnerin heißt heute Kundenbetreuerin

Figen Simsik erfuhr über die sozialen Medien von der offenen Vakanz als Kundenbetreuerin bei der deutschen Bahn. Als gelernte kaufmännische Assistentin für Fremdsprachen hatte sie zuvor in verschiedenen Bereichen gearbeitet, zuletzt als Gruppenleiterin am Flughafen. »Am Ende war mir das zu monoton«, sagt sie, »ich war bereit für etwas Neues.«

Zudem interessierten sie die »guten Aufstiegsmöglichkeiten bei einem so großen Konzern wie der Deutschen Bahn«, sagt Simsik. Hinzu kommen Benefits wie bis zu 16 Freifahrten pro Jahr, die auch Familienangehörige und Freunde nutzen können.

Schon fünf Tage nach der ersten Kontaktaufnahme fand Simsiks Bewerbungsgespräch statt. »Dabei wurde mir gesagt, dass es bis zu zehn Tagen dauern könnte, bis ich eine Zu- oder Absage bekäme«, erzählt sie, »doch es hat keine 24 Stunden gedauert, bis ich eine Zusage hatte.«

Es gefiel ihr auch, wie die Ausbildung aufgebaut war und ablief. »Unsere Trainerin war super und hat sich ausgezeichnet um uns gekümmert«, sagt sie, »wir wurden zu keiner Zeit ins kalte Wasser geschmissen.«

Zu den Ausbildungsinhalten gehört beispielsweise Tarifkunde, Fahrgastrechte, Beförderungsbedingungen, aber auch die Grundlagen der Eisenbahn, das Kennenlernen der Fahrzeuge innen und außen und die Zugkunde. Nach zwei Wochen Theorie folgen jeweils zwei Wochen Praxis. Dann fahren die Auszubildenden mit erfahrenen Kundenbegleitern im Zug und lernen vor Ort den Umgang mit den Fahrgästen.

»Ganz toll fand ich zudem, dass wir auch viele Informationen bekommen haben, wie wir gesünder leben und beispielsweise unseren Schlafrhythmus dem Schichtdienst anpassen können«, sagt Simsik. Hinzu kommt psychologisches Wissen für den Umgang mit schwierigen Fahrgästen, beispielsweise Kurse für die Eigensicherung und Deeskalation.

Während der dreimonatigen Ausbildung finden zwei Tests und eine Abschlussprüfung statt. »Unsere Trainerin war zu jedem Zeitpunkt für uns ansprechbar«, sagt Simsik, »wir konnten sie sogar privat anrufen, wenn nötig.«

Für sie seien die drei Monate wie im Fluge vergangen, erzählt sie: »Es hat sich eher wie drei Tage angefühlt, es ist echt gut gelaufen.« Die Bahnstation Köln Messe-Deutz ist inzwischen ihre Heimatbasis, von der aus sie ihre Zugrouten fährt.

Je länger sie als Kundenbetreuerin arbeite, desto besser gefalle es ihr, sagt sie: »Jeder Tag ist ein neues Abenteuer.« Auch ihre Fremdsprachenkenntnisse könne sie immer wieder einsetzen. Toll sei auch, dass man »sein eigener Chef« sei: Nur in der Spätschicht werden meist zwei Kundenbetreuer pro Zug eingesetzt, ansonsten betreut ein Mitarbeitender seinen jeweiligen Zug allein.

Simsik kann sich gut vorstellen, später einmal selbst als Trainerin zu arbeiten. Auch eine Teamleitung könnte sie interessieren, ergänzt sie.

Neben den Kundenbetreuern im Nahverkehr sucht die Deutsche Bahn zu jeder Zeit auch Zugbegleiter für den Fernverkehr, deren Ausbildung ähnlich und gleich lang ist. Zwölf Monate hingegen dauert die Ausbildung zum Zugchef, die ebenfalls Quereinsteigenden offen steht.

Auf der Webseite db.jobs fanden sich allein Mitte Oktober 2023 über 630 Umschulungsangebote an unterschiedlichen Standorten in Deutschland. Angesichts der Altersstruktur der Deutschen Bahn dürften es in den nächsten Jahren tendenziell sogar eher mehr Stellen werden. Zudem plant die Bundesregierung als Eigentümer der Bahn, den Zugverkehr in den nächsten Jahren deutlich auszubauen.

Neben den Jobs im Zug gibt es unzählige weitere rund um die schienengebundene Mobilität. Hier eine unvollständige Liste: Gleisbauer/in, Grünpfleger/in, Reiseberater/in, Schienenfahrzeugelektriker/in, Trassenkonstrukteur/in, Weichenmechaniker/in.

Vom Einzelhandelskaufmann zum Fahrdienstleiter

Oder beispielsweise Fahrdienstleister wie Gildo Mehlis. Der gelernte Einzelhandelskaufmann entschloss sich mit 40 Jahren, zur Bahn zu wechseln. Im Sportverein hatte ihm ein Bahnabteilungsleiter von den Möglichkeiten dort vorgeschwärmt. »Der hat immer wieder auf mich eingeredet und mir von den tollen Chancen bei der Bahn erzählt«, sagt Mehlis, der zu diesem Zeitpunkt in der Lagerlogistik tätig war.

Als sich Mehlis dann bewirbt und ihm ein unterschriftsreifer Vertrag vorliegt, kommt ihm sein Privatleben dazwischen. Seine Gesprächspartner bei der Bahn hätten vollstes Verständnis gezeigt, erzählt er: »Sie sagten mir, ich solle mich wieder melden, wenn ich mein Privatleben in Ordnung gebracht hätte.«

Mehlis tat, wie geheißen, nachdem er umgezogen war und sich mit seiner neuen Partnerin besprochen hatte. »Als Fahrdienstleiter bin ich im Schichtdienst, und das muss in der Familie schon diskutiert werden«, sagt er. Als Patchworkfamilie mit zwei Kindern bringe das

Vor- und Nachteile mit sich: »Klar bin ich manchmal am Wochenende nicht da, aber dafür habe ich oft auch unter der Woche Zeit für die Kinder.«

Anfang 2020 bewirbt sich Mehlis erneut bei der Deutschen Bahn und beginnt im Juli seine zehnmonatige Umschulung – inmitten der Coronazeit. »90 Prozent der Ausbildung waren jetzt online«, erzählt er, »das hat mir zwar viel Fahrerei erspart, war aber auch eine ziemliche Herausforderung.« In der Gruppe mit den anderen Umschülern ist diese allerdings zu meistern. Ist es tagsüber besonders kompliziert im Unterricht, trifft man sich innerhalb der Gruppe abends noch privat über Skype, um den neuen Stoff durchzugehen.

Als es um die praktische Arbeit im Stellwerk geht, spricht Mehlis seine Vorgesetzten an, ob er vom Netz München ins Netz Augsburg wechseln könne. So kann er mit dem Fahrrad zum Stellwerk fahren statt der anderthalb Stunden Zuganfahrt pro Strecke. Seit seiner Einweisungsprüfung im Mai 2021 arbeitet er als Fahrdienstleiter in einem Stellwerk, das noch ein mechanisches ist. »Wir bedienen hier noch richtig Hebel wie früher«, sagt Mehlis.

Er hat sich inzwischen bereits weitergebildet und eine »Verwendungsprüfung« für ein weiteres Stellwerk in der Nähe absolviert. Dort hilft er jetzt immer mal wieder aus, wenn die dortigen Mitarbeitenden in Urlaub oder krank sind. Zudem erstellt er die Dienstpläne, auch dies erledigt er dank einer internen Weiterbildung.

»Ich schätze das sehr, dass es bei der Bahn so viele Möglichkeiten gibt, Neues zu lernen und sich weiterzubilden«, sagt Mehlis. Weder in der Lagerlogistik noch im Einzelhandel, also in seinen früheren Stellen, sei dies möglich gewesen. Zudem sei die Bezahlung bei der Bahn weitaus besser als früher, allerdings sei natürlich auch die Verantwortung viel größer: »Als Fahrdienstleiter sind wir für den sicheren Zugverkehr verantwortlich.«

Perspektivisch interessant findet er auch, dass die Bahn überall in Deutschland Jobangebote ausschreibt. So könne man in etlichen Jahren auch mal woanders wohnen, sagt er und erzählt von zwei Bekannten, die beide bei der Bahn arbeiten und unlängst von Südbayern an die Nordsee gezogen seien.

HANDWERK

Von der Physiotherapeutin zur Maurerin

Grundsätzlich könne man eine Ausbildung im Handwerk in jedem Alter beginnen, heißt es beim Zentralverband des Deutschen Handwerks (ZDH) in Berlin. Heute ist die Zahl der Älteren unter den Auszubildenden allerdings noch verschwindend gering: 582 Männer und Frauen über 40 Jahren starteten 2021 eine Lehre[20]. Dies sind gerade mal vier von 1000 Auszubildenden, eine Quote von 0,4 Prozent. Dabei ist der Bedarf im Handwerk riesig und wird in den kommenden Jahren weiter steigen.

Deshalb hier die Geschichte der Physiotherapeutin Elisabeth Gall, die mit 61 eine Maurerlehre begann. Gall stammt aus Hirschau, einer Kleinstadt in der Nähe von Nürnberg. Über viele Jahre hinweg baute sie einen Bauernhof selbst aus und lebt dort nun allein mit ihrem Pferd, drei Hunden und einer Holzheizung, für die sie das Holz selbst im Wald schlägt. Sie ist gerne draußen, fit und hat jahrelang zwei Altherrenfußballmannschaften mit trainiert.

Gall erzählte der *Deutschen Handwerks-Zeitung*, dass zwei Herzen in ihrer Brust schlagen – eines für die Physiotherapie, das andere für das Handwerk[21]. 40 Jahre lang arbeitete sie als Physiotherapeutin, »sehr gerne«, wie sie sagt. Weil sie wusste, dass sie als Handwerkslehrling eine Zeit lang wenig verdienen würde, musste sie mit dem Berufswechsel warten, bis ihr Sohn aus dem Haus und ihr Hof abbezahlt waren.

Als es dann soweit war, fiel ihr die Entscheidung für einen Ausbildungsberuf schwer, weil sie sich für viele Gewerke interessierte. Als Ofen- und Luftheizungsbauerin erhielt sie keinen Ausbildungsplatz. Gegen das Zimmerer- und Dachdeckerhandwerk entschied sie sich aus Vernunftgründen. »Ab einem gewissen Alter sollte man besser nicht da arbeiten, wo unter Umständen eine schnelle Reaktion nötig ist«, sagte sie der *Deutschen Handwerks-Zeitung*.

Als Maurerin klappte es schließlich, zumal sie mit Kilian Falk und seinem gleichnamigen Bauunternehmen einen begeisterten Chef fand. »Sie ist so motiviert, so interessiert, ich wollte diesen Enthusiasmus unterstützten«, sagt er. In der Berufsschule ist Gall die einzige Frau unter vielen jungen Männern. Sie kommt gut mit ihnen zurecht, sagt sie: »Ich habe Respekt vor ihnen und sie vor mir. Sie merken, dass ich sie nicht als dumme Buberle sehe.«

Neben der Ausbildung arbeitet Gall jede Woche noch ein paar Stunden als Physiotherapeutin. Ihre langjährigen Kunden bräuchten sie – und sie sei fit genug, das auch noch zu stemmen.

Die Frage, warum Gall mit 61 etwas Neues lernt, findet sie seltsam. Warum solle sie sich auf einen Job beschränken, sagte sie der *Deutschen Handwerks-Zeitung*: »Ich arbeite so lange, wie ich kann, wenn ich gesund bleibe. Man muss doch einen Luftsprung machen, wenn man mit 70 noch arbeiten darf und kann!«

IT-DIENSTLEISTUNGEN/DIGITALISIERUNG

Hervorragende Zukunftschancen haben auch alle Berufe im Bereich Digitalisierung und IT-Dienstleistungen. Sie werden zudem immer interessanter auch für Menschen, die nicht unbedingt professionell programmieren können. Denn diese Aufgabe übernehmen inzwischen immer öfter Anwendungen der Künstlichen Intelligenz.

So eröffnen sich große Chancen für alle, die sich grundsätzlich für Daten, Datenanalyse, Projektsteuerung, Systemadministration und die jeweiligen Umsetzungen in Unternehmen interessieren. Besonders attraktiv ist dieser Bereich nicht nur, weil er gut bezahlt wird, sondern auch, weil es dort schon seit vielen Jahren modularisierte Weiterbildungsangebote gibt. So können Umschulungswillige sich oft nach und nach mit aufeinander aufbauenden Kursen das notwendige

Wissen aneignen. Wer die Schlagworte »IT«, »Dienstleistungen« und »Quereinstieg« im Internet eingibt, den überfluten die verschiedensten Angebote geradezu.

»Zahlreiche Weiterbildungskurse, Umschulungen und Programmierer-Bootcamps, also Lehrgänge, die meist nur einige Wochen dauern, ermöglichen den Quereinstieg in die gut bezahlte Branche auch für ursprünglich fachfremde Menschen«, heißt es in einem Artikel[22] der *Frankfurter Rundschau*. Dieser zitiert auch Simone Opel, die Sprecherin des Beirats für IT-Weiterbildung der Gesellschaft für Informatik. Sie weist darauf hin, dass Jobs in diesem Bereich nahezu immer flexible Arbeitszeitregeln mit sich brächten und fast durchweg auch im Homeoffice auszuführen seien. Dies käme »Menschen mit Familie, insbesondere Frauen, eigentlich sehr entgegen«.

Welche Fähigkeiten Quereinsteigende in der IT mitbringen sollten, zählt Malakhat Castaneira Rios vom Weiterbildungsanbieter GFN im selben Artikel auf: EDV-Grundkenntnisse, analytisches Denkvermögen, Logik und Kreativität. Gute Mathematik- und Englischkenntnisse seien zudem hilfreich – und »Geduld, Ausdauer und Spaß an der Digitalisierung von Prozessen«. Auch sei das Klischee vom »Coder, der einsam im Keller vor sich hin programmiert« längst überholt: Überall werde heute in Teams gearbeitet. Gefragt seien Menschen, die »kommunikativ, teamfähig und sehr problemlösungsorientiert auftreten und die IT vom Menschen her denken können«, wie Leah Schrimpf, Bildungsreferentin beim Branchenverband Bitkom, in dem Artikel zitiert wird.

Leider bieten Unternehmen ihren Mitarbeitenden bisher nur selten Programme an, um via Weiterbildung in IT-Positionen zu gelangen. Eine Ausnahme ist die Bank ING Deutschland mit ihrem Programm »SmartMover«.

Vom Wertpapier-Backoffice in die IT

Ebru Chaudhry kümmerte sich im Backoffice der ING um alles, was mit der Versteuerung von Wertpapieren zu tun hat. »Ich habe das sehr gerne gemacht«, sagt die heute 49-Jährige, »doch ich hatte das Ende der beruflichen Fahnenstange erreicht.«

Um sich im Job weiterzuentwickeln, wäre eigentlich nur noch eine Beförderung in die Chefetage möglich gewesen, sagt Chaudhry. Doch das wollte sie nicht: »Ich arbeite lieber als Expertin und projektorientiert.«

Bei ihrer Arbeit hatte sie häufig Kontakt mit den IT-Fachkräften ihrer Bank. »Da habe ich mich immer öfter gefragt, ob ich mich nicht in diesen Bereich hinein weiterentwickeln könnte«, erzählt Chaudhry. Sie beobachtete den Markt, erfuhr von einem Angebot ihres Arbeitgebers, dem Stipendienprogramm »Fachinformatiker/in Anwendungsentwicklung für Visual Basic«. »Eigentlich hat mich Java als Programm mehr interessiert, aber zu dieser Zeit gab es keine passenden Angebote«, sagt Chaudhry.

Kurz vor der Prüfung für den Anwendungsentwickler (Visual Basic) war es dann soweit: Die ING legte das »SmartMover«-Programm auf – eine einjährige Umschulung zur IT-Fachkraft. Chaudhry bewarb sich und wurde als einzige Frau unter vielen Männern als Java-Entwicklerin genommen. »Das war hart und definitiv kein Zuckerschlecken«, sagt sie, »in einem Jahr haben wir so viel gelernt wie andere in ihrem gesamten Studium.« Von Anfang an wurden die SmartMover IT-Entwicklungsteams zugeteilt und verbanden so Praxis und Theorie miteinander.

Als Einzige in ihrer Klasse schaffte es die Nürnbergerin, die Weiterbildung mit einer glatten »Eins« abzuschließen: »Das war ein schönes Erlebnis«, sagt sie. Sie sei »sehr stolz auf sich, das im mittleren Alter geschafft zu haben«. Außerdem habe ihr die Neuorientierung gezeigt, was sie alles erreichen könne. »Das hat mich noch mal ganz frisch motiviert«, erzählt sie.

Nach dem Ende der Ausbildung arbeitete Chaudhry als »Junior Developer« im Bereich »Auskunfteien« (SCHUFA, Infoscore, Bürgel). Inzwischen ist sie schon in ihrem zweiten Team tätig und definiert ihre Aufgaben als »sehr vielfältig«. Derzeit ist sie im neuen Team an einem Projekt für die »Cloud Migration« beteiligt. »Wir kümmern uns unter anderem um die Cloud-Infrastruktur, damit unsere Applikation nach der Migration weiterhin reibungslos funktioniert«, erklärt die IT-Fachfrau.

Auch die weiteren Entwicklungschancen seien vielversprechend, sagt Chaudhry: »Ich könnte mich in Richtung CyberSecurity oder auch Netzwerkdesign oder IT-Architekt entwickeln. Und dann ist da noch alles, was mit dem Einsatz von Künstlicher Intelligenz zu tun hat, wie zum Beispiel Machine Learning Engineer oder Deep Learning Engineer.«

Sie möchte insbesondere Frauen ermutigen, sich die Jobs im IT-Bereich näher anzusehen. Leider meinen immer noch viele, es handele sich ausschließlich um Programmierarbeit, was aber nicht zutrifft. »Das ganze Feld entwickelt sich ständig weiter, da gibt es sehr viele neue Aufgaben auch in der Governance und Regulatorik beispielsweise,« sagt Chaudhry. Für sich jedenfalls hat sie genau das gefunden, was sie in ihrer zweiten Lebenshälfte beruflich machen will.

ÖFFENTLICHER DIENST/BILDUNG

Schon jetzt sind nach Angaben des Deutschen Beamtenbundes 360 000 Stellen im öffentlichen Dienst nicht besetzt[23]. Bis 2030 gehen zusätzlich etwa 1,3 Millionen Beschäftigte aus diesem Bereich in den Ruhestand.

Immer mehr Bundes- und Landesbehörden öffnen sich für Quereinsteigende. »Du erwägst einen Branchenwechsel von der privaten Wirtschaft in den öffentlichen Dienst?«, heißt es beispielsweise auf der Webseite karriere.bund.de, »Gute Nachrichten für dich: Wir sind an dir und deinen Fähigkeiten interessiert. Auch wenn der öffentliche

Dienst für dich etwas Neues ist.« Ein Quereinstieg in der Bundesverwaltung sei nicht kompliziert, steht dort weiter, geboten werde eine »große Jobvielfalt«.

Auch viele Städte und Gemeinden halten inzwischen ausgefeilte Programme für den Quereinstieg bereit, darunter die Stadt Essen. Hartmut Peltz ist dort Leiter des Personalwesens und hat schon vor Jahren angefangen, Quereinsteigende einzustellen. »Wir können schon seit Längerem unseren Personalbedarf nicht mehr allein über die Ausbildung junger Menschen decken«, sagt er. Also müsse die Stadt extern einstellen, auf »einem Markt, der von einem Fachkräftemangel geprägt ist«. Hinzu komme, dass jüngere Nachwuchskräfte heute nicht mehr besonders an ihre jeweiligen Arbeitgeber gebunden seien und sie häufiger als in früheren Zeiten wechseln würden.

Anders sei dies bei den Älteren, mit denen die Stadt Essen hervorragende Erfahrungen gemacht habe. »Sie sind oft lokal verwurzelt und haben mehr Stetigkeit«, sagt Peltz, »da haben dann auch wir als Arbeitgeber länger etwas davon.«

Wenn lokale Arbeitgeber aus der Privatwirtschaft mit Problemen zu kämpfen hätten, wie der Konzern Galeria Kaufhof, ergäbe sich für die Stadt Essen daraus eine Chance zur Personalgewinnung. Dann können er und sein Team den von Entlassung Betroffenen häufig gezielt Arbeitsplätze anbieten, so wie es bei Regina Brdenk und Mike Ehm der Fall war.

Vom Schuhverkauf zum Bürgertelefon

Regina Brdenk war 59, als die schlimme Nachricht kam. Galeria Kaufhof, ihr Arbeitgeber seit zehn Jahren, war pleite. »Unser Betriebsrat war da schon aktiv und hat den Oberbürgermeister von Essen angesprochen«, erzählt die gelernte Schuhfachverkäuferin. Zu der Zeit unterhielt die Ruhrgebietsstadt schon ein ausgefeiltes Quereinstiegsprogramm für die städtische Verwaltung als Reaktion auf den sich verstärkenden Fachkräftemangel. Hartmut Peltz, der Personalchef der Stadt Essen, hatte es frühzeitig entwickelt. Im Winter 2020/21 benötigte er dringend zusätzliche Kräfte, schließlich hatte die Stadt mit der Information über die Bekämpfung der Coronapandemie gut zu tun.

So bot die Stadt für Quereinsteigende von Galeria Kaufhof eine Reihe ursprünglich befristeter Positionen mit kurzer Einarbeitungszeit: bei der Corona-Hotline, als Hilfsgärtner im Grünflächenamt oder als Verkehrsaufseher beim Ordnungsamt. Regina Brdenk passte die Corona-Hotline gut. Wie früher würde sie mit Menschen zu tun haben, wenn auch dieses Mal am Telefon statt persönlich im Laden. Mit fünf anderen Kollegen von Galeria Kaufhof bewarb sie sich bei der Stadt und fing am ersten Januar 2021 an.

»Wir haben einen Crashkurs für die Corona-Hotline bekommen und hatten in den ersten Wochen und Monaten immer erfahrene Kollegen an unserer Seite«, erzählt sie. Mit dem Ende der Coronapandemie wechselte sie nach anderthalb Jahren zur Hotline des Bürgerservice. »Mir passt das gut hier bei der Hotline«, sagt sie, »ein paar meiner Kollegen sind auch in andere städtische Bereiche gegangen, wo sie sich weiterbilden oder umschulen lassen.«

Nach der Entfristung müssen alle Mitarbeitenden einen 150-stündigen berufsbegleitenden Basislehrgang an zwei Tagen pro Woche absolvieren, an dessen Ende eine Prüfung steht. Dabei geht es um grundlegende Kommunalgesetze, städtische Aufgaben und Ähnliches. Selbstverständlich läuft das Gehalt während dieser Zeit normal weiter.

Brdenk ist vollauf zufrieden mit ihrer neuen Aufgabe. Besonders attraktiv findet sie die im Vergleich zum Einzelhandel geradezu traumhaften Arbeitszeiten: »Keine Schicht geht länger als 18 Uhr«, sagt sie. Auch ihr Gehalt habe sich im Vergleich zu früher verbessert. »Vor allem aber habe ich sehr nette Kollegen und fühle mich hier sehr wohl«, erzählt sie.

Das Einzige, das ihr ein wenig fehlt, ist die Bewegung: Zwar könne sie ihren Schreibtisch auch hochstellen, um im Stehen zu arbeiten. Aber im Vergleich zum Einzelhandel sei der Hotline-Job doch bewegungsarm.

Da die Stadt Termineinladungen allerdings noch per Post verschickt, läuft sie doch ein paarmal pro Tag zum einige Büros entfernt stehenden Drucker. Ab und zu hat sie auch eine Schicht am Service Point unten im Rathaus-Foyer: »Da habe ich es dann auch mit Menschen aus Fleisch und Blut zu tun, das gefällt mir sehr.«

Sie sei äußerst gerne im Einzelhandel tätig gewesen, sagt Brdenk. Seit ihrem Berufsstart 1977 hat sie viele Stationen durchlaufen – vom Schuhverkauf über die langjährige Filialleitung eines Herrenhemdengeschäftes bis hin zum Job bei Galeria Kaufhof, wo sie als Weihnachtsaushilfe einsprang und schließlich zehn Jahre blieb. »Ich war in der Herrenabteilung, der Schreibwarenabteilung und auch sonst überall dort, wo jemand gebraucht wurde«, erinnert sie sich.

Dennoch zieht sie nichts mehr zurück in diese schwierige Branche. Bis zur Rente bleibe sie jetzt bei der Stadt Essen, sagt sie mit ihrer angenehmen Stimme. Zweifellos ist sie ein Gewinn für alle, die dort die Bürger-Hotline anrufen.

Vom Einzelhandelskaufmann zum Verwaltungswirt

Fast 28 Jahre lang arbeitete Mike Ehm bei Galeria Kaufhof, 24 1/2 davon im Verkauf. »Gelernt habe ich damals noch bei Horten«, erzählt der heute 45-Jährige, »dort habe ich 1995 angefangen.« So erlebte er die vielen Veränderungen in der Branche, die Übernahme von Galeria Kaufhof durch HBC, die Fusion mit Karstadt, die Neupositionierung der Warenhäuser, die Konkurrenz der Online-Plattformen. Und natürlich die Insolvenzen, bei Galeria sogar zweimal.

»Nach der zweiten Insolvenz war mir klar, dass ich mir was grundsätzlich Neues suchen muss«, erzählt Ehm, »mein Vertrauen in das Unternehmen hatte stark gelitten, und ich wollte auch dem Handel den Rücken kehren.« Da kam ihm das Angebot der Stadt Essen gerade recht, Quereinsteigende zu übernehmen und teilweise auch neu auszubilden. »Allein durch die Ausbildung junger Menschen können wir unseren Bedarf über die nächsten Jahren nicht decken«, sagt Hartmut Peltz, der Personalchef der Stadt Essen.

Als der in Essen ansässige Kaufhauskonzern Galeria 2022 erneut in die Pleite ging, bot Peltz den in Essen beheimateten Mitarbeitenden des Konzerns an, sich für Stellen in der kommunalen Verwaltung zu bewerben. »Wir haben verschiedene Bereiche, wo wir die Bewerber in kurzer Zeit anlernen können, wie beispielsweise in der Bürgerhotline oder im Grünflächenamt«, erzählt Peltz. Der zweite Weg für Berufstätige mit abgeschlossener Ausbildung ist eine Einstellung bei der Stadt mit der Option, sich berufsbegleitend zum Verwaltungswirt zu qualifizieren. Diese Maßnahme findet im Studieninstitut der Stadt Essen statt.

»Wir haben festgestellt, dass insbesondere die kaufmännischen Ausbildungen eine sehr gute Grundlage für viele Verwaltungstätigkeiten sind und dies deshalb denjenigen angeboten, die bei Galeria von der Insolvenz betroffen waren«, sagt Peltz.

Als Ehm davon erfuhr, bewarb er sich sofort. »Bei einem ersten, sehr angenehmen Kennenlerngespräch wurden meine Stärken, Schwächen und Vorlieben besprochen«, erzählt er. Nach den Jahrzehnten im Kaufhaus direkt am Kunden wünschte er sich nun lieber »etwas mit relativ wenig Publikumsverkehr«. Schon die letzten Jahre bei Galeria hatte sich Ehm in die Zentrale ins Backoffice versetzen lassen und im Einkauf gearbeitet. »Aus der Zeit wusste ich, dass das mein Ding war, hinter den Kulissen zu arbeiten«, berichtet er.

Zwei Wochen nach dem Kennenlerngespräch meldete sich die Stadt Essen bei Ehm und schlug ihm Arbeitsoptionen im Ordnungsamt, der zentralen Ausländerbehörde und in der Wohngeldstelle vor. Letztere ist es nun geworden, dort arbeitet er seit Anfang Juni 2023. Da der Qualifizierungskurs zum Verwaltungswirt zu diesem Zeitpunkt schon voll besetzt war, wird er mit der beruflichen Weiterentwicklung erst ein Jahr später, im Juni 2024, beginnen. »Das finde ich positiv«, sagt er, »so kann ich mich in diesem Jahr gut in alle Belange der Wohngeldstelle einarbeiten.« Eine Kollegin stehe ihm im Büro zur Seite.

Nach wenigen Monaten in der Wohngeldstelle kann er auf jeden Fall bestätigen, dass sich der Wechsel für ihn gelohnt hat. »Jeder Fall ist anders, das ist alles sehr komplex und interessant«, berichtet er über seinen Tagesablauf. Noch fehle ihm die Routine angesichts der komplizierten Gesetzgebung, doch mit der Hilfe der Kollegen sei er auf einem guten Weg.

Auch finanziell stelle ihn der Wechsel zufrieden, da sowohl Galeria Kaufhof als auch das Nachfolgeunternehmen Galeria nicht mehr tarifgebunden war. Die Stadt Essen zahlt gemäß TVÖD, dem Tarif für den Öffentlichen Dienst. Während der zweijährigen berufsbegleitenden Qualifizierung läuft Ehms Gehalt weiter. Dreieinhalb Tage pro Woche wird er dann in der Wohngeldstelle arbeiten, anderthalb Tage die Schulbank drücken.

Sobald er sich zum Verwaltungswirt qualifiziert hat, kann Ehm in allen Bereichen des »mittleren Dienstes« bei der Stadt Essen arbeiten. Früher lag die Altersgrenze zu Beginn der Ausbildung in vielen Bundesländern und Kommunen bei 40 Jahren. Durch den Fachkräftemangel haben viele Arbeitgeber dies jedoch aufgegeben. »Bei uns in

Essen gehen bis 2032 ein Viertel aller Mitarbeitenden in den Ruhestand«, erzählt Peltz, »wir haben uns deshalb schon seit Längerem auch für ältere Interessenten geöffnet.«

In Essen hat sich herumgesprochen, dass der Wechsel zur Stadt für viele eine tolle Option auch für die zweite Lebenshälfte ist. Ehm jedenfalls wird der Stadt erhalten bleiben: »Hier zu arbeiten kann ich mir für die nächsten 20 Jahre gut vorstellen.«

Mit der eigenen Akademie ist die Stadt Essen wahrscheinlich anderen Kommunen deutlich voraus. Doch der anhaltende und sich verschärfende Fachkräftemangel wird sicher überall ähnliche Programme auslösen.

Rund jeder zehnte Erwerbstätige war im Jahr 2022 im öffentlichen Dienst tätig. Auf etwa eine Million Menschen schätzt die Strategieberatung pwc in der im Jahr 2022 erschienen Studie[24] »Fachkräftemangel im öffentlichen Sektor« den Mangel bis 2030, wenn nicht in Kürze geeignete Gegenmaßnahmen erfolgen.

Dazu zählen Programme, die das Angebot an Arbeitskräften steigern wie qualifizierte Zuwanderung oder eine Flexibilisierung des Renten- und Pensionseintrittes. So könnte man laut pwc rechnerisch 260 000 Stellen zusätzlich besetzen. Immerhin 200 000 Stellen könnten durch Quereinstiegsprogramme, eine optimierte Personalgewinnung und eine höhere Attraktivität des öffentlichen Sektors gefüllt werden, schreibt die Beratungsfirma.

Noch seien diese Programme »leider viel zu selten«, bedauert pwc. Sie empfehlen, die Jobanforderungen genau auf die jeweilige Tätigkeit zuzuschneiden, um »insbesondere Umschulungszeiten und -kosten zu begrenzen«. Dies würde die Quereinstiege für beide Seiten – Arbeitgebende und Arbeitnehmende – »deutlich attraktiver« gestalten.

Das Personalrecht biete dazu bereits viele Möglichkeiten, argumentieren die pwc-Autoren. Auch der Beamtenstatus sei inzwischen für viele Quereinsteigende leichter erreichbar, da etliche Bundesländer die früher eisenharte Altersgrenze von 42 Jahren aufgehoben haben oder zumindest in begründeten Einzelfällen Ausnahmen zulassen.

In Berlin liegt die Altersgrenze für Verbeamtungen beispielsweise bereits bei 50 Jahren, in Bayern bei 45 Jahren[25]. Für Tarifbeschäftigte bestehen in der Regel keinerlei Altersgrenzen.

Wie der von der Wochenzeitung *Die Zeit* herausgegebene Jobratgeber academics.de schreibt, sind die Berufsfelder für Quereinsteigende in Verwaltung und Behörden vielfältig. Polizei, Bundeswehr und Feuerwehr würden oft Juristen und IT-Experten suchen. In der allgemeinen Verwaltung fehlen Büro- und Immobilienkaufleute, Mediengestalter und auch Informatikkaufleute. Bankkaufleute und Finanzwirte können bei Zoll und Finanzverwaltung unterkommen.

In Berlin beispielsweise wird inzwischen ein vergütetes Traineeprogramm für Quereinsteigende angeboten, das für die Übernahme zum »verbeamteten Regierungsrat oder Regierungsrätin« zunächst auf Probe qualifiziert wie academics.de schreibt.

Besonders viele Mitarbeitende werden in den Bereichen Erziehung, Bildung und Soziales gesucht – als Lehrende, Pädagoginnen und Erzieher. Die Stadt Berlin hat dazu beispielsweise das Programm »QuerBe« aufgelegt, das man über bildungsserver.berlin-brandenburg.de abrufen kann. Weil der Mangel an Lehrkräften in der Bundeshauptstadt so gewaltig ist, wurde die Grenze für Verbeamtungen zudem auf 52 Jahre hochgesetzt.

Alle Bundesländer unterhalten inzwischen Quereinstiegsprogramme für Lehrende. Schon fast jeder zehnte Lehrende an deutschen Schulen ist inzwischen Quereinsteigender. 60 800 der insgesamt 709 000 Lehrkräfte[26] hätten im Schuljahr 2021/22 über keine anerkannte Lehramtsprüfung verfügt, berichtet das Statistische Bundesamt Destatis. Das entspreche einem Anteil von 8,6 Prozent der Lehrkräfte an allgemeinbildenden Schulen. Vor zehn Jahren lag der Anteil noch bei 5,9 Prozent.

Der Zugang zum Lehrerberuf ist für Quereinsteigende meist über ein abgeschlossenes Studium möglich, in Berufsschulen läuft dies über langjährige Berufspraxis und einen Meistertitel. In der Regel wird die Weiterbildung nach dem jeweiligen Tarifvertrag für den öffentlichen Dienst der Länder (www.tdl-online.de) vergütet.

Je nach Studium müssen Quereinsteigende in der meist zweijährigen Weiterbildung ein oder zwei Unterrichtsfächer sowie immer Pädagogik und Fachdidaktik belegen. Wann der Praxisteil der Weiterbildung stattfindet und wie er aussieht, unterscheidet sich je nach Bundesland – manchmal ist es ein zusammenhängender Block, manchmal nimmt er einige Tage in der Woche in Anspruch.

Da in den Jahren bis 2030 zehntausende Lehrkräfte in Pension gehen werden, bestehen fast überall hervorragende Aussichten für Quer- und Seiteneinsteigende. Auch ohne Verbeamtung kann ein solcher Berufswechsel neue Perspektiven auslösen, wie das folgende Beispiel von Kai Heldt zeigt.

Vom Agenturchef zum Lehrer

Letztlich war diese Frage entscheidend für Kai Heldt: »Brennst Du noch für deinen Beruf oder möchtest du eigentlich etwas anderes tun?« Das fragte er sich während der Coronapandemie, als er von heute auf morgen ohne Aufträge zu Hause saß. 30 Jahre lang lebte der promovierte Kulturwissenschaftler für das Kino. Mit einem Partner führte er eine eigene PR-Firma, mit der er vor allem Filmpremieren betreute.

Sein Arbeitsleben war enorm vielfältig und bot sogar häufig einen Wow-Faktor: Heldt organisierte Presseinterviews mit bekannten Filmstars, logierte in tollen Hotels, besuchte Orte, an die nicht jeder kommt. »Mein Job war toll, auch erfüllend«, erinnert er sich, »aber es hat sich zunehmend angefühlt wie eine Beziehung, die in die Jahre gekommen ist.« Das Überraschende fehlte ihm, alles sei »same, same« gewesen.

Dennoch hätte Heldt möglicherweise noch lange weitergemacht, wenn die Coronapandemie sein Geschäft nicht lahmgelegt hätte. »Mein Mann und ich saßen in unserem Reihenhaus in Rendsburg und haben uns mit unseren Nachbarn unterhalten«, erzählt Heldt. Die beiden waren Lehrer und berichteten aus ihrem Alltag. Noch waren die Schulen offen.

Die Nachbarn fragten Heldt, ob er die Coronapause vielleicht nutzen wolle, um Inklusionsschüler zu betreuen. »Sie sagten mir, komm doch einfach mal vorbei und sieh dir das an, Du hast doch jetzt Zeit«, erzählt Heldt. Vertretungslehrer für Kinder mit Lernschwächen würden dringend gesucht. Dass er fachfremd sei, wäre kein Problem, solange er lernwillig und empathisch sei.

Das war er. Zudem wollte er früher einmal Lehrer werden, bevor eine Berufsberaterin es ihm ausredete. Heldt ist 1964 geboren und damit Teil des geburtenstärksten Jahrgangs, den es jemals in der Bundesrepublik Deutschland gab. Allenfalls zum Taxifahren würde ein Lehramtsstudium führen, hieß es damals angesichts der vielen Lehramtsstudierenden.

Völlig anders sieht die Situation heutzutage aus, wo viele Menschen aus diesen geburtenstarken Jahrgängen sich auf die Rente vorbereiten oder direkt in den Ruhestand gehen. Ob er den umgekehrten Weg einschlagen würde? Die Direktorin des Förderzentrums Rendsburg empfing ihn jedenfalls freundlich. So machte sich Heldt mit Mitte 50 daran, seinen »alten Traum zu testen, mit Netz und doppeltem Boden«.

Dennoch hatte er ordentlich Bammel vor seinem ersten Schultag, erzählt Heldt: »Das war kaltes Wasser, was ganz Neues.« So vollkommen anders als eines der letzten Vor-Corona-Events seiner Agentur mit der Band Queen in der Hamburger AOL-Arena: »Das war sicheres Terrain, da kannte ich mich aus.« Aber genau das suchte er ja, den Kitzel des Neuen, die Herausforderung des Andersartigen.

In den ersten Tagen und Wochen lief Heldt vor allem mit, schaute den Kollegen zu, baute den Kontakt zu den Förderschülern auf, die er betreuen soll. Zwei bis maximal vier sind es in jeder Klasse mit 20 bis 24 Kindern.

Jedes Kind, jeder Jugendliche mit Lernproblemen hat in Schleswig-Holstein Anspruch auf grob gerechnet 1,5 Stunden/Woche Betreuung durch Förderlehrende. Sind vier solcher Schüler in einer Klasse, besucht Heldt diese also sechs Stunden pro Woche, um mit den Vieren zu arbeiten. »Wir versuchen eine Beziehung zu jedem und jeder aufzubauen«, erzählt er. Früher sei es oft darum gegangen, die Schwächen auszugleichen. Inzwischen habe sich das gedreht: »Unser Ziel ist, die Stärken eines jeden weiter auszubauen und die emotionale und soziale Entwicklung zu fördern.«

Schon nach den ersten Tagen hat Heldt ein gutes Gefühl. Die Kollegen im Förderzentrum und in den Schulen sind supernett und froh, dass er sie unterstützt. Und zu den Kindern und Jugendlichen entwickelt er schnell einen Draht. »Das ist ein so wunderbares Gefühl, wenn ich ihnen helfen kann und sie meine Hilfe auch annehmen«, sagt er. Nach sechs Wochen geht Heldt zur Leiterin und fragt sie, ob er dauerhaft bleiben könne.

Zwei Jahre dauert seine Ausbildung als Quereinsteiger. Als Fächer wählt Heldt Mathematik und Kunst. Jeweils drei Tage pro Woche unterrichtet er, anderthalb Tage lernt er selbst. Von Anfang an wird er nach Tarifvertrag bezahlt. Nach der Ausbildung würde sein Gehalt rund ein Viertel niedriger sein als sein Einkommen in der eigenen

Firma, hat er ausgerechnet. »Das geht gerade noch so, viel weniger wäre für meinen Mann und mich schwierig geworden«, sagt er. »Der Wechsel war und ist nur dank seiner Unterstützung möglich.«

Mit dem Ende seiner Ausbildung 2023 hat er sich endgültig qualifiziert, als Förderlehrer zu arbeiten. Das Förderzentrum hat ihm mittlerweile zwei Stammschulen zugewiesen: eine Gemeinschaftsschule mit rund 1000 Schülern sowie eine Grundschule. Mit vier anderen Förderlehrenden betreut er die Inklusionsschüler dort von der ersten Klasse bis zum Schulabschluss. »Unser Ziel ist auf jeden Fall, dass möglichst viele den ESA schaffen, also den Ersten Schulabschluss«, sagt Heldt. Früher entsprach dies dem Hauptschulabschluss. »Aber auch ohne ESA gibt es viele Wege, seinen Beruf zu finden«, sagt Heldt.

2022 hat er dann auch den endgültigen Schnitt vollzogen und ist aus seiner PR-Firma ausgestiegen. »Was ich jetzt mache, ist auf eine Weise sinnstiftend, die ich aus meinem alten Job nicht kannte«, erzählt er. Wenn ein Film mal nicht so gut lief, kam bald auch schon der nächste. Nun aber gehe es um Kinder mit Startschwierigkeiten: »Hier kann ich mit meiner Arbeit einen ganz konkreten Unterschied machen, das ist sehr erfüllend«, sagt Heldt. Auch die Zusammenarbeit mit den anderen Lehrenden sei gut: »Die Schulen und die Kollegen haben eine großartige Willkommenskultur, das ist eine tolle Begleitung.«

So hat sich die Coronapandemie für Heldt »als persönlicher Glücksfall« entwickelt, wie er heute sagt: »Ich finde es schön, dass es möglich ist, auch so spät im Leben noch was Neues anzufangen.« Bis 67 will er auf jeden Fall als Lehrer arbeiten, mal sehen, was dann kommt. Er jedenfalls brennt wieder für seinen Job, diese Frage kann er definitiv positiv beantworten.

Noch nicht so weit entwickelt wie die Quereinstiegsprogramme für Lehrende sind die für Kita- und Kindergartenerziehende. Dies überrascht nicht, so meine Erfahrung. Firmen, Kommunen und Institutionen handeln leider erst, wenn der politische, wirtschaftliche, soziale und gesellschaftliche Druck überwältigend geworden ist. Insbesondere Kitas, aber auch Kindergärten verfügten bisher kaum über eine schlagkräftige Lobby.

Eltern agieren meist nur so lange initiativ, bis sie ihre eigenen Kinder gut untergebracht haben. Zudem stehen die Mitarbeitenden den Quereinsteigenden eher skeptisch gegenüber, weil sie gerade im Bereich Kita und Kindergarten befürchten, die Qualitätsstandards könnten sinken, für die sie in den vergangenen Jahren hart gekämpft haben.

Nun aber ist der Fachkräftemangel derart angestiegen, dass es erste spannende Pilotprojekte gibt. In Baden-Württemberg ermöglicht das Programm »Direkteinstieg Kita«[27] Menschen mit abgeschlossener Ausbildung und Berufserfahrung, sich innerhalb von zwei statt drei Jahren als Erziehender zu qualifizieren. Zudem erhalten die Auszubildenden von Anfang an ein Gehalt von bis zu 2600 Euro im Monat.

Allein in Baden-Württemberg fehlen derzeit rund 39 000 Kitaplätze für unter Dreijährige. Der Druck sei da, sagt Gunnar Schwab, Vorsitzender der Geschäftsführung der Agentur für Arbeit, in einem Fernsehbeitrag[28] des SWR. Voraussetzung für die Aufnahme in das Programm ist ein Haupt- oder Werkrealabschluss und eine mindestens zweijährige Berufsausbildung.

Wer als Schule oder Kita an dem Programm teilnimmt und so für die Praxisausbildung verantwortlich zeichnet, muss den neuen Auszubildenden nur die normale Ausbildungsvergütung zahlen, den Rest stocken die Agenturen für Arbeit auf. »Aufgrund der Vorkenntnisse sowie der Lebens- und Berufserfahrung der Teilnehmerinnen und Teilnehmer auch in anderen Branchen ist eine entsprechende Vergütung während der Umschulung angebracht und wichtig, um die dringend benötigten Fachkräfte für die Kitas zu gewinnen«, zitiert die Webseite www.baden-wuerttemberg.de Dr. Susanne Koch, Geschäftsführerin Operativ der Regionaldirektion Baden-Württemberg der Bundesagentur für Arbeit.

Nach dem ersten Jahr erhalten die Umschüler das Zertifikat »Schulkindbetreuer«. Nach weiteren elf Monaten endet die Qualifizierung mit einer Prüfung zum Berufsabschluss »sozialpädagogische Assistenz«. Die bislang etwas über 100 Azubis im Programm sind zwischen Mitte 20 und Ende 50 Jahre alt – Schauspieler, Handwerker oder beispielsweise die 49-jährige Einzelhandelskauffrau Birgit Reissner. »Kinder geben ein sehr direktes und unverfälschtes Feedback«, sagt sie in der SWR-Sendung zu ihrer Motivation für den Berufswechsel.

Auch in Bayern können Interessenten sich über Quereinstiegsprogramme modular von einer Assistenz- bis zur Ergänzungs- oder Fachkraft ausbilden lassen. In Thüringen und Mecklenburg-Vorpommern ist dies jedoch nur mit einem pflegerischen Berufsabschluss möglich.

Da alle Bereiche, die mit Bildung einhergehen, in Deutschland nicht bundesweit geregelt sind, sondern den jeweiligen Bundesländern obliegen, sind die Regeln überall anders – ein echter Flickenteppich. Daher hat es oft mehr mit dem politischen Geschick des jeweiligen Ministers oder der Ministerin zu tun, ob Quereinsteigenden praktikable Zugänge offen stehen.

Als der brandenburgische Bildungsminister Steffen Freiberg im August 2023 ein Quereinstiegsprogramm für »Ergänzungskräfte« in den Kitas ankündigte, hagelte es sofort Kritik von der Gewerkschaft Erziehung und Wissenschaft (GEW). Freiberg wollte jede fünfte Stelle in den Kitas mit den Ergänzungskräften besetzen, die zusätzlich zu ihrem Berufsabschluss eine 300-stündige pädagogische Mindestqualifizierung absolviert hätten[29].

Wie die Bertelsmann-Stiftung errechnete, bedarf es bundesweit 308 800 Fachkräfte zusätzlich, um die gesetzlichen Anforderungen an die Betreuung zu erfüllen. Nicht einkalkuliert ist dabei, dass es ab 2026 einen Rechtsanspruch auf Ganztagsbetreuung auch in Grundschulen geben wird – wofür man wieder Fachkräfte benötigen wird.

Pflege/Senioren/Betreuung

Ein echtes Kuriosum in Sachen Quereinstieg ist die Pflegebranche: Seit Jahren herrscht dort Fachkräftemangel, und doch gibt es keine attraktiven Quereinstiegsprogramme. Die großen Arbeitgebenden wie Caritas, die Malteser, die Diakonie, aber auch ihre privaten Wettbewerber scheinen trotz steigender Not immer noch nicht bereit zu sein, in solche Programme zu investieren.

Bei den kommunalen Pflegeeinrichtungen ist die Lage noch verwirrender: Jede Stadt und jede Kommune verfährt mit den Quereinsteigenden nach ihrer eigenen Politik. Zwar gibt es Leuchttürme wie beispielsweise die Sozial-Holding Mönchengladbach, die bereits in den 2010er-Jahren erfolgreiche Quereinstiegsprogramme aufsetzte.

Insgesamt gesehen tut sich aber leider nicht besonders viel in diesem Bereich – trotz des schon lange bestehenden und sich immer weiter verschärfenden Fachkräftemangels.

Immerhin änderte man die Ausbildung derart, dass man die früher unterschiedlichen Ausbildungsgänge Altenpflege, Gesundheits- und Krankenpflege 2020 zum einheitlichen Ausbildungsgang »Pflegefachkraft« zusammenfasste. Auch die Unsitte, dass Auszubildende die Pflegefachschule selbst bezahlen mussten, hat man seitdem gestoppt und gewährt nun reguläre Ausbildungsvergütungen.

Doch egal ob bei den Maltesern oder beispielsweise den Johannitern: Auch wenn beide auf ihren Webseiten offensiv um Quereinsteigende werben, bieten sie jenseits des Verweises auf einen Bildungsgutschein vom Arbeitsamt keine weiteren Hilfen für diese Personen an.

Am einfachsten ist ein Einstieg als Pflegehilfskraft: Dazu muss man lediglich einen 200-stündigen Basiskurs absolvieren, den beispielsweise das Rote Kreuz für wenige hundert Euro anbietet. Die Arbeitsinhalte umfassen Hilfestellungen bei der Einnahme von Mahlzeiten, der Körperpflege und der Begleitung der Patienten im Alltag. Spritzen setzen oder Medikamente verabreichen beispielsweise gehört jedoch nicht dazu, das darf nur Fachpersonal.

Die nächste Stufe ist der »Krankenpflegeassistent«, für den eine einjährige Ausbildung notwendig ist. Er oder sie unterstützt das Fachpersonal, beispielsweise bei der Dokumentation, der Körperpflege der Patienten oder der Kontrolle der Körperfunktionen. Bis zu knapp über 3000 Euro im Monat beträgt das Gehalt inzwischen auch für diesen Beruf, bei der Pflegehilfskraft sind es einige hundert Euro weniger im Monat[30].

Fachkräfte können mittlerweile deutlich über 4000 Euro im Monat verdienen. In der täglichen Arbeit kommen allerlei Zulagen hinzu, von Feiertags- über Sonntags- bis hin zu Nachtzuschlägen. Die normalerweise dreijährige Ausbildung zur Pflegefachkraft kann man bei vorhandenem Berufsabschluss auf zwei Jahre verkürzen und oft auch in Teilzeit absolvieren.

Die Situation in der Pflege ist paradox: Zum einen sind die Gehälter in den vergangenen Jahren deutlich gestiegen. Zum anderen werden in all diesen Berufen – seien es Helfende oder Fachkräfte – so viele Mitarbeitende gesucht, dass jeder und jede sowohl die Arbeitgebenden als auch die Arbeitsbedingungen auswählen kann. Zudem ist der Beruf auf Jahrzehnte absolut krisensicher, und weder Roboter noch Künstliche Intelligenz können ihn ersetzen. Trotzdem steigt die Zahl der unbesetzten Stellen jeden Tag weiter.

»Solange die Pflege weiterhin einen so schlechten Ruf in der Öffentlichkeit hat, wird sich daran nichts ändern«, sagt der Chef der Sozial-Holding Mönchengladbach, Helmut Wallrafen. Dabei bieten viele Arbeitgeber ihren Mitarbeitenden schon lange gute Arbeitsbedingungen.

Die der Stadt Mönchengladbach gehörende gemeinnützige Sozial-Holding betreibt sieben Altenheime, Servicewohnungen und eine Kurzzeitpflege. Unter Wallrafens langjähriger Führung wurde sie vielfach ausgezeichnet, beispielsweise mit dem Siegel »Deutschlands beste Ausbildungsbetriebe« und dem »Universal Fair Pay Check« für die gerechte Bezahlung aller Beschäftigten.

»Unsere Mitarbeiter leisten Hervorragendes, und unser Job als Führungskräfte ist, dafür zu sorgen, dass sie sich wohlfühlen«, sagt Wallrafen. Der Lohn könne dabei nur das Fundament sein, sich wohlzufühlen komme dann oben drauf. »Es geht darum, an jedem Arbeitstag zu zeigen, dass das Unternehmen sensibel für die Wünsche der Mitarbeitenden ist«, sagt er.

So gibt es für die rund 900 Mitarbeitenden und derzeit 58 Auszubildenden der Sozial-Holding Mönchengladbach alle erdenklichen Arbeitszeitmodelle. Interne Aufstiegskarrieren von der Pflegehilfskraft zur Pflegeheimleitung sind üblich und werden intensiv gefördert. Quereinsteigenden, aber auch allen anderen Auszubildenden stehen Lernbegleiter zur Seite. In allen Pflegeheimen und stationären Einrichtungen sind Gesundheitsbeauftragte jederzeit ansprechbar.

Um die psychische Belastung der Pflege für die Einzelnen abzufangen, unterhält das Unternehmen Verträge mit Psychologen und Psychotherapeuten. So kann jeder Mitarbeitende dort innerhalb von zwei Wochen einen Gesprächstermin erhalten – völlig anonym und ohne, dass das Unternehmen davon erfährt. Über die Krankenkassen dauert dies derzeit oft sechs Monate, wenn überhaupt Termine verfügbar sind.

»Als wir das vor über zehn Jahren eingeführt haben, hat sich der Krankenstand halbiert«, berichtet Wallrafen. Größere und kleinere persönliche oder arbeitsbedingte Krisen kann man so im Ansatz angehen. Für das Unternehmen lohnt sich das Engagement auch finanziell: 450 Krankentage im Jahr würden dadurch vermieden, sagt Wallrafen.

Er rät Personen, die sich für einen Quereinstieg in der Pflege interessieren, einfach die Einrichtungen der potenziellen Arbeitgeber zu besuchen. »Normalerweise bekommen Sie in wenigen Minuten ein Gefühl dafür, ob es in der jeweiligen Einrichtung einen wertschätzenden Umgang gibt oder nicht«, sagt der langjährige Pflegeprofi.

Schließlich bestehen auch noch jede Menge Möglichkeiten jenseits der Pflege in Heimen, Krankenhäusern und über ambulante Pflegeanbieter. Durch den demografischen Wandel wird es in den nächsten Jahren immer mehr Menschen über 70, 80 und 90 Jahren geben, die noch zu Hause leben, aber ab und zu in Einzelbereichen Unterstützung brauchen.

Für sie entwickelte die frühere Gleichstellungsbeauftragte Ute Büchmann das neue Berufsbild der Seniorenassistenz, in dem inzwischen über 2200 Männer und Frauen ausgebildet wurden. Wie sie dies geschafft hat und warum Simone Hielscher sich mit Mitte 40 zu dieser Ausbildung entschloss, lesen Sie im Folgenden.

Von der Gleichstellungsbeauftragten zur Unternehmensgründerin

Es war ihr Vater, der Ute Büchmann auf ihre Geschäftsidee brachte. »Nach dem Tod meiner Mutter suchte ich nach jemandem, der sich mit ihm gepflegt unterhalten konnte«, erzählt sie. Zwar hätte es »jede Menge Damen gegeben, die ihn betüddeln wollten«, doch genau das wollte ihr Vater nicht.

Büchmann war zu diesem Zeitpunkt Anfang 50 und Frauenbeauftragte der Stadt Preetz im Kreis Plön in Schleswig-Holstein. »Als Gleichstellungsbeauftragte hatte ich es oftmals mit Frauenschicksalen zu tun, die geprägt waren von einer damals typischen Frauenvita«, sagt sie. Nach der Familienzeit suchten viele dieser oftmals gut ausgebildeten Frauen eine Beschäftigung jenseits des Ehrenamtes, die im sozialen Bereich liegen sollte. »Wichtig waren monetäre Entlohnung und Zeitsouveränität«, erzählt Büchmann. Gleichzeitig fand sie niemanden, der ihrem Vater Gesellschaft leistete. Denn derartige Dienstleistungen gab es einfach nicht. »Also verband ich beide Themen und konzipierte eine passgenaue Fortbildung, zunächst für Frauen, später auch für Männer,« sagt Büchmann. Den neuen Beruf nannte sie »Seniorenassistenz«.

Seniorenassistenten sollten lebenserfahrene Menschen sein, die sich um die kleinen Dinge des Alltags kümmern, die Senioren nicht mehr bewältigen können oder wollen. Ältere wie ihren Vater auf Ausflügen oder Terminen begleiten, sich unterhalten, kleinere gemeinsame Besorgungen erledigen, bei der Behördenpost unterstützen oder einfach nur Kommunikationspartner sein. »Auf keinen Fall sollten sie pflegerische Dienstleistungen übernehmen«, sagt Büchmann. Dennoch lag ihr von Anfang an daran, dass ihre Seniorenassistenten in jeder Hinsicht gut ausgebildet sind, um für ihre Arbeit möglichst breit aufgestellt zu sein. So entwickelte sie im Jahr 2006 das nach ihrem Heimatort genannte »Plöner Modell«: eine 120-stündige Ausbildung in drei Modulen, die sowohl auf die Aufgaben in der häuslichen sozialen Betreuung vorbereitet als auch auf die berufliche oder nebenberufliche Selbstständigkeit.

»Ich kannte aus meinem Beruf eine Vielzahl von Experten in diesem Bereich, und so konnte ich nach und nach ein Curriculum aufbauen und auch Lehrkräfte gewinnen«, sagt Büchmann. Von Anfang an setzte sie auf Präsenzunterricht, weil sie auch ein Netzwerk für diesen neuen Beruf schaffen wollte.

2007 gründete die 1954 Geborene dann »Ute Büchmann|Seminare« und legte los. 90 Prozent ihrer Kursteilnehmer waren Frauen, die meisten wie sie selbst in der zweiten Lebenshälfte und auf der Suche nach einer neuen beruflichen Herausforderung.

»Häufig nutzen die Interessenten ihre familiär erworbenen praktischen Vorerfahrungen und bauen diese mithilfe unserer Ausbildungsinhalte für eine sinnvolle berufliche Perspektive aus«, sagt sie. Von Anfang an setzte sie auf eine deutschlandweite Ausbreitung des Unternehmens und bietet die Seminare heute an sechs Standorten an.

Ihre Versuche, mit den großen Pflegeanbietern zu kooperieren, scheiterten. »Die wussten wenig mit uns anzufangen, obwohl wir ja ganz bewusst keine Konkurrenz waren«, berichtet Büchmann. Doch obwohl schon damals klar war, wie groß der Bedarf in puncto Seniorenassistenz war, herrsche in der öffentlichen Meinung meist die Auffassung, Menschen so zu betreuen, sei eher etwas für Ehrenamtliche. Büchmann hatte sich jedoch die Zahlen angesehen und wusste, dass Deutschland am Anfang eines deutlichen demografischen Wandels hin zu weitaus mehr Älteren stand: »Es war und ist einfach klar, dass Ehrenamtliche allein das niemals alles abfangen können.«

Schon zwei Jahre später konnte Büchmann ihren Job als Gleichstellungsbeauftragte kündigen und sich in Vollzeit dem neuen Unternehmen widmen. Von Anfang an unterstützte sie ihr Ehemann Knud, der sich als Jurist durch Regalmeter an Gesetzestexten arbeitete. In jedem Bundesland ist die Sozialgesetzgebung unterschiedlich. Zwar wird ein Großteil der Dienstleistungen der Seniorenassistenten privat von den Auftraggebenden oder den Angehörigen bezahlt. Zumindest perspektivisch wollte Büchmann aber ausloten, ob nicht auch die Pflegeversicherung für einzelne Dienstleistungen mit aufkommen könnte.

Auch deshalb engagierte sie sich politisch und wurde 2013 Gründungsmitglied der Bundesvereinigung der Seniorenassistenten Deutschland e. V. Zudem ließ sie sich als Bildungsträger zertifizieren und erreichte 2016 die Befreiung von der Umsatzsteuer. Wer sich also als Privatperson von ihrem Unternehmen schulen lässt, muss keine Umsatzsteuer bezahlen. Interessierte können auch Weiterbildungsförderungen der Bundesländer wie Weiterbildungsboni oder

Bildungsschecks für die Ausbildung, die derzeit knapp 2300 Euro kostet, nutzen.

Über 2200 Seniorenassistenten hat Büchmann inzwischen ausgebildet. Sie wurde vielfach ausgezeichnet, unter anderem mit dem Zugabe-Preis der Hamburger Körber-Stiftung. »Mit ihrem Ausbildungsmodell hat sie eine soziale Innovation geschaffen, für die der Bedarf in den kommenden Jahren sehr stark wachsen wird,« hieß es dazu in der Laudatio. Auch drei ihrer vier Kinder arbeiten inzwischen im Unternehmen mit.

Vom Hochschulvertrieb zur Seniorenassistentin

Simone Hielscher ist Mitte 40, als sich die gebürtige Koblenzerin grundsätzlichen Fragen stellt. »Über 15 Jahre lang hatte ich damals in der Assistenz und im Vertrieb einer privaten Hochschule gearbeitet«, erzählt die gelernte Groß- und Außenhandelskauffrau, die zudem als Fremdsprachenkorrespondentin ausgebildet ist. Bis nach Chile, Indien und Vietnam haben sie die Einsätze für ihren Arbeitgeber gebracht. »Das war sehr interessant und bereichernd, auch wegen der unterschiedlichen Menschen und Kulturen«, sagt Hielscher.

Dann kommt es jedoch zu Änderungen im Team und in der Struktur. Hielscher sucht nach neuen Herausforderungen und kündigt. Die nächsten fünf Jahre ist sie bei vier weiteren Arbeitgebern angestellt. »So richtig gepasst aber hat es nie«, sagt sie.

Also fängt sie an, für sich selbst Bilanz zu ziehen: Was will ich wirklich machen? Wo sehe ich mich bis zur Rente?

In einer kurzen Phase der Arbeitslosigkeit betreut Hielscher zudem ihre Schwiegermutter, was ihr große Freude bereitet. »Sie saß im Rollstuhl, und wir sind gemeinsam spazieren gegangen«, erzählt sie.

Zufällig sieht sie in einer Zeitschrift einen Beitrag über die Büchmann-Seminare und deren Ausbildung zur Seniorenassistenz. Was die Gründerin Ute Büchmann da auf die Beine gestellt hat, beeindruckt Hielscher. Und die Berufsbeschreibung der Seniorenassistenz findet sie attraktiv. Also googelt sie, ob es in ihrer jetzigen Heimatstadt Leverkusen bereits eine Seniorenassistentin gibt – auch als mögliche Hilfe für ihre Schwiegermutter, weil sie selbst inzwischen wieder in Vollzeit arbeitet.

Sie trifft auf eine Dame, welche die Ausbildung bei Büchmann-Seminare absolviert hat und ruft dort an. Die beiden unterhalten sich nett, doch die Seniorenassistentin hat keine Kapazitäten mehr frei. Die Auftragslage sei mehr als gut, und die Aussichten aufgrund des demografischen Wandels ebenso.

»Also habe ich überlegt, ob das nicht vielleicht auch etwas für mich wäre«, erzählt Hielscher. Sie bespricht sich mit ihrem Umfeld, ihrem Mann, ihren Eltern und Bekannten. Alle raten ihr zu. »Da kam durchweg positives Feedback«, erinnert sie sich. Eine ideale Aufgabe für jemanden wie sie, der so lebensfroh, kommunikativ und begeisterungsfähig sei.

Also beginnt sie im Herbst 2020 mit der Ausbildung, die 120 Stunden umfasst, für die Präsenztage nimmt sie Urlaub. Um die 2000 Euro kostet der Kurs damals, Hielscher finanziert ihn aus dem Ersparten. Zwar hätte es in ihrem Heimatbundesland Nordrhein-Westfalen auch eine Förderung gegeben, doch der bürokratische Aufwand ist ihr zu groß.

»Die Ausbildung war hervorragend«, sagt sie, »auch und vor allem, weil wir von so vielen Praktikern in den jeweiligen Bereichen ausgebildet wurden.« Wichtig war ihr auch das dort vermittelte betriebswirtschaftliche Wissen zur Existenzgründung. Zudem wurden alle Teilnehmenden sofort in das ständig wachsende Netzwerk von über 2000 durch Büchmann-Seminare ausgebildete Seniorenassistenten einbezogen. »Das ist unschätzbar wertvoll«, sagt Hielscher, »sich mit den anderen auszutauschen und von ihnen zu lernen.«

Als Hielscher im Dezember 2020 ihre Ausbildung mit Zertifikat abschloss, bot ihr damaliger Arbeitgeber ihr an, sie könne doch auch in Teilzeit weiterarbeiten und die Seniorenassistenz nebenbei aufbauen. Dies strebte die Existenzgründerin allerdings nicht an, sie wollte stattdessen allein in Vollzeit starten. »Also habe ich Flyer erstellt, die Webseite gefüllt und abends in Fleißarbeit alles für den Firmenstart vorbereitet«, erzählt sie.

Am ersten Februar 2021 war es dann so weit – und im ersten Monat kam keine einzige Anfrage. »Huch, da kamen mir dann schon die ersten Zweifel«, erzählt sie, »aber nur kurz.« Also legte sie beim »Klinkenputzen« halt noch einen Zahn zu und stellte ihre Dienstleistung unter anderem bei Ärzten, Fußpflegeinstituten, Hörakustikern und den umliegenden städtischen Ämtern vor.

Eine 89-jährige Dame war dann ihre erste Kundin. Die Geschichte dahinter wird sie nie vergessen. »Ihre Tochter meldete sich bei mir, weil sie wusste, dass sie sterben wird und ihre Mutter gut betreut sehen wollte«, erzählt Hielscher. Die Mutter war noch absolut selbstständig und wohnt nach wie vor in ihrem eigenen Haus. Einen klassischen Pflegedienst braucht sie daher nicht, wohl aber eine Seniorenassistentin wie Simone Hielscher. »Ich bereite ihr die Steuer vor, helfe beim Online-Banking, gehe einkaufen und mit ihr spazieren«, berichtet sie. Inzwischen, nach fast drei Jahren, hat die Dame zwar eine 24-Stunden-Pflegerin, doch ein bis zwei Stunden besucht Hielscher sie noch immer, um sie zu unterstützen.

Seniorenassistenten erbringen weder Pflegedienstleistungen noch Haushaltshilfe. Sie unterstützen im Alltag – als »Bindeglied zwischen der Pflege und der Hausarbeit«, wie es auf Hielschers Webseite heißt. Dort listet sie auch auf, wie breit ihre Dienstleistung sein kann – von der Freizeitgestaltung über die Beratung zu Fragen wie Patientenverfügung und Vorsorgevollmacht, die Unterstützung bei der Beantragung von Hilfsmitteln und Pflegegraden über die Schulung im Umgang mit PC und Smartphones bis hin zu Ausflügen oder auch der Organisation einer Geburtstagsfeier.

Das Ziel ist immer, dass die betreuten Senioren »ihr selbstbestimmtes Leben in den eigenen vier Wänden so lange wie möglich weiterführen können«. Zudem geht es darum, Angehörige zu entlasten, sie zu unterstützen und ihnen das Gefühl zu vermitteln, dass die Senioren gut aufgehoben sind.

36 Euro pro Stunde kostet dieser Service im Herbst 2023, Hielscher nennt die Sätze offen auf ihrer Webseite. Wer einen Pflegegrad hat, kann die Dienstleistungen darüber abrechnen. Wer privat zahlt, kann bis zu 20 Prozent der Kosten als haushaltsnahe Dienstleistungen per § 35a Einkommensteuergesetz bis derzeit maximal 4000 Euro im Jahr absetzen.

Fast immer beauftragen Angehörige Hielscher. Aber auch Pflegesachverständige und Betreuer der Region kennen sie inzwischen. Zudem hat sie mittlerweile eine Reihe von Zusatzqualifikationen erworben, wie beispielsweise die zur »Demenz Partnerin« der Deutschen Alzheimer Gesellschaft. Gelistet ist sie auch beim Ministerium für Arbeit, Gesundheit und Soziales des Landes Nordrhein-Westfalen als zertifizierte Anbieterin nach § 5 Nr. 3 AnFöVO und damit berechtigt, ihre Dienstleistungen bei den Pflegekassen abzurechnen.

Hielscher arbeitet derzeit vier bis sechs Stunden täglich, zuzüglich An- und Abfahrten. Ihre Erwartungen an den neuen Beruf haben sich voll bestätigt: »So viele meiner Kunden und Kundinnen sagen mir immer wieder, dass sie ohne mich nicht mehr in ihren eigenen vier Wänden bleiben könnten.« Die Dankbarkeit sei groß, ebenso wie der Sinn ihrer jetzigen Arbeit. »Ich möchte nichts anderes machen, das macht so viel Freude«, sagt Hielscher. Sie kann selbst über ihren Tagesablauf bestimmen und wird nicht nur finanziell entlohnt, sondern auch »in Dankbarkeit bezahlt«.

Rundum gelungen sei ihr Berufswechsel, berichtet Hielscher nach knapp drei Jahren. Seit Längerem reicht sie nun auch ihr Wissen als Dozentin in der Seniorenassistenzausbildung der Büchmann-Seminare weiter. Eigene Mitarbeitende anzustellen und zu expandieren, plant sie nicht. »Alles ist wunderbar, so wie es jetzt ist«, sagt Hielscher.

Während meistens Angehörige die Seniorenassistenten engagieren und oft auch bezahlen, ist dies bei staatlichen Betreuern anders. Sie beruft das Betreuungsgericht, um volljährige Menschen zu unterstützen, die aufgrund einer Krankheit oder Behinderung ihre rechtlichen Angelegenheiten dauerhaft oder vorübergehend nicht allein regeln können. Dies sind erstaunlich viele Personen in Deutschland: Rund 1,3 Millionen Menschen werden Stand Herbst 2023 in Deutschland betreut, rund 50 Prozent davon von derzeit 16.100 beruflichen Betreuern. Gut die Hälfte davon sind im Bundesverband der Berufsbetreuer*innen (BdB) organisiert.

Der Verband bietet auf seiner Webseite ausführliche Informationen für potenzielle Betreuer samt kostenloser Erstberatung, Seminaren und Fortbildung und einem ausgezeichneten »Reiseführer für Berufseinsteiger«. Wie man Betreuer wird und worin die Hauptaufgaben bestehen, erzählt die Geschichte von Peter Berger, der inzwischen auch im Bundesvorstand des BdB als Beisitzer aktiv ist.

Vom Krankenkassenvorstand zum Betreuer

Seine Mutter sollte recht behalten. »Peter, du hast ein Helfersyndrom«, hatte sie ihrem Sohn schon früh gesagt. Peter Berger legte eine lupenreine Karriere im Gesundheitsbereich hin: Ausbildung zum Sozialversicherungsangestellten, Fachstudium zum Krankenkassenbetriebswirt, 25 Jahre in der Gesetzlichen Krankenkassenversicherung, zum Schluss als Vorstand einer IKK. Dann in der Geschäftsleitung eines Diakoniewerks und schließlich Verwaltungsleiter einer großen psychiatrischen und neurologischen Fachklinik.

»Für diese Karriere bin ich sehr viel in Deutschland umgezogen«, erzählt Berger, »und wenn ich mich weiter hätte verändern wollen, wäre ein weiterer Umzug angestanden.« Da aber ist er Anfang 50 und seine Mutter »im gehobenen Alter«. So beschließt er, sich beruflich so neu zu orientieren, dass er in der Region wohnen bleiben kann – »um in einer halben Stunde bei meiner Mutter zu sein«.

Zwei Möglichkeiten sieht er für sich: Seit Längerem schon arbeitet er parallel als Projektberater bei einer Unternehmensberatung. Alternativ könnte er Betreuer werden. Mit diesem Berufsstand hatte er während seiner langen Berufslaufbahn oft zu tun, er weiß also bereits weitgehend über das Arbeitsspektrum Bescheid – und auch, dass er aufgrund seiner Ausbildung und Berufstätigkeit die Zugangskriterien sicher erfüllt.

Also kontaktiert er seine lokale Betreuungsbehörde im Landratsamt Erlangen. Er will erkunden, wie es dort mit dem Bedarf an Betreuern aussieht. »Herr Berger, das ist ja toll, dass Sie sich melden«, wird er dort begrüßt, »ja klar, jemand mit ihren Vorkenntnissen brauchen wir unbedingt. Und Männer gibt es sowieso zu wenige im Betreuungsbereich.«

So startet Berger im Januar 2014 als rechtlich selbstständiger Betreuer in Erlangen – und hat diese Entscheidung seitdem nie bereut. »Der Beruf liegt mir, nicht nur wegen des Helfersyndroms«, sagt er, »ich bin viel freier als vorher als leitender Angestellter und kann mit meiner Arbeit viel Gutes bewirken.«

Berger betreut ein breites Spektrum – von Älteren und demenziell Erkrankten sowie Behinderten und psychisch Kranken jeden Alters bis hin zu Straftätern und Suizidalen.

»Rechtliche Betreuung dient der Unterstützung und dem Schutz erwachsener Menschen, die aufgrund einer psychischen Krankheit oder einer geistigen Einschränkung ihre Angelegenheiten ganz oder teilweise nicht (mehr) eigenständig regeln können«, heißt es auf der Verbandwebseite. Anfang 2023 wurde das Betreuungsgesetz dahingehend reformiert, dass es die »Selbstbestimmung und die Wünsche von Menschen noch stärker in den Mittelpunkt der Betreuung« rückt.

Auch die Zugangsvoraussetzungen für den Beruf wurden angepasst: So gibt es nun ein Zulassungs- und Registrierungsverfahren sowie einen Sachkundenachweis. Letzterer umfasst einen Lehrgang von mindestens 270 Zeitstunden, die man bis zu 50 Prozent im Selbststudium durchläuft. Wer über einen Studienabschluss in

Sozialpädagogik oder der Sozialen Arbeit oder über das zweite juristische Staatsexamen verfügt, ist von diesem Lehrgang befreit. Dennoch empfiehlt der BdB auch dieser Personengruppe zumindest einzelne Module des Lehrgangs: »Betreuungsspezifisches Fachwissen, umfassende Rechtskenntnis und besondere kommunikative Kompetenzen« würden »im Rahmen anderweitiger Ausbildungen nicht vermittelt«.

Dies bestätigt Berger voll und ganz. »Es ist eine sehr persönliche Tätigkeit«, sagt er, »die Menschen, die wir betreuen, sind nicht nur in den unterschiedlichsten Lebensphasen, sondern auch sehr divers.« Gebrochene Lebensläufe sind eher die Regel als die Ausnahme, oftmals mit schweren persönlichen Schicksalen. Eine »überdurchschnittliche Kommunikationsfähigkeit« sei deshalb unbedingt notwendig ebenso wie eine gute Selbstorganisation.

Berger hat sich seit Aufnahme seiner Betreuungstätigkeit kontinuierlich weitergebildet. Von 2018 bis 2020 widmete er sich beispielsweise nebenberuflich dem »Curator de Jure«, einer Weiterbildung, die mit einem Masterabschluss in Recht vergleichbar ist. Neben seiner ehrenamtlichen Tätigkeit im Bundesvorstand des BdB unterrichtet er auch in Schulungen und Weiterbildungen.

Des Weiteren schloss er sich mit einer Kollegin zusammen. Als Bürogemeinschaft beschäftigen die beiden zudem zwei Mitarbeiterinnen. »Als Betreuer kann man sowohl seinen Arbeitsaufwand als auch seine Einnahmesituation sehr gut selbst steuern«, erzählt Berger. Wer alleine von zu Hause aus arbeite, bewältige in der Regel gut 40 bis 45 Betreuungsfälle. Wer über ein Büro und Teilzeitmitarbeitende verfüge, sollte auf mindestens 60 Fälle kommen.

Wie diese honoriert werden, regelt eine staatliche Verordnung: Die monatlichen Aufwandsentschädigungen variieren je nach Dauer der Betreuung, wo der Betreute lebt (zu Hause oder in einer Einrichtung), und ob er oder sie selbst zahlen kann oder der Staat dafür einspringt. Derzeit liegt diese Vergütung für Berufsbetreuer pro Fall und pro Monat zwischen knapp über 100 bis deutlich über 400 Euro.

Wenn Berger 2024 sein zehnjähriges Jubiläum als Berufsbetreuer feiern wird, steht auch sein 65. Geburtstag an. »Nach jetzigem Stand will ich auf jeden Fall bis 69 weiter arbeiten, dann geht meine Frau in Rente«, erzählt er, »ich finde die Arbeit sehr erfüllend, ich kann Menschen helfen – und die sind dafür meist auch sehr dankbar.«

DIENSTLEISTUNGEN

Während Betreuer in einem streng regulierten Umfeld arbeiten, sieht dies bei der nächsten Branche, die vom demografischen Wandel profitiert, ganz anders aus. In dieser gelten weder Zugangsvoraussetzungen noch andere staatliche Regeln. Manch einer findet das Gewerbe etwas anrüchig, aber man braucht sie allemal – Menschen, die Wohnungen entrümpeln. Marc Wittfeld ist einer von ihnen. Hier ist die Geschichte des früheren Bankangestellten.

Vom Bankangestellten zum Entrümpler

Marc Wittfeld ist »mit Leib und Seele« Kundenberater bei der Bank. Dennoch hat der Braunschweiger nach 31 Jahren in diesem Unternehmen genug: Immer rigider werden die Verkaufsvorgaben, immer weniger Zeit darf er dafür aufwenden, beispielsweise Älteren beim Ausfüllen ihrer Überweisungen zu helfen.

Ebenso stören ihn die ständigen Umstrukturierungsmaßnahmen, die langjährige Stammkunden zwangsweise zu anderen Beratenden wechseln lassen, sowie die der Umstrukturierung geschuldeten Versetzungen.

Als er beginnt, unter Schwindelattacken zu leiden und sein Blutdruck hochschießt, geht er zum Kardiologen. Der kann nichts finden, doch Wittfeld beschließt, die Reißleine zu ziehen. »Raus aus der Bank, so schnell wie möglich«, sagt er sich. Was genau er stattdessen anstrebt, weiß der Endvierziger zu diesem Zeitpunkt noch nicht. Vielleicht etwas im sozialen Bereich? Erst mal nimmt er sich ein halbes Jahr, um »runterzufahren und abzuschalten«.

Während dieser Zeit meldet sich ein alter Freund von ihm, ein Diplombetriebswirt, der neben seinem Alltagsjob eine kleine Umzugs- und Entrümpelungsfirma betreibt. Der Freund überlegt, den festen Job an den Nagel zu hängen und sich auf das zweite Standbein zu konzentrieren.

Ob er nicht einsteigen wolle? Wittfeld sagt zu. Am 1. Januar 2016 ist sein erster Arbeitstag. Hensel & Gretel heißt das Unternehmen, ein kleiner Witz bezüglich des Nachnamens seines Freundes Roland Hensel. Am Anfang sind sie zu zweit, mit einer Hilfe auf Minijobbasis. »Das war schon heftig, Möbel aus dem fünften Stock runterzutragen oder die Wohnung eines Messis zu entmüllen«, sagt Wittfeld.

Die Firma wächst schnell. »Entrümpelung ist ein ziemlich grauer Markt«, sagt Wittfeld, »da finden sich alle Sorten von Menschen und Firmen.« Von Anfang an legen er und sein Partner Wert auf Seriosität und zahlen beispielsweise über Mindestlohn. »Wir sind auch Dekra zertifiziert«, berichtet er.

Diese Qualität setzt sich schnell durch, auch wenn die Firma Hensel & Gretel nicht selten deutlich teurer als viele Wettbewerber ist. Inzwischen arbeiten neun festangestellte Kräfte und zwei Minijobber im Betrieb. Wittfeld kümmert sich heute um die Kundenkontakte und die Buchhaltung. »Natürlich packe ich auch noch an, wenn es sein muss«, erzählt er, »aber vor allem schaue ich mir die zu räumenden Wohnungen oder Umzüge an, mache die Angebote und kümmere mich um den Papierkram.«

Neben privaten Auftraggebern wenden sich vor allem Geschäftskunden an Hensel & Gretel – Wohnungsbaufirmen oder Betreuungsbüros beispielsweise. Die Aussichten sind gut. »Entrümpelt muss immer werden, und umziehen tun die Menschen auch andauernd«, sagt Wittfeld. Er ist hochzufrieden mit seinem Berufswechsel: »Die Entscheidung, mich neu zu orientieren, war neben der Entscheidung, meine Frau zu heiraten, die beste meines Lebens.«

Am besten gefällt ihm, sein eigener Herr zu sein – und auch, dass er keinen Anzug mehr tragen muss so wie früher in der Bank. Das Kleidungsstück ist für ihn das Synonym für alles, was ihn an seinem früheren Berufsleben störte – der Zwang, die ständig steigenden Vorgaben der Bank zu erfüllen, auch wenn diese für die Kunden gar keinen Sinn ergaben. Die Konformität, die von den Mitarbeitenden verlangt wurde. Die zunehmende Langeweile nach Jahrzehnten am gleichen Arbeitsplatz.

»Ich war schon immer ein widerspenstiger Geist«, sagt Wittfeld, »das wurde dann einfach zu viel.« Sein Wahlspruch lautet: »Die Freiheit trägt keine Krawatte.« Zu seiner Verabschiedung verbrannte er deshalb symbolisch seinen Anzug. Über 300 Kunden, Freunde und Bekannte seien zu dem Fest gekommen, erinnert er sich gerne.

Auch seine Gesundheit profitierte von dem Berufswechsel: 18 Kilo hat er abgenommen, der Blutdruck liegt wieder vollkommen im Normbereich. »Mein Kardiologe ist begeistert, mein Körper ist bestens in Schuss im Gegensatz zu früher«, freut er sich. Wittfeld ist rundum zufrieden und rät Nachahmern: »Man lebt nur einmal. Klar braucht man ein gewisses Einkommen, aber reich werden wollen wir nicht. Es soll zum Leben reichen und gut. Aber weniger Stress und mehr Spaß an dem, was man tut, sind auch ein Wert an sich. Und es geht so viel mehr, als man oft denkt. Man muss es nur machen.«

Wittfeld weist zu Recht darauf hin, dass oft viel mehr möglich ist, als man gemeinhin denkt. Dies gilt auch für eine weitere Branche, deren

Arbeitskräftebedarf kontinuierlich hoch ist – das Sicherheitsgewerbe. Ihre Mitarbeitenden werden überall gebraucht und sind in den meisten Fällen auch in Zukunft weder durch Computer, Roboter noch durch Künstliche Intelligenz zu ersetzen. Ob bei der Zugangskontrolle zu Konzerten, bei der Bewachung von Gebäuden oder im Sicherheitsdienst von Unternehmen: Überall benötigt man auch künftig Männer und Frauen, die für Sicherheit und Ordnung sorgen.

Derzeit arbeiten knapp 300 000 Menschen in Deutschland in diesem Bereich. Für den Einstieg ist die sogenannte §34a Sachkundeprüfung erforderlich, die man bei der lokalen Industrie- und Handelskammer ablegen kann. Die Vorbereitungskurse dafür laufen je nach wöchentlichem Zeitaufwand über wenige bis maximal acht Wochen. Diesen Lehrgang können alle über 18-Jährigen mit einwandfreiem Führungszeugnis und guten Deutschkenntnissen belegen, mehr wird nicht als Voraussetzung verlangt.

Neben Unfallverhütungsvorschriften im Wach- und Sicherheitsgewerbe und Grundzügen der Sicherheitstechnik wird auch der Umgang mit Menschen unterrichtet. Vor allem geht es um das Verhalten in Gefahrensituationen und Deeskalationstechniken in Konfliktsituationen. Auch interkulturelle Kompetenz ist ein Thema in der Ausbildung.

Grundlagen des Rechts der öffentlichen Sicherheit und Ordnung sowie des Bürgerlichen Gesetzbuches runden den Kurs ab. Nach bestandener Sachkundeprüfung ist es möglich, sich mit weiteren, modular angelegten IHK-Prüfungen in diesem Bereich weiter fortzubilden.

Vor allem bei den großen, deutschlandweit aktiven Unternehmen der Branche kann der Einsatz vielfältig sein, wie die folgenden Erfahrungen von Burkhard Schröder zeigen.

Vom Journalisten zur Sicherheitsfachkraft

Als Burkhard Schröder mit Anfang 60 seine Rentenprognose erstmals intensiv begutachtete, wurde ihm klar, dass er etwas ändern musste. Rund 400 Euro wurden dem freiberuflichen Journalisten prognostiziert – viel zu wenig, um in Berlin weiter gut über die Runden zu kommen.

»Bin ich selbst schuld dran«, sagt der Freigeist offen, »gespart habe ich nie, sondern mein Geld für Reisen und die schönen Dinge des Lebens ausgegeben.« Klar war ihm aber auch, dass er keinesfalls dem Staat auf der Tasche liegen wollte. Also überlegte er, welche Art von Arbeit er wohl auch noch mit 90 Jahren schaffen könnte. »Meine Mutter ist 97, wir haben gute Gene«, sagt er verschmitzt.

Das Erste, das ihm einfiel, waren Museen – und die Menschen, die »dort sitzen und schauen, dass die Bilder nicht von den Wänden fallen«, wie er der *Zeit* sagte. Ein wenig langweilig sei die Arbeit zwar, aber man müsse sich weder anstrengen noch schwer heben. Also lässt er sich als 61-Jähriger in einem zweiwöchigen Kurs zur Sicherheitskraft ausbilden und legt eine Prüfung bei der Industrie- und Handelskammer Berlin ab.

»Wer diese Ausbildung hat, dürfte immer Arbeit finden«, erzählt Schröder. Als »alter Mann« habe er plötzlich 20 Jobangebote gehabt: »Das hat mich überrascht und gefreut«, zitiert ihn *Die Zeit*. Sein erster Einsatzort ist ein Forschungsinstitut, danach arbeitet er sechs Jahre lang als Sicherheitskraft in der Notaufnahme eines Berliner Krankenhauses. Inzwischen sitzt er an der Rezeption eines IT-Unternehmens und ist seit über einem Jahrzehnt für das Sicherheitsunternehmen Securitas tätig.

Keinen Tag habe er sich bisher gelangweilt, sagt Schröder: »Ich habe so viel gelernt an allen drei Stationen.« Besonders intensiv sei es im

Krankenhaus gewesen: »Da bekommt man wunderbar mit, was die normalen Menschen so denken.« Hilfreich ist zudem, dass er den Kampfsport Krav Maga beherrscht, eine israelische Selbstverteidigungsmethode. »Wenn ich zum Dienst kam, haben die Pfleger und Ärzte sich immer gefreut, dass ich da bin«, erinnert er sich, »das hat mich sehr motiviert.«

An seiner jetzigen Arbeitsstelle schrieb der studierte Altgermanist eine Anleitung für die Alarmanlage: »Ich bin das Mädchen für alles«, sagt er, »und wenn ich was noch nicht kann, dann arbeite ich mich da rein.«

Kein Wunder, dass Schröders Arbeitgeber ihn gut behandelt. »Ich kann mir meine Arbeitszeit größtenteils aussuchen«, sagt der heute 71-Jährige. So arbeitete er ein Jahr lang nur vier Tage pro Woche. In einem anderen Jahr übernahm er bevorzugt Zwölf-Stunden-Schichten, sodass er 15 Tage im Monat frei hatte.

Derzeit liegen seine Schichten entweder zwischen 6 und 14 Uhr, dann schließt er morgens auf, oder zwischen 14 und 22 Uhr, dann schließt er abends ab. Zwischendurch unterhält er sich mit den Mitarbeitenden in den fünf Sprachen, die er fließend spricht.

Wenn seine Chefin einen internationalen Bekannten mit einem selbstgebackenen deutschen Käsekuchen beeindrucken will, übernimmt er auch diesen Auftrag gern. »Ich hab dort nur nette Leute um mich rum«, sagt er. Und er weiß auch: »Ich bin dort unersetzbar.«

Seine Rente ist inzwischen auf über 500 Euro gestiegen. Mit dem Vollzeitjob liegt er stabil bei den knapp 2000 Euro netto, die Schröder »für ein gutes Leben« braucht. Sollte es wider Erwarten aus gesundheitlichen oder anderen Gründen bei seinem jetzigen Arbeitgeber doch nicht weitergehen, hat Schröder auch schon Ersatz im Blick:

»Dann gehe ich vielleicht zur Bundesdruckerei, da arbeiten nur Rentner und schieben eine super ruhige Kugel.«

Ein weiterer Bereich, in dem erfahrene Allrounder gefragt sind, ist das Office Management. Hier werden Männer und Frauen benötigt, die an der Schnittstelle zwischen Management und den Mitarbeitenden tätig sind. Sie »stehen in ständigem Kontakt zur Geschäftsleitung und zur Belegschaft und sorgen für strukturierte Arbeitsabläufe in Unternehmen«, wie es auf der Karriereseite indeed.com[31] heißt.

Gerade weil der Beruf nicht geschützt ist, ist die Vielfalt der Aufgaben enorm und hängt stark von den unterschiedlichen Arbeitgebern ab. So bieten sich Interessenten ganz unterschiedliche Möglichkeiten – vom Office Management für einen kleinen gemeinnützigen Verein bis hin zum global agierenden Großunternehmen. Gerade für Ältere, die schon viel erlebt haben und gerne mit Menschen arbeiten, kann Office Management ausgezeichnet passen. »Meine Lebenserfahrung hilft mir hier in vielen Situationen«, sagt beispielsweise Nicolas Woods, Office Manager in Berlin. Hier folgt seine Geschichte.

Vom Übersetzer zum Office Manager

Nicolas war politischer Korrespondent in Großbritannien, als ihn die Deutsche Botschaft im Jahr 2002 zu einer Inforeise nach Deutschland einlud. »Es ging um die Bundestagswahl«, erzählt er, »aber ich hatte leider keine Zeit und konnte das auch nicht mit meinem aktuellen Job verbinden.« Als er sich ein Jahr später selbstständig machte, erinnerte er sich an die Einladung und meldete sich bei seinen Kontakten. Dieses Mal klappte es, und so kam er nach Berlin, um einen Monat lang am Goethe-Institut Deutsch zu lernen und die Menschen hierzulande sowie das Land kennenzulernen.

»Das hat mir sehr gut gefallen«, berichtet er. So suchte er nach einem Weg, dauerhaft in Berlin zu leben. Die einfachste Option schien ihm die Arbeit mit Sprachen zu sein: Neben Deutsch und Englisch hatte er auch noch Französisch im Angebot. 2004 siedelte er endgültig nach Berlin über. »Ich habe zuerst als Fremdsprachenassistent, danach als Übersetzer gearbeitet, das lief viele Jahre lang sehr gut und hat großen Spaß gemacht«, sagt er. Um das Jahr 2017 verringerten die Aufträge sich jedoch. Woods vermutet, dass es an den zu dieser Zeit sprunghaft besser werdenden Übersetzungsprogrammen lag, die mit Künstlicher Intelligenz arbeiten. »Ins Gesicht gesagt hat mir das leider keiner«, berichtet er, »das waberte aber immer so durch die Gespräche.«

Als dann die Coronapandemie kam, gelang es Woods, eine auf anderthalb Jahre befristete Stelle im Sozialbereich zu bekommen. Weil ihm aber klar war, sich danach etwas Neues suchen zu müssen, hörte er sich überall um. Freunde berichteten ihm, dass er nach zwölf Monaten Festanstellung einen Anspruch auf Arbeitslosengeld 1 sowie auf Beratung durch die Arbeitsagentur hatte. »Die waren zwar nicht superfreundlich dort, aber ich kannte meine Rechte ja, und so haben sie mir ein Coaching vermittelt«, erzählt der gebürtige Brite, der längst auch einen deutschen Pass hat.

So kam er zu dem Bildungsanbieter Grone, der überall in Deutschland Fortbildungen und Umschulungen vor allem in kaufmännischen Bereichen anbietet. Als er seinen Coach zum ersten Mal traf, funkte es sofort. »Der hat mich angesehen, und da war gleich ein Grundverständnis«, sagt Woods, »er hat vollkommen auf Augenhöhe mit mir gesprochen und mir gleich vorgeschlagen, dass Office Management gut zu mir passen würde.«

Office Manager kümmern sich darum, dass in größeren und auch kleineren Organisationen alles läuft – von der Lohnbuchhaltung über die Mitarbeiterkommunikation bis zur Terminkoordination. »Die Arbeit ist extrem vielfältig, und man muss sehr selbstständig agieren,« erzählt Woods. Anfang März 2022, mit etwas über 50 Jahren, beginnt er die neunmonatige Ausbildung. Sie ist modular aufgebaut und endet mit einer Prüfung bei der Industrie- und Handelskammer (IHK). Bezahlt hat sie die Arbeitsagentur, auch das Arbeitslosengeld 1 lief während dieser Zeit weiter.

Bildungsanbieter wie Grone arbeiten inzwischen mit »virtuellen Klassenräumen«. Wenn Woods morgens um 8:30 Uhr in den Lernräumen von Grone in Berlin ankam, verband er sich über Computer und Headset mit seinen Mitlernenden überall in Deutschland, die in ähnlichen Grone-Büros saßen. Bis 15:30 Uhr unterrichteten unterschiedliche Lehrkräfte die Gruppe, die ebenfalls irgendwo in Deutschland vor ihrem Computer saßen. »Eigentlich stehe ich auf Präsenz«, sagt Woods, »aber diese Art von Online-Unterricht hat auch ganz gut funktioniert.« In Chatgruppen vernetzte er sich mit seinen Mitlernenden, manchmal wurden auch Witze gemacht. Nach 21 Tagen Unterricht folgte in der Regel eine Prüfung über den jeweiligen Stoff.

Woods konnte die Arbeitsagentur überzeugen, insgesamt zehn Module zu finanzieren, und somit hatte er zehn Monate Lernzeit hinter sich, als er seine IHK-Weiterbildung abschloss.

Hinterher einen Job zu finden, fiel ihm leicht: Office Manager sind gefragt – und er war fachlich auf dem allerneusten Stand. So arbeitet Woods heute für Das Demographie Netzwerk e. V. (ddn) in einem 30-Wochenstunden-Arrangement. »Das passt perfekt für mich, denn ich möchte nebenbei auch noch in meinem alten Job als Übersetzer arbeiten.« Beim ddn obliegt ihm eine breite Palette von Aufgaben – von der Eventorganisation über alles, was im Büro anfällt bis hin zur Außenkommunikation. »Es macht großen Spaß«, sagt er, »ich bin hier gut angekommen.«

Eine andere Zielgruppe, die sich oft erfolgreich mit dem Ziel Office und Projektmanagement weiterqualifiziert, sind Frauen nach der Familienphase. Seit gut zehn Jahren läuft dazu das Programm »Comeback – Perspektive Wiedereinstieg« der KWB (zuvor KWB e. V.) in Hamburg. Es beinhaltet ein viermonatiges Seminar, das MS-Office- und BWL-Kenntnisse vermittelt, und eine darauf folgende zweimonatige Praxiszeit in einem Unternehmen. Von 2009 bis 2021 förderte das Bundesministerium für Familie, Senioren, Frauen und Jugend sowie der Europäische Sozialfond diesen Lehrgang.

Interessierte Frauen können dort inzwischen mit einem Bildungsgutschein der Arbeitsagentur oder des Jobcenters (siehe letztes Kapitel) teilnehmen. »Egal, in welchem Beruf die Frauen nach der Familienphase wieder einsteigen, brauchen sie auf jeden Fall aktuelle MS-Office-Kenntnisse, frisches Wissen im Projektmanagement und Grundkenntnisse in Betriebswirtschaftslehre«, sagt die langjährige KWB-Referentin Franca von Hacht. Aber auch das Empowerment der Frauen sei wichtig.

Weil die Wiedereinsteigerinnen ihre Familie zu Hause betreuen, läuft der Kurs morgens von 9 bis 12:30 Uhr in Präsenz. »Die Gruppe besteht aus lauter Gleichgesinnten, sodass sehr viel Empowerment durch die Eigenmotivation aller entsteht«, sagt von Hacht. 2023 nahmen beispielsweise eine frühere Redakteurin, eine Volljuristin, eine Kunsthistorikerin und eine Ärztin an der Weiterbildung teil. Nach der viermonatigen Maßnahme folgt dann eine zweimonatiges Praktikum – am besten in dem Unternehmen, das später dann auch an einer Anstellung der Kandidatinnen interessiert ist. Dazu stellt KWB ein Dossier mit den Profilen der Wiedereinsteigerinnen zusammen. »Wir können in der Regel alle oder fast alle vermitteln«, sagt von Hacht.

Die KWB-Referentin hält strukturierte Programme für die berufliche Umorientierung oder den Wiedereinstieg in der zweiten Lebenshälfte für hilfreich. Vor allem die Erfahrung in und als Gruppe würde die Lernenden außerordentlich stärken und motivieren.

Mit Sicherheit eine Zukunft bietet auch der Beruf des Freien Redners. Seit Jahren sinken die Mitgliederzahlen der Katholischen und Evangelischen Kirche. Dementsprechend seltener feiern Menschen ihre Hochzeit oder Taufe kirchlich. Ähnliches gilt für Trauerfeiern, zumal Menschen inzwischen neben Friedhöfen auch an anderen Orten wie Friedwäldern begraben werden können und wollen.

Die zahlenmäßig größte Gruppe in Deutschland ist mit fast 35 Millionen im Jahr 2022 inzwischen die Konfessionslosen, also Personen, die sich keiner Glaubensrichtung zugehörig fühlen.

Hier zur Orientierung ein paar Zahlen, um den Markt einschätzen zu können: 2022 wurden 380 700 Ehen geschlossen, und 730 819 Kinder kamen auf die Welt. 1 066 341 Männer und Frauen mussten sie wieder verlassen, sie sind verstorben. Diese Zahl lag aufgrund der Coronapandemie höher als erwartet. Tendenziell wird sie jedoch durch den demografischen Wandel bis weit in die 2030er-Jahre ansteigen.

Der frühere Pastor Martin Lieske ist einer der Pioniere im Segment der Freien Redner. Er führte bis heute über 1300 freie Trauungen, 400 Beerdigungen und 100 Kinderwillkommensfeste durch.

Der studierte Theologe schätzt, dass es in den Jahren nach der Jahrtausendwende rund zwölf freie Theologen in Deutschland gab, die nicht mehr bei den beiden christlichen Kirchen beschäftigt waren und freie Trauungen abhielten.

»Da sind zwei Bedürfnisse zusammengekommen«, sagt er, »zum einen standen wir als Theologen vor der Frage, wie wir jenseits der Kirche unseren Lebensunterhalt verdienen konnten.« Zum anderen waren aber auch immer mehr Paare nicht mehr bereit, »Zeremonien über sich ergehen zu lassen, die weder im Ablauf noch im Inhalt zu ihren Persönlichkeiten passten«.

Lieske begann bereits 2006 mit der Ausbildung zum Freien Redner. Er schätzt, dass in Deutschland heute rund 1700 Männer und Frauen in diesem Beruf arbeiten. Einer von ihnen ist Dieter Ahlers. Hier ist seine Geschichte.

Vom Wertpapierbanker zum Trauerredner

Eine Freundin brachte ihn auf die Idee. »Das wäre was für dich, Dieter«, sagte sie dem Wertpapierbanker, als er mit 61 Jahren in den nicht ganz freiwilligen Ruhestand verabschiedet wurde.

Die Freundin war auch Hochzeits- und Trauerrednerin. Sie wusste, dass Dieter Ahlers gute Voraussetzungen als Redner mitbrachte: In seinem Bankerjob hatte er jahrelang auf der Bühne gestanden und Vorträge über Wertpapiere und Finanzanlagen gehalten. Er konnte also gut vor einer großen Zuhörerschaft auftreten. Und die notwendige Empathie, also das grundsätzliche Interesse am Gegenüber und eine gewisse Einfühlsamkeit, war auch vorhanden.

So empfahl sie Ahlers, einen Rednerkurs bei Martin Lieske zu buchen. Der frühere Pfarrer bildet Freie Redner für Trauungen, Kinderwillkommensfeste und Trauerfeiern aus und hat nach eigenen Angaben die größte Agentur in diesem Bereich im deutschsprachigen Raum aufgebaut. Zudem etablierte er mit inzwischen vier Industrie- und Handelskammern (Köln, Essen, Rhein-Neckar und Hannover) einen Zertifikatslehrgang. So können alle, die sich bei ihm schulen lassen, dort nach einer Prüfung ein IHK-Zertifikat als Freier Redner erhalten.

»Der Kurs war eine ganz tolle Erfahrung«, sagt Ahlers, »ich habe unglaublich viele Werkzeuge für die neue Tätigkeit bekommen.« Vor allem aber fühlte er sich auch menschlich bestens betreut: »Allein das Ankommen dort war schon ein Schub nach vorn«, erzählt er, »dort waren lauter Menschen, die anderen ein Anker sein und Hilfe geben wollten.« Die Atmosphäre während des sechstägigen Seminars sei überaus herzlich und anregend gewesen.

Dieter Ahlers ließ sich das Seminar von seinem alten Arbeitgeber bezahlen und handelte es im Rahmen seines »Abschiedspakets« zu seinem Berufsausstieg aus. Je nach Durchführung, ob online oder persönlich vor Ort, kosten die Einstiegsseminare inzwischen ab knapp unter 2000 bis gut 4000 Euro.

Nach Abschluss des Kurses können sich die frischgebackenen Freien Redner Lieskes Agentur anschließen und sich auf seiner Webseite präsentieren. Aufträge müssen sie jedoch weitestgehend selbst akquirieren. »Bei den Trauerreden geht das ganz konventionell über das Klinkenputzen bei den Bestattern«, erzählt Ahlers.

Er ist mit einem eigenen kleinen Imagevideo auf der Agenturseite von Lieske vertreten, vor allem für die Hochzeitsbuchungen. »Da kann das Brautpaar dann in seiner jeweiligen Region schon mal einen guten Eindruck bekommen, ob die persönliche Chemie zwischen ihnen und mir passt«, sagt er.

Grundsätzlich ist der Markt für Freie Redner nicht reglementiert. Wer immer möchte, kann sich so nennen und sein Glück versuchen. Lieske nennt auf seiner Webseite eine Honorarspanne von 400 bis 800 Euro pro Trauerfeier, 400 bis 700 Euro für Kinderwillkommensfeste und 800 bis 1300 Euro für Hochzeiten.

Dies entspricht auch weitgehend Ahlers' Erfahrungen. »Der Ablauf ist so, dass es ein unverbindliches Vorgespräch gibt, um auszuloten, ob wir zueinander passen«, erzählt er. Erhält er den Auftrag, folgt ein zwei- bis dreistündiges ausführliches Gespräch, um die Themen für die Rede auszuloten. An der Rede selbst arbeitet Ahlers drei bis vier Tage.

Er ist höchst zufrieden mit seiner neuen Arbeit. »Früher habe ich auch tausenden von Leuten etwas erzählt, aber da ging es immer nur um totes Papier«, sagt er. »Heute bin ich Menschen eine Stütze und Hilfe, um ihre Zeremonie gut über die Bühne zu bringen.«

Trauerfeiern begleite er inzwischen fast sogar lieber als Hochzeiten, wie er berichtet: »Es ist ein guter Abschluss, wenn es gelingt, die verstorbene Person so zu würdigen, dass die Trauernden dann doch mit einem kleinen Lächeln auf dem Gesicht nach Hause gehen.« Das sei für ihn enorm sinnstiftend, zumal nicht nur die Auftraggeber, sondern oft auch die anderen Anwesenden ihm signalisierten, wie dankbar sie für seine einfühlsame Rede seien.

Ahlers will in diesem Bereich agieren, solange Menschen ihn buchen. Die Hochzeitssaison gehe von Mai bis Oktober, die Trauerfeiern natürlich rund ums Jahr. Für ihn ist es kein Fulltime-Job, bei diesen Anlässen zu sprechen, sondern eine »ganz wunderbar individuelle Tätigkeit und auch ein willkommenes und schönes Zubrot« im Nebenjob. Gut ein Dutzend Hochzeiten begleitete er im Jahr 2023, plus »deutlich mehr« Trauerfeiern. »Aber es gibt natürlich auch Kollegen, die zwei Hochzeiten am Tag machen«, sagt er.

Lieske baute seine Agentur von einem Ein-Mann-Betrieb zu einem Full-Service-Unternehmen aus, das alle Bereiche des Freien Redens umfasst. Wer möchte, kann nach dem Einstiegswebinar an vertiefenden Kursen zu allen Themen rund ums Reden und die Selbstständigkeit teilnehmen. Mit Trauerfeiern für Tiere kam unlängst ein neuer Zeremonienanlass hinzu.

Im Frühjahr 2024 startet sogar der erste Rednerkongress – ein Forum, um weiterzulernen und sich zu vernetzen. Lieske ist von der großen Zukunft für Freie Redner überzeugt, angesichts der weiter schwindenden religiösen Bindung im deutschsprachigen Raum. »Wir haben bereits über 1500 Freie Redner und Rednerinnen ausgebildet«, sagt er, »die meisten davon sind Teil unseres Netzwerkes.«

Fünf Fragen stehen Interessierten auf seiner Webseite bereit, mit denen sie testen können, ob sie sich als Freie Redner eignen. Grundlegend sei, Menschen zu mögen, zuverlässig zu sein, lernen und zu ungewöhnlichen Zeiten arbeiten zu wollen sowie ständig erreichbar zu sein.

Um dieses Kapitel abzurunden, folgt nun noch die Geschichte einer Frau, die sich von der Journalistin zur evangelischen Seelsorgerin wandelte. Denn auch die Evangelische Kirche hat mit enormen Nachwuchssorgen zu kämpfen und legte daher schon vor Jahren Quereinstiegsprogramme auf.

Von der Journalistin zur Pfarrerin

Ihr Weg zur Theologie sei ein Prozess gewesen, sagt Alrun Kopelke. »Vier, fünf Jahre hat das sicher gedauert«, berichtet die ehemalige Journalistin. Damals war sie Ende 30 und hatte in ihrem ersten Beruf viel erreicht: Moderatorin der wichtigsten Nachrichtensendung im Hessischen Fernsehen, Reporterin – kurz, eine angesehene und landesweit bekannte Journalistin.

»Ich bin zwar mit viel Bezug zur Kirche aufgewachsen«, erzählt Kopelke, »doch nachdem ich während meines Studiums ein Praktikum bei einem Rundfunksender gemacht habe, war Radio- oder Fernsehjournalismus mein klares Berufsziel. Die gesprochene Sprache hat mich fasziniert.« Kopelke studierte Volkskunde, Spanisch und Kommunikationswissenschaft. Parallel zum Magister absolvierte sie immer wieder Praktika in den Medien und anschließend ein Volontariat beim Hessischen Rundfunk.

Dann folgte die Karriere bis zur Nachrichtenmoderation in der Hessenschau, und so wurde sie eines der Gesichter des Senders. Eine tolle Aufgabe, sagt Kopelke rückblickend, aber auch mit Herausforderungen: »Man steht da im Studio und spricht zwar in die Kamera, aber eigentlich eben ins Nichts.« Mit der Zeit sei das für sie immer unbefriedigender geworden. Und sie habe sich immer öfter gefragt: »Was willst du eigentlich?«

Parallel dazu beginnt sie, sich wieder mit ihrem Glauben auseinanderzusetzen. Sie besucht wieder Gottesdienste und findet eine Gemeinde mit einem charismatischen Pfarrer. Schnell wird sie Mitglied der Gemeinde und engagiert sich in der Theatergruppe. Die Teilnehmenden dort beten vor den Proben. Als man sie fragt, ob sie gerne beten möchte, merkt sie, wie viel Freude ihr das bereitet. Auch bei den anderen kommt das gut an.

So kommt ihr der Gedanke, Pfarrerin zu werden. Just zu dieser Zeit überlegt die Evangelische Kirche in Hessen und Nassau, wie sie für Quereinsteigende attraktiv werden könnte. Als sich Kopelke bei der Landeskirche meldet, passt schnell eins zum anderen. »Die Verantwortlichen fanden das prima, dass ich als Beispielfall für die Anerkennung des Studiengangs zur Verfügung stehen würde«, erinnert sie sich.

Ein Theologiestudium »light« war es dann aber keinesfalls, was schließlich in Marburg eingerichtet wurde: Nur mit abgeschlossenem Studium, mindestens fünf Jahren Berufserfahrung und einer erfolgreichen Eignungsfeststellungsprüfung akzeptierte die Universität Kandidaten für den neuen dreijährigen Studiengang »Master of Theology«. Er wurde so konzipiert, dass die Studierenden alle sechs bis acht Wochen eine Präsenzwoche mit jeweils zwei Fächern durchliefen, was ihnen erlaubte, in ihren jeweiligen Herkunftsberufen in Teilzeit weiterzuarbeiten.

Gemeinsam mit Kopelke studierte beispielsweise ein Tiefbauingenieur, der später Werkspfarrer bei Volkswagen wurde. »Das war eine tolle Weggemeinschaft«, erinnert sie sich gern, »auch die Professoren haben uns gespiegelt, dass die Diskussionen mit uns Lebenserfahrenen viel schneller in die Tiefe gingen als mit den Studenten, die direkt aus der Schule kommen.«

Nach ihrem abgeschlossenen Studium folgt im Jahr 2013 ein zweieinhalbjähriges Vikariat. Dieses war in Teilzeit nicht machbar, und so steht Kopelke am 23. August ein letztes Mal in ihrem alten Beruf vor der Kamera. »Als ich mich beim Hessischen Rundfunk verabschiedet habe, sagten mir sehr viele, wie toll sie meinen Berufswechsel finden, und dass sie selbst auch oft nachdenken, noch mal was anderes zu machen«, sagt sie.

Für sie kommt mit 42 Jahren mit dem zweieinhalbjährigen Vikariat allerdings erst einmal »finanziell ein echter Einschnitt«. Ideell jedoch hat sie ihren Weg gefunden, zumal sie ab 2016 als Pfarrerin dann »in der Verantwortung war«. Es habe ihr von Anfang an enorme Freude bereitet, nicht nur die Gottesdienste, sondern auch die Arbeit mit der Gemeinde. »Das Feedback war einfach wunderbar«, sagt sie. Und sie verbreite ja nach wie vor das Wort: »Früher habe ich meistens schlechte Nachrichten überbracht, nun erzähle ich die guten Nachrichten.« Glauben weiterzugeben, so ist sie überzeugt, »funktioniert nur über Menschen«.

Dafür lässt sie sich viel einfallen. »Wir haben Gottesdienste unterwegs gemacht oder auch einen zum Thema ›wir stricken unser Leben‹, in dem dann tatsächlich gestrickt wurde«, erzählt sie. Als viele Menschen aus ihrer Gemeinde sich während der Coronazeit Hühner zulegten, erfindet Kopelke gemeinsam mit dem lokalen Hühnerzuchtverein ein Gottesdienstformat im Pfarrgarten unter dem Motto »Hühnerglück«.

Nach einer längeren Krankheit wechselt die Pfarrerin 2021 zum Zentrum Verkündigung der Evangelische Kirche in Hessen und Nassau, wo sie seitdem innerkirchliche Veranstaltungen und Weiterbildungen initiiert und organisiert. Ihre Stelle ist auf sechs Jahre befristet, dann kommt wieder etwas Neues.

Kopelke, die heute Anfang 50 ist, hat für sich den Sinn des Lebens gefunden – und auch ihre Berufung. »So kann das noch lange weitergehen«, freut sie sich, »als Pfarrerin bin ich auf Lebenszeit berufen, das ist mit der Rente noch lange nicht vorbei.«

Jobs, die das Hobby zum Beruf machen

Wussten Sie, dass der Anteil der Soloselbstständigen immer stärker zunimmt, je älter die Menschen werden? Waren im Jahr 2022 unter den 35- bis 44-Jährigen 3,5 Prozent aller Erwerbstätigen selbstständig, steigt dieser Anteil bei den 45- bis 55-Jährigen auf 4,6 Prozent. Eine Lebensdekade weiter liegt er schon bei 5,7 Prozent: Gut jede 20. Frau zwischen 55 und 64 und jeder 15. Mann in dieser Altersklasse sind soloselbstständig.

Faszinierend, oder? Und kaum jemand weiß es. Nur selten wird in Deutschland über Lebenserfahrene berichtet, die sich mit 50+ selbstständig machen. In den USA ist dies anders und zudem bereits gut erforscht: Die relativ höchste Zahl von Start-ups gründen dort über 50-Jährige, wie die Kauffmann-Foundation schon vor über einem Jahrzehnt herausfand.

Konkret bedeutet dies: Über 55-Jährige gründen dort doppelt so häufig wie unter 35-Jährige[32], wie das *Inc-Magazine* bereits 2018 schrieb. Derselbe Artikel zitiert Adeo Ressi, Gründer des Founder-Institutes (Gründerinstitut): »Höheres Lebensalter ist ein guter Indikator für Erfolg bei der Unternehmensgründung.«

Dass die Erfahrungen eines langen Berufslebens besonders auch bei Gründungen in völlig anderen Branchen helfen, zeigen die nächsten beiden Geschichten.

Früher Auto und Soziales, nun Bäckerinnen

Die beiden Frauen sind Mitte 50, als sie ihr Hobby zum Beruf machen. Tina Laubengeiger arbeitet im sozialen Bereich und schreibt Bedarfsfeststellungen für die Stadt Stuttgart. Susanne Ebrahim verkauft Autos für Mercedes. Beide lieben selbstgebackenes Brot.

Für Susanne ist es die Erinnerung an ihre Kindheit, als sie ihre Oma besuchte und von dort morgens zur Bäckerei laufen durfte, um frisches Brot und Brötchen zu holen und schon auf dem Rückweg den ersten Bissen abknabberte. Für Tina ist es der Duft von frisch gebackenem Brot, dem sie nicht widerstehen kann – und später auch, dass sie Industriebrot nicht mehr verträgt. Also beginnt sie, ihren eigenen Sauerteig zu kultivieren und sich ins Brotbacken zu vertiefen.

Im Februar 2019 ist es dann soweit. Bruno, Jogi und Diva sind startbereit. Wie so viele Hobbybäcker haben auch Tina und Susanne ihren Sauerteigkulturen Namen gegeben. Denn diese werden sie bei ihrem Start ins Unternehmertum begleiten und sind auch die Basis dafür.

Tina und Susanne planen nicht, irgendeine Bäckerei aufzumachen, sondern eine spezielle: Während die Industrie, aber auch viele sogenannte Handwerksbäckereien Brote und Gebäck mit vielerlei chemischen Trieb- und Hilfsmitteln in nur wenigen Stunden herstellen, konzentrieren sich die beiden auf Brote mit »langer Teigführung«. Mindestens einen Tag, manchmal sogar länger reifen diese Backwerke – und bestehen nur aus Mehl, Wasser, Salz, Sauerteig und/oder Hefe. Solche Brote sind nicht nur viel leckerer, sondern auch weitaus bekömmlicher und halten viel länger als Industrieware. Natürlich sind die Brote auch deutlich teurer als das, was beim Discounter oder in der Filiale um die Ecke über den Tresen geht.

Wer allerdings einmal ein so aufwendig und hochwertig zubereitetes Brot gekostet hat, wird fast immer zum Fan. Während überall in Deutschland Bäckereien schließen, weil sie keine Mitarbeitenden finden oder der Konkurrenz der Discounter nicht standhalten können, boomen Bäckereien wie die, die Tina und Susanne planen. Dort backen sie nicht in der Nacht, sondern erst ab dem frühen Morgen. Brot gibt es erst ab nachmittags oder nur nach Online-Bestellung zu bestimmten Zeitfenstern. Denn Bäckerinnen wie Tina und Susanne produzieren nicht einfach nur Brot, sondern bauen sich immer auch eine Fangemeinde auf, dic auch weite Wege und/oder restriktive Öffnungszeiten und Angebot akzeptiert.

Susanne und Tina verfügen bald, nachdem sie ihre Brote Nachbarn und Freunden zum Probieren gegeben haben, über eine treue Kundschaft. »Wann gibt es wieder frisches Brot«, fragt man sie, »wir zahlen auch gerne dafür.« Im Juni 2019 lassen sich die beiden, die damals noch voll in ihren jeweiligen Berufen arbeiten, bei der Handwerkskammer beraten. Wie können sie Bäckerinnen werden, wie gestaltet sich das Verfahren, was ist dazu notwendig?

Die beiden wissen, dass es einen Meistertitel braucht, um ein Vollsortiment herstellen zu können und ausbilden zu dürfen. Ab dem Alter von 47 Jahren kann man theoretisch den Meistertitel machen, ohne vorher die gesamte Gesellen- und dann Meisterausbildung absolvieren zu müssen. Tina und Susanne wollen aber weder ein Vollsortiment anbieten noch ausbilden. Für sie kommt eine Ausnahmegenehmigung infrage, wie ihnen die Mitarbeiterin der Handwerkskammer erklärt: Wenn sie – ohne vorherige Ausbildung im Handwerk, sondern nach dem Selbststudium – eine spezielle Prüfung ablegen und bestehen, können sie pro Tag je vier Sorten Brot verkaufen.

Die beiden Frauen suchen also nach einem gebrauchten Ladenbackofen, um ihre Unternehmensidee weiter zu testen. Sie wollen neben ihren Hauptjobs am Samstag und Sonntag backen, ihre Rezepte verbessern und Erfahrungen sammeln. Ihre heimischen Herde sind dafür zu klein und gute gebrauchte Ladenbacköfen für wenige tausend Euro zu haben.

Im Januar 2020 besitzen sie ihren Ofen, im Februar haben sie den Namen für ihre geplante Bäckerei gefunden: »Brotsucht« werden sie diese nennen, denn beide sind süchtig nach Brot. »Bei guter Laune und Jazzmusik entstehen unsere Brote mit all der Zeit, die sie brauchen«, werden sie zwei Jahre später auf ihrer Webseite schreiben.

Zunächst aber heißt es lernen und experimentieren. »Lesen, lesen, lesen, alles aufsaugen, was das Internet hergibt,« antworten die beiden auf die Frage, woher ihr Grundwissen kommt.

Zudem buchen die zwei Frauen einige Kurse an der Brotakademie in Weinheim, den »Ofenführerkurs« beispielsweise. Meistens treffen die beiden in den Kursen auf Männer, denn noch immer sei die Bäckerei eine Männerdomäne. Da werde schon »geguckt, wie man mitanpackt«, sagen sie, aber auch, dass die Akademie und die Mitlernenden offen für Quereinsteigende seien.

Schließlich absolviert Tina als Erste die Prüfung. Sie wechselt zu der Zeit zwischen zwei Jobs und hat mehr Zeit als Susanne, die bis Mitte 2022 weiter Vollzeit bei Mercedes im Autoverkauf arbeiten wird. Was die beiden am Wochenende in ihrem Ladenbackofen schaffen, reißt man ihnen sofort aus den Händen: Alle, die bei ihnen kaufen, sind begeistert und bereit, oft doppelt so viel zu bezahlen wie in den umliegenden Bäckereien.

Tina und Susanne haben inzwischen auch ihren Businessplan erstellt. Sie planen, zehn verschiedene Sorten Brot pro Woche anzubieten sowie mehrere jahreszeitlich wechselnde Spezialitäten. Obwohl beide Mitte 50 sind, gelingt es ihnen, einen mittleren sechsstelligen Kredit zu erhalten. »So einen gut ausgearbeiteten Businessplan habe ich schon seit Jahren nicht mehr gesehen«, hätte die Bankmitarbeiterin kommentiert.

Weit schwieriger gestaltet es sich allerdings, einen Ort für den Betrieb zu finden. Die beiden benötigen in hohem Maße Starkstrom: Für die Bäckerei ist der Ladenofen zu klein, es bedarf eines richtigen Großbackofens für mehrere zehntausend Euro. Tina und Susanne schauen sich viele Räumlichkeiten an, doch jedes Mal scheitert es am Stromanschluss.

Schließlich rettet ihre Kundschaft sie. Die Eigentümer einer alten Ziegelei sind gerade dabei, eine in einem Industriegebiet gelegene Immobilie umzubauen und aufzuwerten – und sie lieben das Brot von Tina und Susanne. Sie hätten zugesagt, einen Stromanschluss für sie zu legen und auch ihren Architekten zur Verfügung gestellt, erzählen die beiden.

Das ist im Juli 2021, gut anderthalb Jahre, nachdem die beiden mit dem Ladenbackofen und dem Backen am Wochenende angefangen haben. Im Dezember 2021 besteht Tina ihre Prüfung, erhält die Ausnahmebewilligung und wird im April 2022 in die Handwerksrolle eingetragen. Allerdings kommt es beim Umbau der Ziegelei zu einigen Überraschungen. Erst im November 2022 – und damit anderthalb Jahre nach der Entscheidung für ihre Geschäftsräume – sind die Bauarbeiten beendet, und die beiden können ihre Backstube eröffnen.

Dass trotz der Verzögerungen alles am Ende glatt lief, erklären Tina und Susanne mit ihren exzellenten Vorbereitungen und vor allem ihrem Businessplan. Er sei die Grundlage für den Umbau gewesen sowie dafür, immer zu kontrollieren: »Wo stehen wir, sind wir im Plan?«

»Wenn wir an dieser Schraube drehen, funktioniert es dann noch, wie müssen sich die Preise verändern – das hilft einem selbst, das haben wir nicht nur für die Bank gemacht«, erzählen die beiden im Podcast »Plötzlich Bäcker – Brot-Podcast von Lutz Geißler«. Das sei eben auch der Vorteil, in der zweiten Lebenshälfte zu gründen: Da verfüge man einfach über große Erfahrung.

Zum Beispiel wissen sie auch, dass sie sich das Wochenende freihalten müssen, um sich zu erholen. Derzeit bereiten die beiden montags die Teige vor und backen von Dienstag bis Freitag ab 7 Uhr morgens. Geöffnet ist die »Brotsucht« von 15 bis 18:30 Uhr. Die meisten Kunden bestellen ihre Brote online, damit sie auch sicher welche bekommen.

Noch arbeiten Tina und Susanne allein in ihrer Backstube, doch das wird aller Voraussicht nach nicht so bleiben. Zum einen lagen den beiden schon etliche Bewerbungen vor, bevor sie ihren Laden eröffnet hatten. Zum anderen nimmt die Nachfrage ständig zu: Gastronomen hätten angefragt, ob die beiden für sie backen können.

Die beiden Brotsucht-Gründerinnen haben sich eine Nische ausgesucht, der insbesondere die Coronapandemie einen nochmaligen Schub verlieh: sogenannte Mikrobäckereien, die sich auf Spezialitäten und wenige Brotsorten beschränken.

Die 62-jährige Svea Andersson[33] backt beispielsweise in einem umgebauten Imkerwagen auf nur 6 mal 2,5 Quadratmeter. Ihre »Lütte Backstuv« steht in Bünsdorf in Schleswig-Holstein am idyllischen Wittensee und ist mit einer Kasse des Vertrauens rund um die Uhr geöffnet. So können Touristen und Ortsansässige sich immer dann Brot holen, wenn sie es brauchen. Andersson war früher Kamerafrau, erst mit 55 begann sie eine Bäckerlehre.

Oft sind die Backwaren in den Mikrobäckereien um ein Mehrfaches teurer als konventionelle Brote und Brötchen – aber sie schmecken offensichtlich auch so gut, dass immer mehr Menschen dafür Geld ausgeben. Etliche sind während der Pandemie auf den Geschmack gekommen, als zu Hause zu backen eine steile Karriere in den sozialen Medien machte und in etlichen Geschäften plötzlich das Mehl ausverkauft war.

Vielleicht hängt der Boom der Mikrobäckereien aber auch mit der generellen Misere im Backhandwerk zusammen. Seit Jahren sinkt die Zahl der sogenannten Handwerksbäckereien – kleine Mittelständler oder Familienbetriebe mit einigen bis zu ein paar Dutzend Filialen.

Die Gründe für diesen Negativtrend sind vielfältig: Preisdruck, aber auch stark zunehmender Fachkräftemangel und die Konkurrenz durch die großen Backfabriken, die ihre oft gefrostete Ware über Discounter oder große Filialisten im Supermarkt verkaufen und dort nur noch aufbacken.

Einer, der seit Langem über den Boom der Mikrobäckereien berichtet, ist der studierte Geologe und Brot-Influencer Lutz Geißler mit seinem Ploetzblog.de. In seinem Podcast »Plötzlich Bäcker« berichtet Geißler zudem regelmäßig über Quereinsteigende im Bäckerhandwerk.

Er gründete mit seiner Partnerin Christina Weiß, einer früheren Steuerberaterin und heutigen Bäckermeisterin, in deren umgebautem Wohnzimmer in Hamburg-Sasel eine Mikrobäckerei explizit für die Nachbarn im Stadtteil. Die beiden nennen sich »Brotkumpels. Die Saselbäcker« und backen fast ausschließlich auf Vorbestellung. An den jeweiligen Backtagen – selten mehr als zehn pro Monat – können die Kunden die bestellten Brote und Brötchen zwischen 17 und 19 Uhr werktags und samstags sowie sonntags zwischen 8 und 10 Uhr abholen.

So reduzieren die beiden Abfälle, müssen nicht wie andere Bäcker nachts in der Backstube stehen und verfügen zudem über eine Kundschaft, die sich jedes Mal glücklich schätzt, wenn sie wieder etwas aus dem begehrten, aber limitierten Angebot der Brotkumpels ergattert.

Auch in anderen Segmenten des Bäckerei- und Konditorhandwerks finden sich inzwischen diese Nischen, die oft Quereinsteigende besetzen. So existieren diverse Keksmanufakturen aller Geschmacksrichtungen, die meistens ebenfalls für ihr jeweiliges Stadtviertel backen und nicht selten auch noch ein kleines Café führen.

Ohne Laden kommt die Anfangsdreißigerin Nanetta Ruf aus, die sich einen Lastwagen zur fahrenden Konditorei umbauen ließ. Sie fährt mit ihrer »KondiTOURei«[34] vor allem durch Hessen, um vor Ort auf Biohöfen deren Produkte zu verbacken.

Im September 2023 brachte ihr diese Idee den Preis »Top Gründer im Handwerk« ein. Ruf steht zwar noch am Anfang ihrer Berufslaufbahn, zeigt aber, was alles mit cleveren Einfällen möglich ist – und wie Querdenker sich immer wieder spannende Nischen erschließen.

Sie hat nicht nur frische Ideen, sondern ist auch eine Quereinsteigerin: Katja Schätzle mit ihrer Tortenmanufaktur. Schon als Geschäftsführerin einer Maschinenbaufabrik war sie eine begeisterte Tortenbäckerin und reiste für ihr Hobby oft zu Kursen nach England und Spanien. Hier ist ihre Geschichte:

Vom Maschinenbau zur Tortenkünstlerin

Es war ihr »cholerischer Vater«, der Schätzle davon abhielt, ihr Berufsleben direkt in der Küche zu starten. »Ich wollte nicht, dass ich bei der Ausbildung und im Beruf wieder in so einer Brüllumgebung lande«, erinnert sie sich, »und Köche waren bekannt für solches Verhalten.«

Also erlernte die Kölnerin den Beruf der Bürokauffrau, fing in einem Betonwerk an und hatte es tatsächlich mit einem »brüllenden Chef«

zu tun. Noch dazu mit einem, der seine Stimme im katholischen Männergesangsverein trainierte. Bei ihrer nächsten Position in der Uniklinik Köln war ihr Vorgesetzter ein ehemaliger Zuchthauswärter und auch nicht unbedingt leise. Dann schließlich landete Schätzle in einem Maschinenbaubetrieb, wo sie die in Rente gegangene Sekretärin ersetzte – und traf auf einen Chef und Eigentümer, der nebenher Medizin studierte, weil es das längste Studium mit dem größtmöglichen Nimbus war. Auch dieser Mann neigte stark zu Wutanfällen. So schmiss sie gemeinsam mit dem Meister den Laden mit immerhin 17 Mitarbeitenden.

Als der Chef zwölf Jahre später überraschend starb, kaufte sie mit zwei anderen als Mehrheitsgesellschafterin den Erben den Betrieb ab und führte ihn weitere 18 Jahre. »Gleich nach dem Kauf schlitterten wir in eine Rezession«, erzählt sie. Die Fresspakete, die ihr Chef den Kunden zu Weihnachten schenkte, waren folglich eine ihrer ersten Sparmaßnahmen.

Um der Kundschaft dennoch eine kleine Gabe zum Jahresende zu bieten, stellte sich Schätzle in die Küche und backte wochenlang im Feierabend Plätzchen. Jedes Jahr wurden ihre Keksdosen immer innovativer, bunter und leckerer. Sie backt Kekse, die so aussehen wie das Werkzeug in der Fabrik. 26 Sorten finden sich schließlich in ihrer Keksdose – unter anderem kleine Schraubendreher, Zangen und sogar eine Miniatur-Hilti mit rotem Zuckerguss. »Unsere Kunden waren ganz gierig, uns im Dezember zu besuchen, um diese Keksdosen abzubekommen«, sagt Schätzle.

Zwar entwickelt sich die Maschinenbaufabrik zufriedenstellend, doch diese Branche ist als eine der ersten nach dem Zusammenbruch der US-Bank Lehman Brothers massiv von der Weltwirtschaftskrise 2008/2009 betroffen. Schätzle geht inzwischen auf die 50 zu – und so beginnt sie, ein frühes Versprechen an sich selbst umzusetzen. »Ich wusste schon immer, dass die Küche mein Metier ist, und dass ich mit 50 mal was ganz anderes mache«, sagt sie.

Also beginnt sie 2011, ernsthaft ihrer Passion für Hochzeitstorten nachzugehen. »Mehrstöckige Hochzeitstorten sind essbare Kunstwerke, das ist so richtig meins«, erzählt Schätzle. Ein Jahr lang belegt sie jeden Kurs, den der Marktführer für Backzubehör damals in einer kurzzeitigen Niederlassung in Mönchengladbach anbietet. Sie reist nach Großbritannien, um im Ursprungsmarkt für Hochzeitstorten bei den Besten ihres Fachs zu lernen. In Spanien belegt sie Schulungen für das Zuckerziehen, um skulpturale Zuckerkreationen für die Dekoration der mehrstöckigen Kunstwerke herstellen zu können.

All diesen Aktivitäten widmet sie sich allerdings nebenberuflich und immer entweder am Wochenende oder im Urlaub: Ihre Anteile an der Maschinenbaufabrik verkauft Schätzle erst 2015, um sich dann voll und ganz auf das Tortenmachen zu konzentrieren. Da ist die Kölnerin tatsächlich gerade 50 Jahre alt und hat mittlerweile die untere Etage ihres »kleinen Reihenhäuschens« zum Backatelier umgebaut. Allein die Arbeitsplatte aus Granit misst 1,60 mal 1,60 Meter, ist fast 300 Kilogramm schwer und muss von fünf Männern ins Haus geschafft werden. Ihre größte Rührmaschine fasst 30 Liter. Zudem besitzt Schätzle gleich drei Backöfen, jeweils mit drei Schüben.

Nachdem sie länger nachgedacht hat, entscheidet sie sich gegen ein Ladenlokal. Wer in Deutschland Backwaren verkaufen will, braucht den Meistertitel. Über den verfügt sie jedoch nicht. Die Idee eines Cafés, in dem sie ein Drittel ihrer Ware außer Haus hätte verkaufen dürfen, hat sie verworfen. Sie will außerdem nicht servieren, sondern backen!

Also nutzt sie die Möglichkeit, dass Menschen ab 47 Jahren eine Ausnahmegenehmigung bei der zuständigen Handwerkskammer beantragen können. Die bekommt man aber nicht einfach so, sondern man muss eine Prüfung ablegen. Über den kaufmännischen Teil verfügt sie bereits durch ihre Selbstständigkeit im Maschinenbau. Darüber hinaus sind Sachkenntnis und Arbeitsproben gefragt. »Das war alles sehr nett und freundlich da«, erinnert sich Schätzle. Die Kammer schickt sie zu einem Konditormeister nach Düsseldorf, bei dem sie dann ihre Prüfung ablegt.

»Schätzle – die Tortenmanufaktur« nennt sie ihr Unternehmen schlicht. »Traumhaft schöne Torten und verführerisch leckere Köstlichkeiten für Ihre Festlichkeit im Kölner Raum« bietet sie an, wie es auf ihrer Webseite heißt: Cupcakes, Macarons, Candy Bars, vor allem aber mehrstöckige Hochzeitstorten, wie sie aus den USA und Großbritannien inzwischen weltweit bekannt und auch in Deutschland bei Hochzeiten immer beliebter sind.

»Seit es Social Media wie Pinterest und Instagram gibt, wollen die meisten Brautpaare auch eine Hochzeitstorte, am besten farblich und optisch mit dem Brautkleid und der Einladung abgestimmt«, sagt Schätzle.

All dies stimmt sie in der Regel bei einem Testessen und Vorabgespräch mit den Kunden ab. Schätzle backt nur mit hochwertigen Zutaten wie Bioeier und Süßrahmbutter: »Wenn bei uns Vanille reinkommt, haben wir vorher eine Schote aufgeschlitzt, bei uns gibt es keine künstlichen Fake-Aromen!«

Solche Zutaten haben ihren Preis. Vor allem aber braucht es Zeit, um die oft mehrstöckigen Kreationen herzustellen: mindestens fünf Stunden für die einfachste Variante, bis zu fünf Tagen für eine aufwendige Kreation.

Obwohl Schätzle während der Hochzeitssaison von Mai bis Oktober inzwischen bis zu drei Helfer im Backatelier beschäftigt, schafft sie nicht mehr als sechs bis sieben Torten pro Woche. Kein Wunder also, dass ihre Vorlaufzeit für die Bestellung bei mindestens acht Wochen liegt. Derzeit setzen die Kosten für eine Torte bei 150 Euro an, sie hat aber auch schon ein Exemplar für 2500 Euro hergestellt.

»Ich bin sehr stolz auf die ausgezeichneten Bewertungen für meine Torten in den sozialen Medien«, sagt Schätzle, »sie sehen nicht nur super aus, sondern schmecken auch ausgezeichnet.« Natürlich gebe es auch andere gute Tortenbäcker in und um Köln, aber sie habe ihre Nische gefunden: »Jeder und jede hat seine eigene Handschrift.«

»Um mit Tortenbacken seinen Lebensunterhalt zu verdienen, braucht es einen langen Atem und sehr viel Idealismus«, warnt Schätzle. »Viele haben eine romantische Vorstellung davon, mal eben ein Café zu eröffnen und damit sein Geld zu verdienen.«

Sie rät allen Interessierten, das Backen mindestens fünf Jahre neben dem Hauptjob auszuprobieren und so Erfahrungen zu sammeln und sich einen Namen zu machen.

Schätzle will »auf jeden Fall so lange weiter backen, wie es nur irgend geht«. Klar, sie arbeitet mehr Stunden als zuvor als Besitzerin der Maschinenbaufabrik: »Aber dafür stehe ich mit Ruhe und einem zufriedenen Lächeln am Arbeitstisch und freue mich hinterher jedes Mal über das Lob meiner Kunden.«

Wie schon im letzten Kapital ausführlich besprochen, ist auch der Bildungsbereich eine breitgefächerte Branche, die viele Möglichkeiten für Quereinsteigende bereithält. Hier soll es nun um Berufsmöglichkeiten rund um den stark wachsenden Bereich des Lerntrainings und der Nachhilfe gehen.

Schon seit Jahrzehnten können Menschen ihre Expertise und ihr Wissen über den Unterricht bei Volkshochschulen oder in Nachhilfeinstituten weitergeben. Mit der Digitalisierung sind in diesem Bereich neue Organisationen wie beispielsweise Sofatutor, GoStudent oder EasyTutor entstanden.

Wer dort als selbstständiger Nachhilfelehrender arbeitet, kann dies ortsunabhängig und nach den jeweiligen persönlichen Zeitpräferenzen tun. Allein GoStudent verfügt weltweit nach eigenen Angaben inzwischen über 10 000 selbstständige Nachhilfelehrende. Allerdings liegen die Stundenlöhne hier selten über dem Mindestlohn, auch deshalb, weil Lehrkräfte bei digitalen Anbietern oft austauschbar sind. Zudem müssen sich Interessenten hier an die Vorgaben des Anbieters halten und können selten individuell arbeiten.

Anders sieht es beim Lerntraining aus: Statt eines bestimmten Stoffgebiets unterrichten die Lehrenden hier, wie man am besten lernt. Es geht sozusagen um die Grundlage – und damit haben Trainer hier nicht nur die Möglichkeit, Kinder und Jugendliche zu unterrichten, sondern auch Erwachsene, die sich weiterbilden wollen. Dies ist angesichts des demografischen Wandels ein überaus zukunftsträchtiger Bereich, da immer mehr Menschen auch in der zweiten Lebenshälfte noch mal etwas Neues lernen möchten.

Ein echter Pionier in diesem Bereich ist Jens Voigt, der aus seinem Hobby inzwischen eine Lernakademie entwickelt hat und Lerntrainer schult. Eine von ihnen ist Kathleen Helfenbein, die vorher auch diverse andere Lernmethoden ausprobierte und studierte.

Vom Lehrer zum Lernakademiegründer

»Was denken Sie, wie viele Dinge können Sie sich merken, wenn ich Ihnen eine Liste mit zwei Dutzend Sachen vorlese«, fragte mich Jens Voigt. Wir saßen an seinem Esszimmertisch in Fürstenwalde, einem kleinen Ort südöstlich von Berlin.

Ich hatte über ihn gelesen und war neugierig geworden. Voigt bietet Seminare und Einzelstunden über Gedächtnistraining und Gehirnjogging an. Und er war zu dieser Zeit seit knapp drei Jahrzehnten Lehrer und hatte sich unlängst eine einjährige Auszeit genommen, um seine eigene Firma aufzubauen.

In den Vorrecherchen hatte ich herausgefunden, dass wir uns normalerweise rund sieben Dinge aus einer längeren Liste merken können. Da ich bei mir in dieser Frage keinerlei überragende Fähigkeiten erwartete, sagte ich also: »Sieben werde ich vielleicht schaffen.«

Voigt legte los: »Fahrrad, Banane, Laptop, Haus, Geldschein, Hund, Zeitung, Schreibblock, Couch, … .« Als er fertig war, schaute er mich erwartungsvoll an. Ich war zuversichtlich. Kann doch nicht so schwer sein, oder? Munter begann ich mit den ersten drei, vier Begriffen. Dann aber war es wie verhext: Eigentlich waren dies ja alles Alltagsgegenstände. Also habe ich noch ein wenig geraten – und am Ende gerade mal acht Richtige geschafft.

Voigt hörte der sich abzeichnenden Misere aufmerksam zu. »Ganz prima«, feuerte er mich in meinen Denkpausen an. Als ich mich dann doch nicht an mehr erinnern konnte, sagte er freundlich: »Wenn die Stunde zu Ende ist, schaffen Sie mindestens 20 Begriffe.«

Und so war es dann auch. Entscheidend sei, mit beiden Gehirnhälften zu lernen, erklärte mir Voigt – also die zu erfassenden Inhalte mit Bildern zu verknüpfen. Schon die Griechen hätten es so gehalten und jede Gedächtniskünstlerin seitdem auch. Auch die Mindmap-Methode von Tony Buzan fasziniert Voigt, ebenso wie die Vorträge der 2011 verstorbenen Gedächtnistrainerin Vera F. Birkenbihl.

Voigt begann, diese Erkenntnisse in spannende Lernspiele und selbstentwickelte und -gezeichnete Mindmaps für seine Schüler umzusetzen. 2005 entwickelte er mit der ALMUT-Technik seine eigene Lernmethodik für beide Gehirnhälften. Häufig beginnt er seine Unterrichtsstunden mit ein paar Minuten Gehirntraining: »Die Kinder lieben es und können sich sehr viel mehr merken.«

Vor allem aber lernen sie damit, wie man lernt, und sind dann hinterher »total erstaunt und fasziniert, was sie alles gelernt haben und über welches Wissen sie jetzt verfügten«, wie Voigt erzählt. Mit manchen seiner Methoden dauern diese Verwandlungen nur wenige Stunden – und machen beispielsweise aus Kindern mit Rechenschwäche welche, die wieder gerne in den Mathematikunterricht gehen.

»Das zu erleben, ist immer wieder wunderbar«, sagt Voigt. Also gründete er seine eigene Firma, die »Lernwerkstatt Voigt«, um sein Wissen an mehr Menschen weiterzugeben als »nur« an die eigenen Schüler. Er hat eine Webseite programmieren lassen und begonnen, die von ihm entwickelten Mindmaps und Lernspiele über einen eigenen Webshop zu vertreiben. Ausgetüftelt hat er diese Produkte am heimischen Esstisch und anfangs auch selbst produziert, verpackt und versendet.

Zu dem »Potenzialseminar« genannten Einsteigerkurs für Kinder und ihre Eltern, das er an Wochenenden und in den Ferienzeiten anbot, kamen weitere Kursangebote – vom Gedächtnisseminar über das Mindmapping-Visualisierungsseminar bis hin zum »Seminar für Viellerner«.

Bei allen Angeboten verfolgt Voigt seine beiden Hauptziele: Anderen Menschen Lernmethoden zur Verfügung zu stellen und sie für das Lernen zu begeistern.

Um sich seine Zeit optimal einzuteilen, hat er in einem Mindmap über Zeitmanagement nachgedacht. Dort gibt es beispielsweise die Unterpunkte »Erst das Wichtigste«, »Zeitdiebe aufspüren«, »Ordnung schaffen«, »Prioritäten festlegen«, »gehirngerecht planen«. Wie alle Mindmaps von Voigt besticht die Verbindung von Bildern und Text und ermöglicht so, die Informationen extrem schnell aufzunehmen und zu verarbeiten.

Als ich Voigt in seinem ersten Sabbatjahr 2010/11 kennenlernte, war er vor allem regional aktiv. Doch der Zuspruch war bereits so groß, dass er Businesspläne erstellte, um seine Lernwerkstatt zu vergrößern und auch bundesweit anzubieten.

In seiner Arbeit mit Schülern hat er mittlerweile »Schüler-Coaches« ausgebildet, die dann wieder anderen Lernenden das Gelernte beibringen. So entwickelte er schließlich das Konzept der »Learn2-learn-Trainer« – ein zweijähriges Programm, mit dem interessierte Erwachsene sich seine Methoden aneignen, um sie als lizenzierte Trainer weiterzugeben.

»Das war ein echter Meilenstein«, sagt Voigt, der nichts weniger will, als das Lernen in Deutschland zu revolutionieren: »Bald werden viele Trainer unsere Methoden in die Welt tragen.« Seit dem Start des Programms im November 2017 hat er rund 80 Lerntrainer ausgebildet.

Über die Jahre ist Voigts Unternehmen organisch gewachsen. Kredite hat er nie aufgenommen – und hätte sie wohl auch nicht erhalten, wie er sagt. Aus dem heimischen Esszimmer wurde ein gemieteter Seminarraum mit Lagerfläche. Inzwischen verfügt er über ein Seminarhaus mit 500 Quadratmetern in einer früheren Druckerei.

Seit 2014 arbeitet zudem seine Tochter Anne in Vollzeit mit. Das Unternehmen heißt inzwischen »Akademie für Lernmethoden« und ist bundesweit aktiv. Voigt selbst reduzierte nach dem ersten Sabbatjahr seine Stundenzahl deutlich und unterrichtete eine Zeit lang nur drei

Tage die Woche. 2020 entschied er sich für ein weiteres Sabbatjahr, vor allem um die Learn2learn-Trainer-Ausbildung weiterzuentwickeln und Material für Online-Kurse zu generieren.

Fast von Beginn an setzte Voigt auf kostenfreie Newsletter, YouTube-Videos und einen eigenen Podcast, um seine Themen kostengünstig bekannt zu machen und zu vermarkten. Jede Woche verschickt er einen Newsletter, zudem hat er inzwischen über 200 Videos gedreht. Ein weiterer Weg, bekannt zu werden, sind Fachartikel, von denen viele auf seiner Webseite zu finden sind. »All das zahlt nicht nur auf die Bekanntheit ein, sondern ist natürlich auch ein Ausweis für Qualität«, sagt Voigt.

Dieser Überzeugung folgt auch seine Idee, mit einem Online-Lernkongress ein doppeltes Netzwerk zu schaffen – für Lehrende, welche mit den gleichen oder ähnlichen Themen wie Voigt arbeiten, sowie für die Lernenden in diesen Bereichen. 2023 fand bereits der fünfte Learn2learn-Online-Kongress mit gut drei Dutzend Referenten aus den unterschiedlichsten Bildungsbereichen statt. Dementsprechend breit gefächert sind die Zielgruppen, die Voigt mit dem Kongress anspricht – von Familien, die Lerntipps für ihre Kinder benötigen, über Studierende, die sich auf Prüfungen vorbereiten bis hin zu Pädagogen und Coaches, die neue Anregungen suchen.

»Das Bildungssystem revolutionieren« titelt der Newsletter zum Kongress – und nichts weniger ist auch Voigts Ziel. Nach 40 Jahren als Lehrer – und einer Urkunde mit dem Dank des brandenburgischen Bildungsministers – verabschiedete er sich 2022 endgültig von der Schule, doch nicht in den Ruhestand, sondern in sein Unternehmerleben. »Ab jetzt heißt es, in der Akademie durchstarten, einen weiteren Gang einlegen und weiter der Mission folgen«, schreibt er dazu auf seiner Webseite. Auf seinen Videos trägt er inzwischen als Markenzeichen orange Hosenträger, die ihm ein dankbarer Seminarteilnehmer schon vor Jahren geschenkt hat.

Auch als Unternehmer wird er seine Zeit nach seiner eigenen Methode strukturieren, um das Optimale herauszuholen: Aus dem Mindmap über Zeitplanung entwickelte Voigt einen Tages- und Wochenplaner für professionelles Zeitmanagement auf Mindmap-Basis, den er selbst seit Jahren benutzt und im eigenen Webshop verkauft.

Dieses Zeitmanagement befähigt auch dazu, am Ende des Tages kurz darüber zu reflektieren, was man erreicht hat, wie der Tag gelaufen ist, und wie man sich fühlt. »Bei mir ist das immer zwischen 95 und 100 Prozent positiv«, sagt Voigt, »ich habe keinen Tag bereut, Lehrer und jetzt Lernunternehmer geworden zu sein.«

Von der Bilanzbuchhalterin zur Lerntrainerin

Es waren ihre drei Kinder, die Kathleen Helfenbein zu ihrer neuen Profession motivierten. »Alle drei haben ganz unterschiedlich gelernt«, sagt die Bilanzbuchhalterin und Bankkauffrau. Schon früh beschäftigte sie sich deshalb mit verschiedenen Lernmethoden. Sie absolvierte eine Online-Ausbildung als »Begabungspädagogin«, um hochbegabte Kinder zu begleiten. »Interessant, letztendlich aber zu einseitig«, bewertet sie diesen Kurs im Nachhinein. Besser gefallen ihr die Bücher der Lerntrainerin Vera Birkenbihl.

Als sie für einen ihrer Söhne einen Coach suchte, stieß sie auf ein Nachhilfeinstitut, das ihr zusagte. Auch ihr Sohn profitierte davon, und Helfenbein arbeitete einige Zeit als Franchisenehmerin für dieses Institut.

Dennoch suchte sie weiter. Irgendwie musste es noch bessere Wege zum Lernen geben. Und so fand sie dann zur Lernakademie von Jens Voigt. »Wir haben ein paarmal telefoniert«, erzählt sie, »und ich habe meine Tochter den Mindmapping-Kurs von Jens Voigt machen lassen.«

Das bereits in Voigts Geschichte erwähnte Mindmapping ist eine Methode, die über Bilder die Visualisierung ins Lernen miteinbezieht. Dies aktiviert beide Gehirnhälften, wodurch man nicht nur besser lernt, sondern es macht fast allen Lernenden auch weitaus mehr Spaß.

Auch Helfenbein überzeugte dieses Konzept so sehr, dass sie sich für eine Ausbildung als Learn2learn-TrainerIn bei Jens Voigt entschied. Wie auch die vorherigen Weiterbildungen finanzierte sie alles selbst. »Es ist ein sehr offenes System«, beschreibt sie die Vorteile aus ihrer Sicht, »wir können alle Lerntechniken nutzen, die wir bei den jeweiligen Schülern für sinnvoll halten.«

Je nach individuellem Tempo dauert die Ausbildung zwischen einem Jahr und zwei Jahren. Jede Woche erarbeitet man online zwei Lektionen. Über 100 Lernvideos stehen in 13 Ausbildungsmodulen bereit. In vier Liveseminaren lernen sich die potenziellen Learn2learn-Trainer kennen und weiten ihr Unterrichtsspektrum aus.

Inzwischen arbeitet Helfenbein nur noch vormittags als Bilanzbuchhalterin. Ab 14 Uhr coacht sie Schüler und Schülerinnen in einem eigens eingerichteten Büro oder fährt in Schulen, um dort vor Ort Lerntrainings anzubieten. Für den Herbst 2023 hat sie sogar eine Bildungswoche für ihre Heimatstadt Dorsten geplant, zu der auch Akademiegründer Jens Voigt anreisen wird. »Wir werden jeden Tag in der Woche andere Aktivitäten anbieten, das wird super«, freut sie sich. Auch der Bürgermeister der Stadt unterstütze die Bildungswoche. »Das finde ich sehr schön«, sagt Helfenbein.

Sie ist zuversichtlich, bald in Vollzeit als Lerntrainerin zu arbeiten. »Ich könnte schon heute wesentlich mehr Schüler haben«, erzählt sie, »alle sind begeistert von den Methoden, die wir über die Lernakademie anbieten.«

Immer wieder fasziniert sie, wie leicht Kinder, die vorher als »schwierig« galten, damit lernen. So oft erlebe sie, dass »ein Kind mich nach der Stunde anschaut und sagt: »Das war doch gar nicht lernen, das hat doch so viel Spaß gemacht.« Was könnte schöner und erfüllender sein, sagt Helfenbein: »Ich war immer auf der Suche nach einer sinnstiftenden Aufgabe und habe sie jetzt mit dem Lerntraining gefunden.«

»Sehr konstruktiv« sei auch der Austausch mit den anderen Learn2learn-Trainern. »Wir alle stellen neue Ideen rein und teilen, was gut funktioniert hat«, erzählt sie. Es sei wie ein Staffellauf, bei dem jeder dem anderen helfen würde: »Ein tolles Netzwerk.«

Zudem ist es ein Netzwerk mit einer klaren Mission: Mit den inzwischen rund 200 Learn2learn-Trainern im deutschsprachigen Raum will Jens Voigt nichts weniger als das Lernen zu revolutionieren. Dass dies funktioniert, hat Kathleen Helfenbein in ihrer bisherigen Arbeit immer wieder erlebt.

So zum Beispiel in der Grundschule, deren Lehrende skeptisch auf ihr Angebot reagierten. Helfenbein bot ihnen an, mit einem ihr bekannten Jungen zu arbeiten, der als Sorgenkind der dortigen Lehrenden galt. »Geben Sie mir Zeit mit dem Jungen«, bat sie die Schule. Schon nach wenigen Wochen war der Junge wie ausgewechselt. »Ich hatte bis jetzt nur dankbare Eltern und Kinder«, sagt Helfenbein. Mit der Grundschule verfügt sie nun über eine weitere Anlaufstelle, um noch mehr Kindern eine Art des Lernens beizubringen, die nicht nur super funktioniert, sondern auch Spaß macht.

Unterricht ganz anderer Art erteilt Ahmed Ezzat. Er leitete eine Ballettschule. Als er sie wegen der Coronapandemie schließen musste, machte er sein Hobby zum Hauptberuf – in luftiger Höhe Bäume zu beschneiden.

Vom Balletttänzer zum Baumkletterer

Es war ein Polizist mit einer tanzenden Tochter, der Ahmed Ezzat zum Baumklettern brachte. »Wir haben uns in meiner Ballettschule kennengelernt«, erzählt der 1964 geborene gebürtige Ägypter, der mit 20 Jahren als Tänzer ans Hannoveraner Ballett kam. Die beiden unterhielten sich, Ezzat erzählte, er fliege gerne Gleitschirm. Der Polizist konterte mit Baumklettern: Ein Freund von ihm habe eine Gartenbaufirma geerbt. Dort helfe er ab und an aus, wenn große Bäume beschnitten werden müssten, was nur Kletterer erledigen könnten. Ob Ezzat nicht einmal mitkommen wolle?

Gesagt, getan: Ein halbes Dutzend Mal fuhren die beiden gemeinsam die rund 80 Kilometer zu dem Bekannten mit der Gartenbaufirma. Trainiert und topfit wie er war, hatte Ezzat schnell so viel Spaß am Baumklettern, dass er mit seinem Freund überlegte, in Hannover gemeinsam eine Firma aufzumachen. Doch der andere musste wegen einer Hüft-OP absagen und wurde noch einmal Vater, sodass eine Firmengründung nicht in seinen Lebensplan passt.

Zu diesem Zeitpunkt hatte Ezzat bereits den Grundlagenkurs »Seilklettertechnik für Anfänger« (SkT-A) erfolgreich absolviert. Als er sich weiterbilden wollte, entdeckte er die Bildungsprämie, über die Minijobber und Selbstständige bis 2022 bis zu 500 Euro Zuschuss pro Jahr erhalten konnten. Viermal nutzte Ezzat diese Unterstützung, beispielsweise für die Scheine »Arbeitssicherheit 1+2« zum Umgang mit der Kettensäge und zur Selbstsicherung am Baum sowie für den Folgeschein »SkT-B« für schwierige Aufgaben wie beispielsweise Problemfällungen oder »Kronensicherung« für die richtige Schnitttechnik am Baum.

Mehrere Tage dauerten diese Präsenzseminare. In jedem von ihnen war er der Älteste. »Baumpflege per Klettern und Kettensäge ist körperlich herausfordernd, aber als Tänzer bin ich flink und fit«, sagt Ezzat.

Hauptberuflich leitete er weiterhin seine 1992 gegründete Ballettschule. Mit 18 Jahren hatte er eine Solokarriere bei der Cairo Ballett Company begonnen. Zwei Jahre später wechselte er zur Niedersächsischen Staatsoper, wo er weitere zehn Jahre tanzte. Ausgebildet als Tanzpädagoge und Choreograph, gab er schon in den letzten beiden Jahren an der Oper sein Wissen in seiner Ballettschule weiter. Knapp drei Jahrzehnte unterrichtete er dort Ballett, Kinderballett, Bauchtanz und Modern Dance.

Dann kam die Coronazeit. »Nach zweieinhalb Monaten zu Hause und keiner Aussicht auf ein schnelles Ende der Bewegungseinschränkungen habe ich nicht lange überlegt und aus meiner Nebenbeschäftigung mit dem Baumklettern den Hauptjob gemacht«, erzählt er. Die Gewerbeanmeldung sei einfach gewesen, ein wenig Werbung bei Ebay brachte schnell Kunden. »Wer Bäume auf dem Grundstück hat, hat inzwischen viele Sorgfaltspflichten«, erzählt er. Und gerade in städtischen Hinterhöfen sei das übliche Beschneiden mit Hebebühnen oft nicht möglich: »Dann müssen wir Baumkletterer ran«, berichtet er.

Als Ezzat nach dem Ende der Coronapandemie seine Ballettschule wieder öffnen darf, bleibt er trotzdem dem Baumklettern treu. »Es ist toll, an der frischen Luft zu arbeiten, und die Höhen bin ich vom Gleitschirmfliegen ohnehin gewohnt«, sagt er. Auch die Anerkennung seiner Kunden gefällt ihm gut: »Die Menschen bewundern das, wenn wir Baumkletterer da hoch oben die Kronen schneiden.« Weil es allerdings ein körperlich harter Job ist, geht er nicht jeden Tag auf den Baum. Er will auch die nächsten Jahre auf jeden Fall dabei bleiben – getreu seinem lebenslangen Motto: »Solange man lebt, sollte man lernen.«

Baumklettern mag sich exotisch anhören, doch der Beruf hat Zukunft: Allein die Münchner Baumkletterschule bietet derzeit fast jede Woche an einem ihrer Standorte Kurse für die SKT-A- und SKT-B-

Scheine an. Zahlen sind dazu kaum verfügbar. Bereits 2014 vermeldete die *taz*, es gäbe in Deutschland rund 2500 Baumkletterer.

Wer seine Leidenschaft zum Beruf macht, bringt oft eine große intrinsische Motivation mit, die sie oder ihn alle Hürden überwinden lässt. Manchmal löst aber auch das Gegenteil den Berufswechsel aus – der komplette Zusammenbruch, ein Burn-out. Bei Klarissa Qualmann kam beides zusammen. Hier ist ihre Geschichte.

Von der Qualifizierungsberaterin in Banken zur Schneidermeisterin

Es war ein Sonntagabend, als Klarissa Qualmann es nicht mehr schaffte, ihren Koffer für die nächste Woche zu packen. Seit über zwei Jahrzehnten war sie im Tochterunternehmen eines großen Bankenverbands tätig und fast jede Woche in Deutschland unterwegs. Sie stellte den Personalverantwortlichen in Banken das Seminarangebot des Unternehmens vor – eine Arbeit, die Qualmann viele Jahre viel Freude bereitete.

Irgendwann kam es jedoch zu personellen und inhaltlichen Änderungen, vor allem aber wurde ihre Tätigkeit nicht mehr geschätzt. Ihr Arzt stellte eine Erschöpfungsdepression fest. Wochenlang saß Qualmann zu Hause und »schaute aus dem Fenster«, wie sie der Zeitschrift *Für Sie* erzählte. Nach einer stationären und ambulanten Therapie ging es ihr wieder besser. Aber sie wusste, sie würde nicht mehr zu ihrem alten Arbeitgeber zurückkehren. Nach jahrelanger Vertriebstätigkeit kam auch ein anderer Bürojob für sie nicht mehr infrage.

Was ihr immer viel Spaß bereitet hatte, waren Handarbeiten. »Meine Mutter warf früher immer alle kaputten Socken in einen Korb, und jeder schnappte sich ein paar zum Stopfen«, erzählt sie. Mit ihren beiden Schwestern und ihrer Mutter habe sie von Kindesbeinen an genäht, gestrickt und gehäkelt. Warum also sollte sie diese Leidenschaft nicht zum Beruf machen?

Qualmann war damals 49 Jahre, und so konnte sie die Deutsche Rentenversicherung überzeugen, ihr eine Berufsausbildung zur Herrenmaßschneiderin zu ermöglichen. Während die Arbeitsagentur vor allem mit sogenannten Bildungsgutscheinen die berufliche Neuorientierung von arbeitslosen Personen fördert, unterstützt die Deutsche Rentenversicherung Menschen, die mindestens 15 Jahre in die Rentenkasse eingezahlt haben und bei denen eine Umschulung die gesundheitliche Rehabilitation fördern würde. Beides war bei Klarissa Qualmann der Fall. So sagte die Deutsche Rentenversicherung zu, die während der Ausbildung entstehenden Kosten zu übernehmen und Qualmann auch in puncto Lebenshaltungskosten zu unterstützen.

Voraussetzung war dafür, dass Qualmann selbst eine Lehrstelle fand. Sie schrieb mehrere Ausbildungsbetriebe an und durfte sich in Folge bei dem renommierten Herrenschneider Sandro Dühnforth in Hamburg vorstellen. Er lud sie zum Probearbeiten ein. Sein Feedback am Abend war ehrlich, aber ermunternd: »Also, da bin ich jetzt ganz ehrlich, Talent sehe ich nicht zwingend«, sagte er, »aber ich sehe deinen Ehrgeiz, das imponiert mir.« Wenn Qualmann sich zutraue, »zwei Jahre hier etwas zu lernen, dir von einem Jüngeren was sagen zu lassen, und wenn du dir auch nicht zu fein bist, die Werkstatt zu putzen, dann gebe ich dir die Chance«.

So startete Qualmann neu durch. Auch in der Berufsschule waren ihre Mitschüler allesamt jünger. »Klar waren sie schneller,« erinnert sie sich an die herausfordernde Zeit, »aber ich konnte meine Erfahrungen aus meinem langen Berufsleben nutzen.« Diesen Erfahrungsschatz nennen Wissenschaftler auch gern »kristalline Intelligenz« – also die Kombination aus Wissen, Erfahrung und der Sozialkompetenz eines langen Lebens. Dass Jüngere meist schneller sind, haben sie ihrer »fluiden Intelligenz« zu verdanken: Sie sind in einer Lebensphase, wo sie alles zum ersten Mal lernen und deshalb schnell abspeichern müssen. Denn Jüngere wissen nie, wann, wie und ob sie dieses neue Wissen wieder abrufen müssen. Ältere können dies aufgrund ihres Erfahrungsschatzes weitaus besser einschätzen.

2017 hatte Klarissa Qualmann ihren Gesellenbrief in der Hand – und den Keller ihres Hauses längst zu einer Schneiderei umgebaut. »Klarissas Kleiderwerkstatt« nennt sie ihre Gründung. Ihrem Meister Dühnforth bleibt sie eng verbunden und arbeitet bis heute für ihn.

Außerdem hat sie viele weitere Ideen für alles rund um die Schneiderei. Wie auch in ihrem früheren Berufsleben arbeitet sie noch immer gern mit Menschen und überlegt, wie sie ihr Wissen über das Schneiderhandwerk weitervermitteln kann. Als sie einen Flyer für den Meisterkurs »Maßschneiderhandwerk« sieht, ist sie elektrisiert. Warum nicht einfach noch den Meister draufsetzen?

Ihr Mann unterstützt sie sofort. »Klar, das kannst du«, ermuntert er sie. Auch ihr Meister Dühnfort ermutigt sie, die Meisterausbildung anzugehen. Qualmann hat inzwischen begonnen, unter anderem Kurse für das »Upcycling« von Bekleidung anzubieten, beispielsweise alte Samtgardinen zu einem hübschen Rock umzuarbeiten. Upcycling entspreche ihrer »ausgeprägten kreativen Neigung«, schreibt Qualmann auf ihrer Webseite, und zudem sei es »nachhaltig und damit besonders fördernswert«.

Die Meistervorbereitung absolviert Qualmann am Elbcampus, dem Kompetenzzentrum der Handwerkskammer Hamburg. »Es war eine Bereicherung, dass alle Dozierenden ausnahmslos einen großen Schatz an Praxiserfahrung haben«, sagt sie dem Campusblog. Sie seien keine klassischen Berufsschullehrenden, sondern alle seit Jahrzehnten selbst als Schneider und Schneiderinnen tätig. Als ihren »Aha-Moment« während der Meistervorbereitung nennt Qualmann die Anproben. Dabei habe sie gelernt, dass ihr neuer Berufsstand aus »im wahrsten Sinne des Wortes Sehenden« bestehe: »Da steht jemand mit seinem Körper, seinen Eigenschaften, und Sie lernen, das alles zu sehen.« So ließen sich dann die Eigenheiten jedes Körpers erkennen – und mit der Maßkleidung besonders schmücken.

Zu ihrer Motivation, den Meister anzugehen, sagt sie dem Campusblog: »Ich möchte als Meisterin Lust auf das Handwerk machen.« Parallel zum Meistervorbereitungskurs startet Qualmann im Jahr 2019 als Trainerin in einem Projekt für Langzeitarbeitslose. In ihrer selbst initiierten »Kreativen Kleiderwerkstatt« geht es neben dem Erlernen von unterschiedlichsten Handarbeitstechniken vor allen Dingen darum, dass die Teilnehmenden eigene Projekte planen und beenden. Dieses Konzept kommt extrem gut an, sodass ihre Kurse stark frequentiert werden. Und es fördert die Selbstwirksamkeit der Teilnehmenden, die bei vielen aufgrund der langen Arbeitslosigkeit oftmals kaum noch vorhanden ist. Qualmann möchte ein Vorbild darstellen: »Wenn es darum geht, ihr Leben neu zu planen, höre ich oft, ich bin zu alt‹«, berichtet sie aus diesen Kursen. Dann erwidere sie, dass sie 56 sei und gerade ihren Meister mache. Und sie ermutige ihre Schützlinge: »Wenn du willst, kannst du das auch.«

Am 30. April 2022 ist dann alles geschafft. Als Erstes ruft Qualmann ihren Meister an, der sie mit »Frau Kollegin« begrüßt. Zu Hause liegt ihr neues Firmenschild – ein grün-weißes Oval aus Emaille, bedruckt mit ihrem Logo, dem Aufdruck »Klarissas Kleiderwerkstatt« und vor allem mit der Unterzeile »Schneidermeisterin« in schwarzen Versalien. Noch am selben Tag bringt es ihr ältester Sohn, der als Überraschungsgast mit seiner Familie aus dem Rheinland angereist ist, an der Hauswand an.

Qualmann ist nun 57 und Schneidermeisterin. Selbstverständlich tritt sie in die Innung ein und beginnt, sich ehrenamtlich in der Handwerkskammer zu engagieren. »Das bedeutet für mich Identifikation mit dem Handwerk«, sagt sie. Als Lehrlingswartin betreut sie den Nachwuchs. Eine »große Aufgabe«, wie sie sagt, und eine Freude, »die Auszubildenden auf ihrem Weg zu begleiten«.

Nach wie vor arbeitet Qualmann oft als Dozentin, inzwischen bei unterschiedlichen Bildungsträgern. Auch angehende Maßschneider-Innen unterrichtet sie. In ihrer Werkstatt fertigt Sie Maß- und Sonderanfertigungen an. Gern »rettet« sie Textilien durch Änderungen, Reparaturen und Upcycling. Sie nimmt auch schon mal ungewöhnliche Aufträge an, wie alte Autositzbezüge zu restaurieren.

Am meisten schätzt Qualmann, wie vielseitig ihre neue Berufung ist: Da ist ihre Arbeit als Dozentin mit unterschiedlichen Zielgruppen auf der einen Seite. Nähen und Handarbeit macht nicht nur glücklich, sondern kann therapeutisch wirken und Sinn stiften. Davon ist Qualmann fest überzeugt, und der Erfolg mit ihren Kursen gibt ihr Recht. Auf der anderen Seite arbeitet sie in ihrer eigenen Werkstatt als Exotin in der Branche mit ausgefallenen Aufträgen. So fühlt es sich gut an für Qualmann. Und so kann es noch lange weitergehen.

Mit 100 noch an der Nähmaschine sitzen? Das ist gar nicht so absurd, wie es sich vielleicht im ersten Moment anhört. Die philippinische *Vogue* machte im Frühjahr 2023 weltweit Schlagzeilen, als sie Modelfotos der 106-jährigen Tätowiererin Apo Whang-Od präsentierte[35]. »Batok« heißt ihre seit tausend Jahren praktizierte Tattootechnik, Whang-Od übt sie seit 90 Jahren aus.

Weltweit wächst keine Bevölkerungsgruppe so stark wie die über 80-Jährigen. So ist es nicht nur logisch, sondern auch leicht nachvollziehbar, dass die Zahl der Menschen steigt, die auch in diesem Alter noch arbeiten. Manche davon sind berühmt, wie der 1930 geborene Investor und Multimilliardär Warren Buffett oder der amerikanische Präsident Joe Biden.

Andere fangen wieder an zu arbeiten, um für sich etwas Lebensnotwendiges zu schaffen. So entwickelte Gerhard Wissel mit 92 einen geländegängigen Rollator, um nach einem Unfall weiter mobil zu sein. Seine Geschichte wird in einem späteren Kapitel erzählt.

Eines aber gilt für alle Menschen, die über die Rente hinaus arbeiten: Ihr Beruf ist immer auch eine Berufung – sie verleiht ihrem Leben Sinn. Dies ist einer der wichtigsten Hebel, um gut und gesund alt zu werden.

Zum Ende dieses Kapitels deshalb noch drei Erfahrungsberichte von Menschen, die Hobbys zum Beruf gemacht haben, die zwar selten, aber vielleicht gerade deshalb umso interessanter sind.

Von der Topmanagerin zur Mode-Influencerin

Karrieren wie die von Vera Geisel sind auch heute noch ungewöhnlich in Deutschland. Die Volljuristin ist Mutter von vier Töchtern, arbeitete in Vollzeit und erreichte das obere Management. Viele Jahre war sie in unterschiedlichen Führungspositionen bei Thyssenkrupp, zuletzt leitete sie die operative Personalabteilung der Holding.

2021 wechselte sie zum Ingenieursverein VDI und führte dort neben der Personal- auch die Rechtsabteilung. Diese Aufgabe hatte sie gereizt: Es ging um eine weitreichende Umstrukturierung der dortigen Arbeitsweise hin zu einer agilen, selbstverantwortlichen Arbeitskultur.

»Der Wechsel von Thyssenkrupp zu dem kleinen, aber feinen Mittelständler VDI war ein totaler Bruch«, sagt Geisel, »Das war toll, herausfordernd und erfahrungsreich.« Letztlich hat sie sich dort dann aber selbst »quasi wegrationalisiert«: »Nach der erfolgreichen Umstrukturierung war mein Job eigentlich nicht mehr nötig«, sagt sie.

Zu diesem Zeitpunkt war sie Anfang 50. Es lag also nahe, eine erste Lebensbilanz zu ziehen. So nahm Geisel eine Auszeit und reiste mit ihrem Mann ein paar Monate durch die Welt. Dieser hatte gerade seinen Job als Oberbürgermeister von Düsseldorf aufgegeben und befand sich ebenfalls in einer Neuorientierungsphase.

Sowohl in den Wahlkämpfen als auch bei etlichen Terminen hatte Geisel ihren Mann immer wieder begleitet und wusste, wie es ist, auf großer Bühne zu stehen. Zudem war sie schon immer an »Mode, Fotografie und Kreativität« interessiert.

Geisel entschließt sich, eine interessante Veränderungsgeschichte für Frauen in der zweiten Lebenshälfte zu erzählen. »Es gibt so viele Frauen, die in ihrer ersten Lebenshälfte enorm viel geleistet haben und sich trotzdem kaum sichtbar fühlen, wenn sie in die zweite Lebenshälfte gehen«, sagt sie. Ihnen will sie Mut machen, auch mit ihren Modelfotos: »Es ist krass, mit welcher Arroganz Unternehmen das Potenzial Älterer auf der Straße liegen lassen.«

Mit ihren Modefotos trägt sie dazu bei, ein neues, frisches Bild von Frauen in der zweiten Lebenshälfte in die Öffentlichkeit zu tragen. »Das ist meine Mission«, sagt sie. Allerdings seien die Hürden hoch. Nicht nur, dass das Modeln »eine absolut beinharte Branche« sei. Auch die Altersbilder seien in Deutschland noch weit öfter auf die negativen Seiten des Alterns statt den Chancen eines langen Lebens fokussiert. Eine echte Herausforderung also in jeder Hinsicht – und damit genau die Art von Berufung, die Geisel liebt.

Von der Außendienstmitarbeiterin zur Detektivin

Schon als Kind sei sie äußerst neugierig gewesen, sagt Louisa Erismann gleich zu Anfang unseres Gespräches. In der ersten Klasse wollte sie herausfinden, was sich in der Kanalisation unter der Dorfstraße befand – und sei prompt da unten herumgeklettert.

Detektivin wurde sie dann aber erst nach der Pensionierung, und zwar in Vollzeit. Viele Jahre führte sie mit ihrem Ex-Mann ein eigenes Foto- und Optikfachgeschäft, danach war sie gut 20 Jahre Vertriebsmitarbeiterin im Außendienst für ein großes deutsches Optikunternehmen. Es gelang ihr sogar, ein Jahr über die Pensionierung hinaus in der Schweiz zu arbeiten.

Mit 65 ließ sie sich dann nicht nur ein Jahr lang zur Privatdetektivin ausbilden, sondern absolvierte gleichzeitig eine Ausbildung zum diplomierten Coach. »Eine optimale Kombination, weil man in diesem Beruf oft auch schwierige persönliche Neuigkeiten überbringen muss«, sagt sie.

Ursprünglich wollte sie sich mit ihren neuen Kenntnissen beispielsweise bei Arbeitgebern wie dem Flughafen bewerben. »Als ich mich persönlich dort vorgestellt habe, waren alle begeistert«, erzählt Louisa, »doch als sie dann in meinen Unterlagen mein Alter gesehen habe, hagelte es Absagen«. Also suchte sich die geschäftstüchtige Schweizerin ein Büro und machte sich als die-detektivin.ch selbstständig.

Nach wie vor ist sie eine der wenigen Frauen in einem männerdominierten Gewerbe. »Auf der Schule war ich mit 25- bis 45-jährigen Kollegen und Kolleginnen«, sagt sie. 20 Fächer wurden dort unterrichtet – von IT-Wissen über Observation bis hin zur Psychologie. Mit Waffen konnte Louisa schon vorher umgehen. »Ich bin Schützenmeisterin, in einer Notsituation könnte ich jeden Mann entwaffnen.« Auch für Autoverfolgungen ist sie nicht nur ausgebildet, sondern auch »sehr erfahren«, wie sie berichtet.

Nun, als Detektivin, habe sie »ihre Berufung gefunden«, sagt Louisa. »Schon als ich noch im Optikvertrieb war, haben meine Bekannten oft mein untrügliches Gespür gelobt«, erzählt sie, »ich hatte schon immer ein gutes Sensorium, wenn Menschen etwas verschweigen oder nicht die Wahrheit sagen.«

Als Detektivin bietet sie ein breites Leistungsspektrum an – vom Begleitschutz über die Observation und Ladendetektivin bis hin zur IT-Forensik. Letzteres geht deutlich über die klassische Internetrecherche hinaus und beinhaltet etwa auch Phishing-Betrug oder das Abklären der Herkunft digitaler Dokumente.

Der Klassiker allerdings sind nach wie vor Beziehungsprobleme, vom Fremdgehen über Unterhaltsbetrug bis hin zur Suche nach vermissten Personen. »Jeder Tag ist anders, das ist das Wunderbare an meinem Beruf«, sagt Louisa.

70 Prozent ihrer Kundschaft besteht aus Frauen, der Rest sind Männer, Anwälte und Firmeninhaber. »Sehr oft ist es dann doch so, dass meine Recherchen ihre Befürchtungen bestätigen«, beschreibt die Detektivin den Moment, wenn sie sich mit ihren Kunden zur Ergebnisbesprechung in ihrem Büro trifft. Dass sie zudem noch eine diplomierte Coaching-Ausbildung vorzuweisen hat, ist in den Momenten der Wahrheit besonders hilfreich. Obwohl die Nachrichten schlecht sein könnten, seien die Kunden doch dankbar, nun Gewissheit zu haben. »Louisa, Du bist ein Engel« – das höre sie oftmals.

Es ist diese Befriedigung durch ihre Arbeit, die ihr neben der Abwechslung die größte Freude bereitet – und die Nächte dann auch aufwiegt, wenn sie stundenlang einen Hauseingang observiert oder gar hinter einem Busch mit ihrem Teleobjektiv wartet. »Meine Arbeit als Detektivin erhält mich geistig und körperlich gesund bis zur letzten Stund«, sagt sie. Solange will Louisa auf jeden Fall als Detektivin weiterarbeiten, denn: »Mir geht es gut dabei, Kunden zu treffen und Teil einer sinnvollen Sache zu sein.« Herumzusitzen und Daumen zu drehen, sei noch nie ihr Ding gewesen. Und gute Gene habe sie auch: »Meine Mutter wurde 93.«

Vom Marketingchef zum Schuhretter

Keinesfalls ohne Plan den Ruhestand antreten zu wollen, war für Bernd Herkenrath immer klar. »Ich habe mir schon früh Gedanken gemacht, was ich dann machen will«, sagt der langjährige Marketingchef der Sick AG. Zu dem Sensorhersteller wechselte der gebürtige Düsseldorfer 1996 und zog dafür mit seiner Frau ins schöne Südbaden.

Als es 2013 so weit war, in Rente zu gehen, lag es nahe, sein Wissen weiterzugeben. »Drei Jahre lang habe ich Studenten einer Dualen Hochschule in Freiburg als Gastdozent in Markenführung und Markenkommunikation unterrichtet«, erzählt Herkenrath. Die Arbeit mit den jungen Menschen gefiel ihm.

Doch sein Herz hing an etwas anderem: Sein Leben lang schon hatte der Manager ein Faible für hochwertige, rahmengenähte Schuhe. »Das hat mir schon meine Mutter als Kind eingeschärft, dass es, wenn man Schuhe kauft, auch etwas Vernünftiges sein soll«, erklärt Herkenrath den Grundstein seiner Leidenschaft.

Schon immer war es klar für ihn, seine Schätzchen selbst in Ordnung zu halten – putzen, reinigen, cremen, nach langjährigem Einsatz auch mal reparieren. Jedes Paar hielt er jederzeit im Topzustand. Gut 80 Paar besaß er zu seinen besten Zeiten in eigens angefertigten Regalen.

So lag es nahe, einen Teil davon abzugeben – schon um Platz für Neues zu schaffen. Zehn Paar nahm er mit auf den Flohmarkt in Baden-Baden und verkaufte sie innerhalb kürzester Zeit. »Das war eine tolle Erfahrung«, erinnert sich Herkenrath, »ganz offensichtlich gibt es etliche Menschen, die 200 Euro und mehr für hochwertige gebrauchte

Schuhe im Topzustand ausgeben.« Als Marketingmann habe man da »sofort eine Antenne für«.

Eine kurze Recherche bei Ebay und anderen Internetplattformen ergab zudem, dass es genügend Angebote in ganz Europa gab, der Nachschub also gesichert war. Ohnehin war er ein Profi der Aufarbeitung und Pflege der Schuhe. Um sein selbst angeeignetes Wissen zu perfektionieren, hatte er in den ersten Jahren der Rente ein sechsmonatiges Praktikum bei einem Schuhmacher im Ort absolviert.

Als zudem in seinem touristisch hochattraktiven Heimatort Staufen kurzfristig die obere Etage eines schönen Ladengeschäfts frei wurde, zögerte Herkenrath nicht lange. Ende 2015 eröffnete er sein Geschäft »Classic Shoes Staufen«, schon damals mit dem Werbeslogan »First Class Shoes/Second Hand«.

An seiner Businessstrategie hat sich seitdem wenig geändert: Die Grundlage sind Listen mit den Schuhen aus seinem aktuellen Angebot, die Herkenrath inzwischen an über 1000 Abonnenten verschickt beziehungsweise die auf seiner Webseite abrufbar sind. Jeden Monat erneuert er diese Listen, je nachdem, was er verkauft hat und was neu hereingekommen ist.

Herkenrath verkauft allerdings nur in seinem Laden: »Die Käufer müssen die Schuhe persönlich anprobieren, das ist wirklich wichtig.« Wer ein echter Schuh-Aficionado ist, hat wie Herkenrath selbst oft eine fast persönliche Beziehung zu den Schuhen, die in vielen Stunden hochwertiger Handarbeit hergestellt und restauriert wurden.

Schon nach kurzer Zeit konnte Herkenrath zudem auch die unterste Etage des Gebäudes, in dem sein Laden sich befindet, mieten. Sowohl die Aufarbeitung der Schuhe als auch den Verkauf gestaltet er exakt so, wie er es sich vorstellt: »Ich bin hier der Master of Everything«, sagt er mit einem Lachen. Mitarbeitende will er keine, »die hatte ich ein ganzes Arbeitsleben lang«. Wenn er dienstags um 11 Uhr seinen Laden öffnet, setzt er sich bei gutem Wetter gern mit einem frisch gebrühten Kaffee und der Zeitung vor seinen Laden.

Ausschließlich von den Schuhen zu leben, war nie sein Ziel: »Es ist eine Leidenschaft, und es macht unglaublich viel Freude«, sagt er, »sowohl die handwerkliche Arbeit beim Aufarbeiten als auch die Freude, wenn das schöne Stück einen glücklichen Käufer findet.«

Um seinen 70. Geburtstag herum fand er dann auch einen Weg, diese einzigartige Geschäftsidee weiterzuentwickeln: Markus Winschuh, ein damals 25-jähriger Orthopädieschuhtechniker und Schuhmachermeister, zog im Juni 2022 mit seiner Werkstatt bei Classic Shoes Staufen ein.

Seitdem bieten die beiden Männer auch neue, individuell angefertigte Maßschuhe und hochwertige Schuhreparaturen an. »Mit Markus ist mir genau der Richtige über den Weg gelaufen«, schreibt Herkenrath auf seiner Webseite classicshoesstaufen.com: »Menschlich passen wir trotz enormem Altersunterschied gut zusammen. Wir respektieren uns und lernen täglich voneinander. Das Wichtigste: Er wird die Idee und den Laden weiterführen, wenn ich mich einmal endgültig in den Ruhestand verabschiede. Das liegt mir am Herzen.«

Vom Angestellten zum Soloselbstständigen: Wer bietet Hilfe, wie finde ich meine Nische?

Eine engagierte Streiterin für Gründende in den besten Jahren ist Yani Neugebauer vom »Gründungszentrum 50Plus«. Sie vermittelt zum einen lebenserfahrene Fachkräfte an Unternehmen und coacht Menschen, die sich in der Lebensmitte selbstständig machen wollen. Seit 2007 hat die Frankfurterin knapp tausend Männer und Frauen über den Berufswechsel in der zweiten Lebenshälfte und/oder den

Weg in die Selbstständigkeit beraten. »Das Interesse nimmt seit einigen Jahren sprunghaft zu«, sagt auch sie, »das hat klar mit dem demografischen Wandel und der immer größeren Zahl von Lebenserfahrenen zu tun.«

Neugebauer ist zuversichtlich, dass sich das Bild vom Arbeiten in der zweiten Lebenshälfte in den nächsten Jahren deutlich zum Positiven wandeln wird. Sie führt einen eigenen Podcast zum Thema und engagiert sich auf Kongressen, bei Vorträgen und in den sozialen Medien. Im November 2023 lud sie zudem erstmals zu einer eigenen Expertenkonferenz ihres Gründerzentrums ein.

Abgeleitet vom Flugzeug des US-amerikanischen Präsidenten, der Airforce 1, bieten Frank Leyhausen und Anja Klute mit »Age Force 1« ein Ruhestandsnavi an: »Wie viel Ruhe verträgt Ihr Ruhestand?«, fragen die beiden auf ihrer Webseite.

Der Marketingexperte Leyhausen und die Psychologin Klute entwickelten dazu einen Selbsttest, der Interessenten eine erste Einschätzung liefern soll. Zudem bieten sie ein einjähriges Selbstcoaching-Programm an, für das sie den Deutschen Demografie Preis 2022 des Wirtschaftsnetzwerks ddn erhielten. Darin finden sich 35 Lektionen, um »Schritt für Schritt die wichtigsten Punkte, die für Ihre ›Mission Ruhestand‹ relevant sind« zu bearbeiten, wie es auf der Webseite heißt. Das Programm ist in zwei Versionen verfügbar, zum einen für Noch-Berufstätige und zum anderen für Menschen, die schon im Ruhestand sind. Ein Blog, Newsletter und eigener Podcast runden das Angebot ab.

Rund 3000 Menschen werden derzeit jeden Tag in Deutschland 65 Jahre alt. Bis zum Jahr 2030 werden es immer mehr, dann feiern 3523 Männer und Frauen im statistischen Schnitt täglich ihren 65. Geburtstag. Grund genug für die Statistikbehörde Destatis, im Sommer 2023 frische Zahlen zur »Erwerbstätigkeit älterer Menschen«[36] vorzulegen.

So habe sich die Erwerbsbeteiligung der 60- bis unter 65-Jährigen so stark erhöht »wie in keiner anderen Altersgruppe«, heißt es: Von 47 Prozent im Jahr 2012 auf 63 Prozent im Jahr 2022. Der Anteil derjenigen, die zwischen 65 und 70 noch arbeiten, habe sich in diesem Zeitraum auf 19 Prozent fast verdoppelt.

Neben dem angehobenen Rentenalter nennt Destatis vor allem zwei Gründe für diese Entwicklung – gesellschaftliche Teilhabe und zusätzliches Einkommen. »Arbeiten im Rentenalter kann zum einen bedeuten, länger aktiv am gesellschaftlichen Leben teilzuhaben, und zum anderen einer drohenden Altersarmut entgegenzuwirken«, heißt es auf der Destatis-Webseite. Für rund 40 Prozent der Erwerbstätigen über 65 sei die »ausgeübte Tätigkeit die vorwiegende Quelle des Lebensunterhalts«, das waren 2022 in Deutschland 592 000 Menschen. Für die Mehrheit sei das so generierte Einkommen jedoch »ein Zuverdienst«.

Dies gilt auch für Peter Cartus, der sich nach der Rente mit 63 soloselbstständig machte.

Trainer/Coach für Fehlermanagement

Nach 40 Jahren Berufstätigkeit geht Peter Cartus 2017 mit 63 in Rente. »Ich habe mir in meinem Büro die vielen Bücher in den Schränken angesehen und über all das Fachwissen nachgedacht, dass ich mir in all den Jahren angeeignet habe«, erzählt der Experte für die Problemlösung in Produktion, Qualitätsmanagement und Arbeitssicherheit. Viel zu schade wäre es, wie ihm scheint, mit seiner Erfahrung nichts weiter anzufangen – zumal er gesundheitlich noch fit ist. »Wo bist du Experte, wo kannst du dich am besten einbringen«, überlegt er.

So konzentriert sich Cartus auf die Themen »Null-Fehlermanagement« und »Vision-Zero«. »Ich möchte zeigen, dass man das Risiko für schlimme Arbeitsunfälle oder andere persönliche und wirtschaftliche Katastrophen wegen menschlichen Fehlern minimieren kann«, erklärt er, »das ist sehr sinnstiftend.«

Er beschließt, im Ruhestand zwischen 20 bis 25 Stunden im Monat für die Beratungstätigkeit aufzuwenden. Er ist allerdings nie zuvor selbstständig gewesen. Um zu testen, wie sein Thema ankommt, meldet er sich bei dem Karrierenetzwerk Xing an und beginnt, Fachbeiträge zu posten. »Die Reaktionen waren sehr verhalten«, erzählt er, »mir wurde schnell klar, dass es sich offensichtlich um sensible Themen handelt, mit denen ich unterwegs war. Und dass ich erst mal Marketing lernen muss.«

Cartus wechselt von Xing zu LinkedIn, einem deutlich größeren und internationaler aufgestellten Karrierenetzwerk. In seinen letzten Jahren als Angestellter hat er viele Trainings über Methoden, Routinen und Techniken zur Problemlösung geleitet und Problemlösungscoaches ausgebildet. Nun nimmt er sich die Unterrichtsmaterialien noch einmal vor und erstellt daraus Vorlagen für kostenlose Webinare, die er über LinkedIn vermarktet. »Das hat schon ein gutes Jahr gedauert, bis ich das alles zusammengestellt hatte«, sagt er. Zudem investiert er rund 1700 Euro in Soft- und Hardware wie Mikrophon, Headset, Kamera, Bildschirme, Teleprompter und so weiter, um eine professionelle Online-Präsenz aufzubauen.

Denn über eines war sich Cartus von Anfang an klar: Er wollte auf jeden Fall online trainieren, beraten und coachen. Aufwendige Reisen zu Kunden waren aus familiären Gründen nicht mehr möglich, und er wollte sich davon auch seinen Kalender nicht diktieren lassen. So war er perfekt aufgestellt, als aufgrund der Coronakrise eine auswärtige Beratung ohnehin nicht mehr durchzuführen war.

»Die kostenfreien Webinare waren der Schlüssel, aus dem sich hinterher dann der Kontakt mit Unternehmen ergab, die die Problemlösungskompetenz ihrer Führungskräfte und Mitarbeiter auf das nächste Level heben wollten«, erzählt er. Mittlerweile fragen sowohl große Konzerne als auch mittelständische Unternehmen die Online-Trainings zum Fehlermanagement an.

Zudem nutzt Cartus seine LinkedIn-Seite, um präzise und professionell über sein Angebot zu informieren. Und er macht es Interessenten leicht, ihn zu kontaktieren. »Schreiben Sie mir einfach eine Nachricht hier auf LinkedIn mit dem Stichwort ›Training‹. Ich melde mich dann umgehend bei Ihnen,« heißt es auf seiner Seite. Mithilfe einer einfachen Kalender-Software sehen Interessenten auch schnell, wann Cartus freie Termine hat.

Des Weiteren postet der Experte für Fehlermanagement regelmäßig Beiträge bei LinkedIn und kommentiert alles, was ihn interessiert und/oder in seinen Arbeitsbereich fällt. So hat er inzwischen bereits knapp 4000 Follower auf LinkedIn erworben. Demnächst will er sein Wissen auch mit Videos auf YouTube weitergeben und sein Portfolio mit E-Learning-Angeboten erweitern. Zudem baute er die Webseite nullfehlermanagement.de auf.

Rund 20 bis 25 Stunden im Monat beschäftigt sich Cartus so auch im Ruhestand weiter mit seinem beruflichen Expertenthema, berät andere und gibt Erfahrungen an Jüngere weiter. »Was mich antreibt, ist, mein Wissen an die weiterzugeben, die Arbeitsunfälle, Kundenreklamationen, Qualitätsfehler und so weiter in den Griff bekommen wollen oder müssen – besonders wenn auch noch Mitarbeiterfehler mit im Spiel sind. Ich weiß aus der eigenen Erfahrung und den Kommentaren auf LinkedIn-Beiträgen, dass die Themen ›Fehlerkultur‹ und ›professionelle Ereignis- und Fehlerursachenanalyse‹ in vielen Unternehmen noch nicht richtig angekommen sind. Aber mit dem richtigen Mindset und den geeigneten Methoden, Routinen und Techniken lässt sich so manche Katastrophe in einem Unternehmen verhindern. Die Geschäftsleitung muss es nur wollen.«

Und er fügt hinzu: »Aber das Ganze ist auch ein sehr guter Mix aus Beruflichem und Privatem für mich. Ich bleibe geistig flexibel, lese die aktuelle Literatur in meinem Fachgebiet und bin weiterhin gut im Stoff.«

Während Cartus sich Schritt für Schritt vorgetastet hat, existieren inzwischen auch Netzwerke wie die SilberPreneure, die Hilfe zu allen Fragen von Soloselbstständigen in der zweiten Lebenshälfte anbieten.

Der Serienunternehmer Günter Röll gründete SilberPreneure, als er schon Ende 60 war. »Die SilberPreneure sind unternehmerisch denkend und im besten Alter«, sagt er, »der Name leitet sich ab von Silber, also ein bisschen älter, und Preneur von Entrepreneur, also Unternehmer.«

Röll erzählt, wie man ihn mit Anfang 60 andauernd fragte, wann er nun endlich in Rente gehen würde. Als er sich dann der 65 näherte, kam ein Fragezeichen dazu: »Bist du NOCH nicht in Rente?« Wieder ein paar Jahre später fielen die Fragen noch konsternierter aus: »Was, musst du noch arbeiten in deinem Alter?«

Ruhestand war jedoch für den quietschlebendigen Wahlrheinhessen eine grässliche Vorstellung. Weil er eine geplante Bühnenkarriere als »Silberfuchs« wegen der Coronapandemie abblasen musste, stieg er kurzerhand auf die digitale Wissensvermittlung um. »Ich habe eine Facebook-Gruppe für SilberPreneure gegründet, die in kurzer Zeit fast 4000 Mitglieder hatte«, erzählt der heute 71-Jährige.

Das Interesse an und die Nachfrage nach Informationen zum Thema Gründen waren vorhanden. »Viele der Gespräche auf Facebook drehten sich um die Frage, wie die jeweiligen Gründer ihr Wissen vermarkten können«, sagt Röll.

Eine perfekte Ausgangslage für einen Marketingexperten wie ihn: Mit einem »Aktivraum« schuf er auf der SilberPreneur-Webseite eine Möglichkeit, sich mit anderen auszutauschen und sich in Online-Kursen alles über erfolgreiches Marketing, aber auch die neuesten Arbeitsinstrumente wie Künstliche Intelligenz oder die Nutzung von KI-Assistenten wie ChatGPT anzueignen. Bis er 75 ist, also in vier Jahren, will Röll 50 000 SilberPreneure auf seiner Seite versammeln: »Wir wollen eine Marke werden.«

Die meisten SilberPreneure auf der Webseite von Röll bieten Dienstleistungen an, oft digital und bundesweit. Ein weiterer interessanter Arbeitsbereich für Menschen auf dem Weg vom Angestellten zum Soloselbstständigen kann auch der mobile Verkauf von Waren aller Art sein – vom Flohmarkt bis zum Foodtruck. Diesen Weg ist Markus von Keitz gegangen.

Vom Vertriebsleiter zum Wurstverkäufer mit eigenem Wagen

Es war der 27. Dezember 2019, als sich Markus von Keitz' Chef bei ihm meldete. Vier Jahrzehnte hatte der Vertriebsleiter und Prokurist bis dahin bei einem Hersteller von Teppichböden gearbeitet. Nach der Lehre als Industriekaufmann durchlief er alle Hierarchiestufen und kannte das Unternehmen mit seinen einst über 1500 Mitarbeitenden in- und auswendig.

Er ahnte, dass dieser Anruf zwischen den Feiertagen wenig erfreulich sein würde: Seit Jahren ging es in seiner Branche bergab. »Schrumpfen, schrumpfen, schrumpfen, das war die Devise der letzten Jahre«, erzählt der heute 60-Jährige. Und tatsächlich: Sein Chef teilte ihm mit, er habe die Firma an ein holländisches Unternehmen verkauft. Von Keitz bat um 24 Stunden Aufschub, um seine Mitarbeitenden vorab zu informieren. Für sich selbst aber war ihm sofort klar: Für die neuen Besitzer wollte er nicht weiterarbeiten.

Er nahm sich eine Auszeit und überlegte: In der Branche bleiben und sich mit Ende 50 woanders bewerben? Oder etwas Neues machen? Von seinen vielen Dienstreisen quer durch Deutschland hatte er in den vergangenen Jahren vielen Freunden und Bekannten im Raum Potsdam immer wieder Wurst aus Hessen und Thüringen mitgebracht – Spezialitäten, die es in Brandenburg nicht gab und die immer auf große Begeisterung trafen. Bei den Gesprächen mit den Wurstempfängern witzelte von Keitz schon mal: »Wenn es mit meinem Job nicht mehr weitergeht, dann stelle ich mich auf den Markt und verkaufe Wurst«.

Wie wäre es, wenn er dies nun tatsächlich in die Realität umsetzen würde? Ein eigener Verkaufsstand auf den Märkten der Region? Von Keitz besprach sich mit einem Bekannten, der seit Jahren einen Käseverkaufswagen und dementsprechend viel Erfahrung hatte. »Mach das, du kannst das«, sagte der ihm. Denn von Keitz hatte das, was vielleicht das Wichtigste für Marktverkäufer ist – er identifizierte sich mit seinem Produkt, liebte es sogar. Und er mag die Menschen, die bei ihm kaufen.

Von Keitz war zudem in der angenehmen Lage, 100 000 Euro an Kapital für sein neues Unternehmen angespart und damit zur Verfügung zu haben. Das sei immens wichtig gewesen, meint er rückblickend. »Wenn Sie kein Eigenkapital haben, lassen Sie die Finger von Verkaufswagen«, warnt er, »zu viel kann schief gehen, und dann haben Sie kurz vor der Rente hohe Schulden«.

Gleichzeitig zu den Vorbereitungen für den Markteintritt kamen auch mehrere Jobangebote aus seiner alten Branche bei ihm an. Ein lukratives Angebot erreichte ihn kurz, bevor er den Kauf seines eigenen Verkaufswagens unterschrieb. »Das war eine schwierige Entscheidung«, erinnert er sich, »ich habe den Kauf erst mal 14 Tage aufgeschoben.«

Von Keitz hatte sich ein Budget von 100 000 Euro für den Wagen gesetzt und fuhr zum Marktführer Borco Höhns nach Rotenburg an der Wümme, um einen guten Gebrauchtwagen zu erstehen. Zwischen 50 000 und 70 000 Euro wollte er dafür ausgeben, das restliche Kapital veranschlagte er für das Lager, den Einkauf und die Anlaufkosten der ersten Monate.

Bei den Experten von Borco Höhns wurde ihm dann allerdings klar, dass er doch lieber einen Neuwagen kaufen wollte. Zufälligerweise stand ein Wagen, der ihm zusagte, einsatzbereit auf dem Hof. Der erste Käufer hatte Finanzierungsschwierigkeiten und konnte ihn doch nicht abnehmen. Ein Glück für von Keitz, denn die anderen Neuwägen hatten Lieferzeiten von bis zu 15 Monaten. 100 000 Euro sollte der Wagen kosten, sein gesamtes Budget. Also finanzierte von Keitz 40 Prozent davon – und sagte das Jobangebot endgültig ab. »Das war die richtige Entscheidung«, sagt er heute.

Von Keitz hatte sich eine klare Businessstrategie zurechtgelegt. Er wollte vor allem verkaufen, was ihm selbst am besten schmeckte. Wenige Produkte, aber in höchster Qualität. Verschiedene Sorten Fleischkäse, Fleischwurst, Schlackwurst, etwas Schinken. Deutlich weniger Produkte als ein »normaler« Wurstwagen und kein Fleisch. Sein Hauptlieferant sollte der hessische Metzger sein, mit dessen Ware er auch früher schon im Kofferraum seines Dienstwagens die Wurstfreunde der Region Potsdam versorgt hatte.

Drei Märkte in einem Umkreis von nicht mehr als 50 Kilometer von Potsdam plante er mittwochs bis samstags aufzusuchen: Spandau, ein Vorort von Berlin, jeden Mittwoch, donnerstags und samstags Potsdam und am Freitag den Markt in Brandenburg an der Havel. Über einen Freund seines Friseurs fand er auch ein gutes Lager mit Kühlmöglichkeit: eine 30 Quadratmeter große Kühlzelle mit einer ständigen Temperatur von zwei Grad.

Sein Freund vom Käsewagen hatte von Keitz schon gewarnt, dass die ersten zwei Jahre schwierig werden würden: Das erste Jahr würde allein draufgehen, damit man ihn auf den jeweiligen Märkten überhaupt wahrnahm, und um Stammkunden aufzubauen. Diese seien die Grundlage für jeden auf dem Markt, so sein Käsefreund. Touristen oder all die anderen, die so über die Märkte flanieren, seien schön und gut. Das Geschäft laufe aber über Stammkunden.

So kam es auch. »Nach fast zwei Jahren habe ich inzwischen 80 Prozent Stammkunden«, sagt von Keitz, »die muss man sich erarbeiten.« Natürlich mit den besten Produkten, aber auch mit Freundlichkeit. »Wer die Menschen nicht mag, sollte nicht in den Verkauf gehen«, rät von Keitz. Was ihn überrascht hat, war die harte körperliche Arbeit im Wurstwagen – das ständige Stehen im Wagen war so ganz anders als die Arbeit am Schreibtisch und die vielen Autofahrten in seinem früheren Job.

Zwischen 3:30 und 4:30 Uhr steht er an den Markttagen auf, räumt seinen Wagen ein und fährt zum jeweiligen Markt. Die Marktzeiten sind unterschiedlich: Brandenburg schließt um 15 Uhr, Potsdam um 16 Uhr, Spandau erst um 18 Uhr. Dann ist er erst um 21 Uhr wieder zu Hause, nachdem er die Ware wieder in der Kühlung verstaut und den Wagen blitzeblank geputzt hat.

Dennoch würde von Keitz seinen Wurstwagen nicht mehr missen wollen. »Ich bin mein eigener Herr, das ist ein wunderbares Gefühl.« Zudem sei er »auf gutem Weg«, sein früheres, sehr gutes Einkommen wieder zu erreichen »oder sogar zu übertreffen«.

So denkt der Vertriebsprofi bereits darüber nach, wie er in der kommenden Zeit expandieren könnte – beispielsweise eine Hilfe einstellen und fünf Tage in der Woche verkaufen. Oder klein bleiben, dann aber in drei Tagen das Gleiche oder sogar mehr verkaufen und dafür einen Tag mehr frei haben?

Auf jeden Fall fand er mit dem Wurstwagen seinen Job für die zweite Lebenshälfte. »Solange es Spaß macht und ich es kann, mache ich das«, sagt der inzwischen 60-Jährige. Schließlich stamme er aus einer Familie, »in der das Wort Ruhestand eher unbekannt ist«.

Gebrauchte Verkaufswagen gibt es in unterschiedlichen Qualitäten. Sehr alte, aber noch funktionstüchtige Wägen kann man durchaus schon für unter 10 000 Euro erwerben. Fabrikneue Verkaufswägen starten beim Marktführer Borco Höhn allerdings meist bei über 100 000 Euro. Jedoch bestehen diverse Finanzierungs- und Leihmöglichkeiten.

Darüber hinaus kann man voll einsatzfähige Verkaufsanhänger für Bäckereiwaren zum Beispiel für vier bis sechs Monate für netto rund 1400 Euro im Monat mieten. Soll es ein Auto mit Grill, Doppelfriteuse und Profigeräten sein, kann dies im gleichen Mietzeitraum netto knapp 3000 Euro kosten.

Wer aufmerksam über die Wochenmärkte in seiner Umgebung geht, trifft immer wieder Menschen, die erst in der zweiten Lebenshälfte mit dem Verkauf begonnen haben: Da ist beispielsweise die Dame mit den leckeren, süßen und salzigen Blätterteigtaschen, vor deren Wagen die Hungrigen mittags in langen Schlangen stehen. Ihr Verkaufswagen ist definitiv etwas älter, was angesichts der leckeren selbstgemachten Füllungen für ihr Blätterteiggebäck jedoch niemandem etwas ausmacht. Oder das Paar aus Österreich, das nur für wenige Monate eine spektakuläre Auswahl von selbstgemachten Knödelgerichten verkauft und dann an einen anderen Ort weiterzieht.

Verkaufswagen gibt es heute für alle erdenklichen Waren – und sie ermöglichen Soloselbstständigen eine überaus breite Palette von Gründungsideen. Da sie mobil sind, haben sie zudem den Vorzug, dass die fixen Kosten im Gegensatz zur Anmietung und Einrichtung eines festen Ladens überschaubar sind.

Zudem sind aufgrund der Mobilität flexible Arbeitszeiten möglich: Zwar sind die Markttage lang, weil man den Wagen morgens bepacken, zum Ziel fahren und abends wieder sauber machen sowie neu befüllen muss. Welche Tage und welchen Markt man oder frau sich aussucht, bleibt ihm oder ihr jedoch vollkommen selbst überlassen.

Eines allerdings ist unerlässlich, wenn man sich einen Marktwagen anschafft: Man muss die Menschen mögen und gerne verkaufen.

Jobs, um die Welt besser zu machen: Social Entrepreneure

Vom Buchlogistiker zum Baurevolutionär

Eigentlich wollte Gerhard Dust mit seiner Familie in Florida seinen vorgezogenen Ruhestand genießen. Mit 57 hatte der Selfmade-Unternehmer all seine Firmenbeteiligungen in Deutschland verkauft. Aufgewachsen war er unter ärmlichen Bedingungen, sein Vater war Kriegsversehrter. Als er mit 16 eine Ausbildung als Baukaufmann begann, wurde ihm schnell klar, dass er »ohne akademische Ausbildung keine Aussicht auf Karriere« haben würde.

Also holte er das Abitur nach und finanzierte nach der Bundeswehrzeit sein Studium selbst. Nach seiner Promotion im Fach Volkswirtschaftslehre arbeitete er im Buchgroßhandel und war bereits fünf Jahre später Geschäftsführer beim Marktführer. »Ich hatte das Glück, dass meine sämtlichen unternehmerischen Aktivitäten sehr erfolgreich verliefen«, erzählt er.

Nach einem »sehr arbeitsintensiven Leben« wollte Dust es in Florida etwas langsamer angehen. Eine Zeit lang klappte dies auch, doch im Januar 2010 ereignete sich die Erdbebenkatastrophe in Haiti. »Die Schule meiner Tochter hat in einer beispielhaften Sofortaktion Ärzte und Hilfsmittel nach Haiti gebracht«, erzählt er.

Auch Dust wollte etwas beitragen. Nach dem ersten Schock wurde ihm aber schnell klar, dass eine Spende allein nicht nachhaltig wäre. »Es hätte in keinem Fall dazu geführt, dass die traumatisierten Opfer der Katastrophe in irgendeiner Form direkt in den Wiederaufbau eingebunden werden«, erzählt er.

Er erinnerte sich an die Geschichte seiner Mutter nach dem Zweiten Weltkrieg: »Sie hat in ihrer Jugend das Elend der Nazizeit und des Zweiten Weltkrieges nur überwinden können, weil sie als Trümmerfrau am Wiederaufbau beteiligt war und dadurch wieder einen positiven Weg nach vorne gefunden hat.«

So kam er auf die Idee von Polycare – ein Unternehmen, das aus einfachsten und überall verfügbaren Rohstoffen leicht zu verarbeitende Bauelemente fertigt, mit denen man in nur wenigen Tagen langlebige und dauerhafte Häuser bauen kann. »So können wir Menschen befähigen, mit lokalen Materialien und reiner Körperkraft dauerhafte und wohnliche Häuser zu bauen«, erzählt er.

Das Konzept von Polycare beruht auf der Arbeit von Gunther Plötner. Er forschte bereits in der DDR darüber, wie Abfallmaterialien wie beispielsweise Flugasche dauerhaft gebunden werden können. Daraus entstand eine Rezeptur für einen superharten Polymerbeton. Bei Polycare entwickelte er dann ein Verfahren, um Bauelemente zu formen, die man wie Legosteine zusammenfügen kann.

Mehrere Millionen Euro investierte Polycare in den Aufbau eines Forschungszentrums in Thüringen sowie eine Pilotfabrik in Namibia. Hinzu kamen Fördergelder. »Die Elemente bestehen zu 90 Prozent aus lokal vorhandenen Rohstoffen wie Wüstensand und sind vier- bis fünfmal so widerstandsfähig wie normaler Zementbeton«, sagt Dust. Für den Hausbau braucht es keine ausgebildeten Fachkräfte, sodass jeder und jede mitanpacken kann. Vor allem aber können die Bauelemente jederzeit auch wieder abgebaut und in neuen Projekten verwendet werden.

Ursprünglich wollte Dust die Entwicklung als Patent den Vereinten Nationen (UNO) schenken, damit die nach Umwelt- und anderen Katastrophen damit schnell dauerhafte Unterkünfte errichten können. »Die fanden das interessant, und wir haben auch Lob bekommen«, erzählt er. Umsetzen wollte die UNO seine Idee jedoch nicht. »Wir waren wirklich naiv«, sagt Dust, »sie sagten uns, der Häuserbau sei nicht ihre Aufgabe.«

Also musste er selbst ran, um noch mal ein Unternehmen zu gründen und aufzubauen. In Thüringen arbeiten inzwischen gut 30 Mitarbeitende in der Forschung, Entwicklung und im Marketing der inzwischen in Sembla umbenannten Bauelemente. Das Businessmodell sieht die Partnerschaft mit lokalen Unternehmen überall in der Welt vor, die eine exklusive Lizenz für ihren jeweiligen Markt erwerben können.

Eine erste Produktionslinie steht bereits in Namibia, in etlichen weiteren Staaten laufen Verhandlungen. Wichtig ist Dust, dass die Produktion vor Ort nachhaltig ist. »Wir wollen Menschen ermöglichen, ihre eigenen Häuser zu bauen«, sagt er, »und wir wollen, dass sie das mit lokal vorhandenen Mitteln tun und so ihre Wirtschaft vor Ort stärken.« Diese zwei Ziele seien, so Dust, »die Kern-DNA von Polycare«.

Je mehr er und sein Team an »ihren Legosteinen« forschten, desto klarer wurde ihnen, damit eines der Kernprobleme des Bausektors lösen zu können – die hohe Ressourcen- und Umweltbelastung beim Bauen. 70 Prozent weniger CO_2, nur 20 Prozent der bislang üblichen Sekundärrohstoffe: »Sembla ist jetzt schon die vierte Generation unseres Legosteins«, sagt Dust, »da ist kein Kunststoff mehr drin, der ist superfest und vor allem ist im Stein mehr CO_2 gespeichert, als wir für die Produktion benötigen.«

Damit ist der Weg frei für einen CO_2-negativen Baustoff – und das in einem Sektor, der bislang in Europa 30 Prozent des CO_2-Fußabdrucks und 40 Prozent des Primärenergieverbrauchs verantwortet. Allein Zement herzustellen, verursacht 8 Prozent des weltweiten Treibhauseffektes. Die Sembla-Steine kommen komplett ohne Zement aus. »Wir setzen auf Geopolymere, die vollständig mineralisch sind«, erklärt Dust. So hätten schon die Römer gebaut, wie das über 2000 Jahre alte Pantheon in Rom zeigt.

Hinzu kommt, dass man Sembla-Steine ausgezeichnet wiederverwenden kann. So einfach wie sie aufgebaut werden, können sie auch wieder abgebaut und für ein neues Bauvorhaben genutzt werden. »Am Anfang dachte ich, dass wir mit dieser Idee schnell in Krisengebieten Häuser bauen können«, erzählt Dust, »aber nun glaube ich, dass wir damit auch eines der schwierigsten ökologischen Probleme lösen können, nämlich den ungeheuren weltweiten Ressourcenverbrauch im Bausektor.«

So fokussiert er sich mit seinem Team inzwischen darauf, eine Musterproduktion in größerem Maßstab in Deutschland aufzubauen. Sowohl in Thüringen als auch in Nordrhein-Westfalen werden dazu Fabriken entstehen, die ersten Bauprojekte sind fertig geplant. In Düsseldorf wird zum Beispiel ein erstes mehrgeschossiges Bürogebäude auf Basis der Sembla-Steine entstehen.

»Als ich mit Polycare angefangen habe, dachte ich, ich könnte mithelfen, Menschen in die Lage zu versetzen, ihre eigenen Häuser nach Katastrophen wieder aufzubauen«, sagt Dust. Nun, 13 Jahre später, ist er überzeugt davon, mit den CO_2-negativen Sembla-Bauelementen daran mitarbeiten zu können, das Klimaproblem im Bausektor zu lösen: »Ich bin mehr als zufrieden, dass wir so was Großes auf den Weg bringen konnten.«

Dust wurde für seine Unternehmensgründung 2020 mit dem Zugabe-Preis der Hamburger Körber-Stiftung ausgezeichnet. Diese in

Deutschland einzigartige Ehrung hebt Menschen hervor, die in der zweiten Lebenshälfte »mit unternehmerischen Mitteln Lösungen für die gesellschaftlichen Herausforderungen unserer Zeit gefunden und dafür ein Unternehmen oder ein Sozialunternehmen erfolgreich aufgebaut haben«, wie es auf der Webseite[37] heißt.

Mit einem Preisgeld von jeweils 60 000 Euro zählt der Zugabe-Preis zu den höchstdotierten Auszeichnungen seiner Art in Deutschland. »Die Gründung eines Start-ups ist keine Frage des Lebensalters«, sagt Lothar Dittmer, Vorsitzender des Vorstandes der Körber-Stiftung und Juror des Zugabe-Preises: »Der Zugabe-Preis würdigt Menschen, die mit innovativen Geschäftsideen auf gesellschaftliche Bedarfe reagieren.«

Seit 2019 wurden inzwischen über ein Dutzend Männer und Frauen im Alter von über 60 Jahren für ihre vorbildlichen Ideen und deren erfolgreiche Umsetzung ausgezeichnet. Als Mitglied der Jury des Zugabe-Preises hatte ich die Ehre, sie kennenzulernen und möchte deshalb einige von ihnen in diesem Buch vorstellen.

Was also sind Sozialunternehmen? »Sie entwickeln und verbreiten Produkte und Dienstleistungen zur Lösung gesellschaftlicher Herausforderungen auf unternehmerische Art und Weise«, heißt es auf der Webseite des Preises: »Sie wollen die Gesellschaft besser machen, zum Beispiel in den Bereichen Bildungsgerechtigkeit, Integration, Arbeitsvermittlung, Soziales, Ökologie oder Klima. Durch ihr unternehmerisches Handeln sind sie innovativ, unabhängig und nachhaltig.«

Diese Motivation, die »Gesellschaft besser zu machen« trifft man gerade bei Menschen in der zweiten Lebenshälfte oft an. Sie wollen nicht nur ihr Wissen weitergeben, sondern aktiv daran mitarbeiten, die Welt ein klein wenig zu optimieren. Wie Elke Schilling, die Gründerin des Silbernetzes.

Von der Mathematikerin zur Einsamkeitsbekämpferin

Mit 70 war die Mathematikerin Elke Schilling schon in mehreren Ehrenämtern tätig gewesen, als sie eines Nachts für die Telefonseelsorge im Einsatz war. Um drei Uhr morgens hatte sie einen Herrn am Telefon: »Ich bin der Raimund und jetzt 85. Um mich herum ist es so leer geworden, da ist keiner mehr. Können Sie mir sagen, warum ich noch leben soll?« Schilling war geschockt. Weil sie es als Mathematikerin »mit den Zahlen hat«, schaute sie nach, wie das so ist mit Selbstmorden in Deutschland. Und siehe da: Die anteilig höchsten Suizidraten fanden sich tatsächlich bei Männern über 85.

Als Seniorenvertreterin im Berliner Stadtbezirk Mitte war Schilling in den vergangenen acht Jahren bereits »Sprachrohr für 60 000 Menschen über 60« gewesen und hatte dabei erfahren, dass sie und die anderen Ehrenamtler viele davon »schlicht und einfach nicht erreichten, wir wussten nichts von Ihnen, und sie wussten oft nicht, wie sie an unsere Informationen und Hilfen kommen konnten«.

Dann las Schilling den Krimi *Acid Row* der britischen Bestsellerautorin Minette Walters (Deutsche Übersetzung *Der Nachbar*). Darin organisieren ältere Menschen eine Telefonkette, um sich gegenseitig zu helfen und auf dem Laufenden zu halten. »Was für eine coole Idee«, sagte sich Schilling und schrieb einen Brief an die Krimiautorin: Ob es diese Telefonkette tatsächlich gebe, und wie sie Näheres darüber erfahren könne.

Und tatsächlich – Minette Walters antwortete: Nein, sie habe das damals erfunden, schließlich sei der Krimi schon 2001 erschienen. Aber es gäbe in Großbritannien inzwischen die »Silver Line Helpline« in London für einen ähnlichen Zweck.

Bei Elke Schilling hatte es inzwischen mehrfach Klick gemacht, und so reiste sie nach London, um die Silver Line kennenzulernen. »Die Leute waren wirklich sehr fein und haben mir erzählt, wie alles funktioniert«, erzählt sie. So etwas müssten wir in Deutschland doch auch schaffen, sagte sie sich. Zurück in Berlin begann sie, Leute zu suchen, um ein solches Hilfsangebot aufzubauen. »Ein Hammerprojekt«, sagt sie im Nachhinein, »wir waren ein Team von acht bis zehn Menschen, das wechselte im Laufe der Zeit immer wieder.«

Schnell stellte sie fest, dass ein kleiner Verein, wie sie ihn gegründet hat, nicht nur mit der Organisation überfordert ist, sondern dass er auch kaum Sponsoren- oder öffentliche Gelder erhält. »Wir waren weder bekannt genug noch anerkannt genug«, berichtet sie. Also sucht ihr Team nach einem Träger, über den die Arbeit laufen kann. So entdecken Schilling und ihre Mitstreitenden den Humanistischen Verband, in dessen Räumen sie 2015 starten.

»Wer als Social Entrepreneur ein solches gemeinnütziges Projekt startet, braucht viel Stresstoleranz und sehr viel Hartnäckigkeit«, rät sie. Immer wieder tauchen unvorhergesehene Probleme auf, oft scheint alles zu scheitern. Wie 2017, als Schilling zwar eine Projektfinanzierung der Lotto-Stiftung erhält, die Verträge mit zwei Callcentern über Telefondienstleistungen aber buchstäblich in letzter Minute doch nicht klappen.

Aus England hatte Schilling mitgenommen, wie die Organisation zu strukturieren war: dreistufig, vom Silbertelefon über die Silbernetzfreunde bis zur Silberinfo. Im Sommer 2017 sind die ersten Silbernetzfreunde fertig ausgebildet. Es handelt sich um Ehrenamtliche, mit denen über die Weihnachtstage das erste »Feiertagstelefon« startet: An den Tagen zwischen dem 24. Dezember und dem 1. Januar fühlen sich viele Ältere besonders einsam.

Am 24.09.2018 geht diese Hotline endgültig live: Die Leitungen sind geschaltet, die ersten Anrufe kommen beim Silbernetz an, wie das Projekt inzwischen heißt. Anfangs zwölf Stunden in der Woche sitzen Schilling und andere Ehrenamtler am Telefon und hören sich die Sorgen von allen Personen an, welche die Silbertelefonnummer wählen. »Einfach mal reden« lautet das Motto des Hilfetelefons.

Von der Telefonseelsorge unterscheidet sich das Silbernetz vor allem, da es sich auf Ältere und das niederschwellige Angebot fokussiert. »Wer die Telefonseelsorge anruft, hat meist wirklich schlimme Sorgen«, hat Schilling während ihrer Zeit dort erfahren, »wer das Silbernetz anruft, will oft nur einen netten Plausch halten.«

Aufgrund dieses Bedarfs gibt es die »Silbernetzfreundschaften«, bei denen jede Woche zur selben Zeit ein Telefonat mit dem gleichen Mitarbeitenden an der Hotline erfolgt, sodass sich Freundschaften am Telefon entwickeln können.

Schnell wird das Silbernetz auch über Berlin hinaus bekannt und nimmt in der Folge auch bundesweit Anrufe an. Elke Schilling und ihr Social Start-up schaffen es immer öfter in die Medien, was jedes Mal neue Aufmerksamkeit und oft auch neue finanzielle Mittel oder anderweitig dringend gebrauchte Hilfe einbringt.

Schilling nutzt jede Chance, das Silbernetz bekannt zu machen: Als sie im Sommer 2020 den Zugabe-Preis der Körber-Stiftung erhält, steht sie mit einem T-Shirt auf der Bühne, das gut sichtbar für das Silbernetz wirbt.

Ende 2020 gründet sie die Silbernetz Inklusive gGmbH, die Menschen mit Behinderung ausbildet. Sie sollen »SilberDienste« anbieten, kostenpflichtige Hilfsangebote für Senioren. Damit sollen die kostenlosen Dienstleistungen beim Silbertelefon, den Silbernetzfreundschaften und dem Silberinfo querfinanziert werden. Denn die Projektförderungen, von denen das Silbernetz in den Anfangsjahren stark profitierte, laufen immer nur eine bestimmte Anzahl von Jahren. »Projektförderung zu bekommen, ist sehr mühsam und sehr aufwendig«, sagt Schilling.

2024 sind es zehn Jahre, seitdem sie auf die Idee zum Silbernetz stieß – und sie selbst wird 80. Die operative Leitung des Silbernetzes hat sie schon vor Jahren an fest angestellte Mitarbeitende vergeben. Ob Bundesfamilienministerin Lisa Paus oder der NRW-Ministerpräsident Hendrik Wüst – viele Politiker und andere Promis haben schon am Silbertelefon gesessen. Hunderte von ehrenamtlichen Helfern wurden in der Zeit ausgebildet, zehntausende von Telefonaten geführt. Auch mehrere Dutzend Arbeitsplätze sind in dieser Dekade beim Silbernetz entstanden. »Es war eine unglaublich tolle Reise«, sagt Schilling, »ich würde es jederzeit wieder machen.«

Speziell auf Sozialunternehmen fokussiert sich Ralf Sange, der seit 2012 »Gründer 50Plus« betreibt. »Insbesondere ältere Gründungsinteressierte suchen nach Ideen, bei denen eine sinnvolle Tätigkeit mit risikoarmen und soliden wirtschaftlichen Rahmenbedingungen zusammenkommt«, sagt der Sozialwissenschaftler mit über 20 Jahren Erfahrung in der Existenzgründungsberatung, der seit Beginn in der Jury des Zugabe-Preises sitzt.

Sange entwickelte viele unterschiedliche Workshops und Lernformate für Gründende – von der App über eintägige Schnupperkurse bis zu mehrmonatigen, aufeinander aufbauenden Coachings. Nach über tausend Beratungen ist er überzeugt, dass Menschen mit Lebenserfahrung anders gründen – insbesondere dann, wenn sie ein Sozialunternehmen anstreben. »Hier sind andere, individuelle Fragestellungen viel wichtiger als vordergründige zu Rechtsformwahl und Finanzierung«, sagt er. Das komme dann erst später.

Zunächst aber müssten Fragen beantwortet werden wie: »Bin ich persönlich und fachlich geeignet für Social Entrepreneurship? Wie viel Zeit bleibt mir noch im Berufsleben, und lohnt sich die Mühe überhaupt? Welchen Chancen, welchen Risiken sehe ich mich gegenüber? Wie finde oder überprüfe ich meine Gründungsidee?«

In den vergangenen Jahren ist das öffentliche Bewusstsein für Sozialunternehmen deutlich gestiegen. Sange konnte so im Herbst und Winter 2023 eine Serie von 25 eintägigen Workshops anbieten. Zwölf davon befassen sich mit dem Gründen und führen den Titel »Senior Social Entrepreneurship: Wie man mit 50plus sinnstiftend gründet«.

13 weitere Workshops bieten Informationen für alle Menschen, die ein bestehendes Sozialunternehmen übernehmen wollen. Denn in Deutschland existieren laut Sange geschätzt 3000 Sozialunternehmen, deren Gründende über 50 Jahre alt sind. Er führte Anfang 2021 eine Umfrage unter ihnen durch und fand dabei heraus, dass 76 Prozent von ihnen offen für die Frage der Nachfolge und Zukunftsgestaltung waren.

Die Workshops waren für die Teilnehmenden kostenfrei, weil sie im Rahmen des EU-Programms »REACT with impact – Förderung des Sozialunternehmertums« stattfanden. Damit sollen gemeinwohlorientierte Unternehmen durch grundlegende Unterstützungsangebote gefördert werden. Seine langjährigen Erfahrungen fasste Sange auch in dem 2022 erschienenen Buch *Senior Social Entrepreneurship* zusammen.

Dass er ein Social Entrepreneur ist, hätte Ernst-Andreas Ziegler womöglich überrascht, denn bei seinem Start als Unternehmer 2008 war der Begriff nur Insidern bekannt. Ziegler gründete eine Firma, weil er wütend war – und zwar über die Art und Weise, wie seine Heimat Wuppertal abgewertet und ihrer Zukunft beraubt wurde. Wie er dagegen ankämpfte, lesen Sie nun.

Vom Journalisten zum Universitätsgründer

Ziegler ist sicher das, was man gemeinhin den geborenen Netzwerker nennt. Der gelernte Journalist leitete über drei Jahrzehnte das Presse- und Werbeamt in Wuppertal und war Geschäftsfrüher der Kommunalen Arbeitsgemeinschaft Bergisches Land. Es gibt kaum eine verantwortliche Person in und um Wuppertal, die er nicht kennt.

Hinzu kommt, dass er seine Stadt und Region liebt. So sehr, dass er es »nicht aushalten konnte, dass Politik, Wirtschaft und Gesamtgesellschaft im Bergischen Land keinen Mut zur Zukunft hatten«, wie er die Jahre nach seinem Ausscheiden aus dem öffentlichen Dienst in den frühen 2000er-Jahren beschreibt.

Ein Journalistenkollege steuerte schließlich den Tropfen bei, der das Fass zum Überlaufen brachte. In Wuppertal und der umliegenden Region werde sich »in Zukunft nur noch bewegen, was der Wind bewegt«, schrieb der in einem Bericht in einer überregionalen Zeitung.

Ziegler war so empört, dass er sich noch beim Lesen schwor, dem etwas entgegenzusetzen. Bei einem seiner fast täglichen Lauftrainings kam ihm dann die Idee: eine »Junior Uni« als außerschulische

Bildungs- und Forschungseinrichtung. Privat mit Spenden finanziert, ganzjährig geöffnet, für Kinder von vier Jahren bis zum Abitur, mit eigenem Gebäude und Campus. Es sollten nur Gebühren anfallen, die sich jeder und jede leisten kann, auch die ärmsten Familien. Eine Bildungseinrichtung additiv zur Schule, ohne Aufnahmeprüfung, ohne Noten, mit Dozentinnen und Dozenten, die ihre Studentinnen und Studenten auf gleicher Augenhöhe akzeptieren.

Wenn sich Ziegler etwas in den Kopf setzt, wird etwas draus. Mit unbändiger Energie begann der Honorarprofessor sein Netzwerk abzuklappern. Er ist zu dem Zeitpunkt 70 Jahre und schätzt, dass er anfangs ein bis zwei Millionen Euro an Spenden für die Gründung und den Betrieb der ersten Jahre brauchen wird. »Ich vermag Menschen für eine gute Idee und für Gemeinwohlorientierung zu begeistern«, erzählt er.

Und so zieht er los. Abwimmeln lässt er sich nicht. »Irgendwann habe ich immer einen Termin bekommen«, sagt er, »und wenn ich mal drinnen war und meine Idee darlegen konnte, habe ich auch fast immer eine Unterstützungszusage mitgenommen.« Meistens Geld, manchmal Sachspenden, manchmal auch nur eine ideelle Unterstützung.

Nach wenigen Monaten verfügt er über genügend Unterstützer, um im Frühjahr 2008 mit insgesamt 14 Wuppertaler Persönlichkeiten einen Förderverein zu gründen. Darunter sind Personen aus mehreren Stiftungen, aber auch wichtige Akteure der Stadtgesellschaft und der lokalen Wirtschaft. Im Mai wird eine gGmbH, also eine gemeinnützige Gesellschaft, notariell beurkundet.

Ein paar Monate später kann Ziegler die erste hauptamtliche Mitarbeiterin einstellen, die das erste Kursprogramm entwickelt. Er selbst arbeitet ehrenamtlich für einen symbolischen Euro im Jahr: »Das war wichtig, weil es meinen Gesprächspartnern signalisierte, wie ernst es mir mit der Gründung war.«

Nachdem er im November auch die Bergische Universität Wuppertal als Kooperationspartner gewonnen hat, steht der offiziellen Eröffnung nichts mehr im Wege. Am 3. Dezember 2008, kein Jahr nach der ersten Idee, eröffnen der damalige Ministerpräsident Nordrhein-Westfalens Jürgen Rüttgers und der frühere Oberbürgermeister Peter Jung als Schirmherren die Junior Uni.

Sie ist von Anfang an – und bis heute – überaus populär: Als das Kursprogramm veröffentlicht wird, brechen die Server unter dem Ansturm zusammen. Ziegler bezeichnet die Junior Uni gern als »Sportverein für den Wissenserwerb«: Absolut spielerisch und ohne Zwang soll jeder und jede an spannende Themen und wissenschaftliche Arbeit herangeführt werden. »Wir vermitteln Mut zur Zukunft«, sagt Ziegler, »jeder junge Mensch hat was drauf.«

Schon nach fünf Jahren konnte die Junior Uni in ein eigenes Gebäude umziehen, einen privat finanzierten farbenfrohen Campus mit 2000 Quadratmetern Fläche. Seit 2019 gibt es zudem »Junior Uni Geschwister«, also eigenständige Junior Unis nach dem Wuppertaler Vorbild in Mülheim, Essen, Daun in Rheinland-Pfalz und Mönchengladbach. Sie haben sich 2013 zum »Netzwerk der Junior Unis« zusammengeschlossen.

Längst führt ein hauptamtliches Team die Geschäfte. Ernst-Andreas Ziegler wurde inzwischen vielfach für sein bahnbrechendes Engagement als Social Entrepreneur geehrt. Er ist Ehrenbürger der Stadt Wuppertal und wurde 2022 auch mit dem Zugabe-Preis der Körber Stiftung ausgezeichnet. Sein ursprünglicher Antrieb, über Bildungsangebote für alle Kinder und Jugendlichen die Stadt und die Region zu revitalisieren, ist voll aufgegangen. »Durch die Angebote der Junior Uni sind so viele junge Menschen studieren gegangen oder haben sich zum Beispiel im Handwerk selbstständig gemacht, denen das nicht in die Wiege gelegt war«, freut sich Ziegler. Dies sei das allerschönste Geschenk für ihn, aber auch für die Gesellschaft. Er ermuntert jeden, es ihm gleichzutun: »Sie müssen sich das einfach zutrauen«, sagt er, »und dann los und machen.«

Einfach los und machen: Das hätte sich unser nächster Gründer auch gewünscht. Doch in seiner Situation war das nicht so einfach.

Bernhard Krahl war nach zwei Hirnschlägen schwerstbeschädigt und »austherapiert«, wie seine Ärzte ihm mitteilten. Wie er sich da herauskämpfte und dabei Hoffnung für viele andere ähnlich Betroffene schaffte, ist Inhalt unseres nächsten Beispiels.

Vom Zahnarzt zum Rehapionier

Der Zahnarzt und Unternehmer Dr. Bernhard Krahl hatte seinen 60. Geburtstag gerade hinter sich, als sich alles änderte. Zwei schwere Hirninfarkte wenige Tage hintereinander – und eine Prognose als Schwerstpflegefall mit einer Überlebenschance von rund 10 Prozent. Nach einem Jahr wurde ihm und seiner Lebenspartnerin Marion Schrimpf gesagt, er sei »austherapiert«.

»Das konnten wir so nicht akzeptieren«, berichten beide in der Rückschau. Schrimpf recherchierte weltweit über neue Therapiemethoden und findet das Gesuchte in der Schweiz. »Gehirne verfügen über eine ganz wunderbare Fähigkeit, sich immer wieder neu zu organisieren«, sagt sie, »diese sogenannte Neuroplastizität wird aber leider in der Therapie in Deutschland noch nicht ausreichend genutzt.«

Über Jahre kämpfte sich Krahl mit immer neuen Therapieansätzen und der unermüdlichen Hilfe seiner Partnerin zurück ins Leben. Eines war beiden inzwischen klar geworden: So gut die Akut- und Frühbehandlung von Schlaganfällen, Querschnittsgelähmten, Patienten mit Schädelhirntrauma, Multipler Sklerose und ähnlichen neurodegenerativen Krankheiten auch ist, in der Therapie hat unser Land akuten Nachholbedarf. Und das bei jährlich 1600 neuen Querschnittspatienten und knapp acht Millionen Menschen mit einem Schwerbehindertenausweis.

Krahl und Schrimpf wollten dem mit einem eigenen, interdisziplinären Therapiezentrum etwas entgegensetzen. 2012 gründeten sie in dem nordrhein-westfälischen Herdecke das »Ambulanticum« – mit ausschließlich eigenem Geld, ohne einen Cent sonstiger Förderung.

»Wir haben hier Menschen aus den Bereichen Physio- und Ergotherapie, Logopädie, Bewegungstherapie und Sportwissenschaft«, erzählt Krahl, »und natürlich die neuesten Maschinen wie beispielsweise den Lokomat, einen roboterassistierten Gangtrainer.« Dieses Gerät war es auch, das in der Schweiz den Beginn seiner bemerkenswerten Rekonvaleszenz ermöglichte.

Auf 1200 Quadratmetern können Menschen, die vom traditionellen Gesundheitssystem als »austherapiert« in die Dauerpflege abgeschoben werden, sich im Ambulanticum wieder ins Leben zurückkämpfen – so wie Bernhard Krahl selbst.

»Ich habe einen starken Willen«, sagt er, »Neurologische Erkrankungen sind langwierig, der Behandlungsweg sehr intensiv und kräftezehrend.« Doch wie bei ihm selbst seien in der Phase der Spätnachsorge immer wieder spektakuläre Therapieerfolge möglich. Krahl, Schrimpf und ihr Team von inzwischen über drei Dutzend Therapeuten verschiedenster Disziplinen blicken heute auf hunderte solcher gemeinsam errungener Erfolge zurück.

Jobs nach Beginn der Rente

JOBS, UM DIE RENTE AUFZUBESSERN

Jedes Jahr mit Beginn der Spargelsaison steht das Ehepaar Michler wieder im Spargelstand am Eingang von Potsdam. »Wir kennen unsere Kunden schon seit Langem«, erzählen sie, »und bei diesem Job passt alles.« Beide arbeiten als Minijobber, jeder von ihnen darf also maximal 6240 Euro im Jahr mit dem Spargelverkauf verdienen.

Zwar kommt das Ehepaar gut mir seiner Rente zurecht, doch der Hinzuverdienst ist ebenfalls willkommen und genau eingeplant. »Wir nutzen das Geld, um unsere Kinder und Enkel an Weihnachten und an ihren Geburtstagen zu beschenken«, erzählen die beiden. Und zum Urlaub gibt es auch noch einen gefüllten Umschlag dazu.

Wie das Ehepaar Michler arbeiten nach aktuellen Zahlen inzwischen 835 000 Menschen in Vollrente[38] in einem derartigen Arbeitsverhältnis. Minijobs sind der beliebteste Weg, die Rente in Deutschland aufzubessern. Rund jeder sechste Minijobber ist über 60 Jahre alt.

Die Zahl der Jobs, die Menschen auf diese Weise ausüben, ist fast unübersehbar: von Saisonjobs wie dem Spargel- oder Erdbeerenverkauf über Kurierfahrten, Hilfe im Betrieb oder Haushalt, Gartenarbeiten bis hin zur Tätigkeit im Hotel- und Gaststättenbereich.

Beliebt sind auch Minijobs in Museen, Veranstaltungsräumen oder bei Events. Manchmal arbeiten die Minijobber an einem Ort, wo sie auch gern ihre Freizeit verbringen. Kommt dann noch hinzu, dass der Arbeitgeber eine wertschätzende Firmenkultur bietet, sind die Bedingungen für einen sinnstiftenden Minijob optimal. Wie im Beispiel von Marina Stark.

Von der Versicherungsmaklerin in den Besucherservice

Das Geld sei »herzlich willkommen«, sagt Marina Stark über ihren Minijob im Besucherservice der Wissenschaftsausstellung Experimenta im baden-württembergischen Heilbronn. »Aber ich arbeite da, weil es unglaublichen Spaß macht und wir so viel tolles Feedback für unsere Arbeit bekommen«, berichtet die frühere Versicherungsmaklerin, die seit Kurzem in der »Rente mit 63« ist.

Mit einer Ausstellungsfläche von rund 25 000 Quadratmetern ist die Experimenta das größte Science Center in Deutschland. An Menschen von drei bis 103 Jahren richtet sich die Freizeit- und Bildungseinrichtung – und dementsprechend umfassend ist auch der Besucherservice. Gleich nach dem Ticketkauf stehen freundliche Mitarbeitende bereit, um den Leuten das Gebäude zu erklären. Auf jeder Etage finden sich zudem Helfer, wenn es bei den einzelnen Mitmachstationen Fragen gibt oder etwas auf Anhieb nicht funktioniert.

»Wir haben über 200 Männer und Frauen in unserer Kartei, die beim Besucherservice mitarbeiten«, erzählt Beate Distelbarth, die den Besucherservice leitet. Fast alle arbeiten in Minijobs, die meisten sind entweder am Anfang ihres Berufslebens oder haben es schon hinter sich.

So wie Marina Stark. Ursprünglich ausgebildet als Altenpflegerin, arbeitete sie lange als selbstständige Versicherungsmaklerin. Mit 45 ließ sie sich noch mal in einem Unternehmen anstellen. Doch die fehlende Wertschätzung und problematische Firmenkultur führte zu einem Burn-out, der sie anderthalb Jahre weitgehend pausieren ließ. »Aber ich bin eine Kämpferin«, sagt sie, »man kann auch mit weniger Energie viel bewerkstelligen.« Als sie hört, dass die Stadt freiberufliches Personal für Stadtführungen sucht, bewirbt sie sich und schafft auch die »sehr schwere Prüfung«.

Bei ihren Stadtführungen kommt sie immer wieder auch an der Baustelle der Experimenta vorbei und erklärt ihren Gästen alles über den Neubau. Als es eine Informationsveranstaltung über die geplanten Jobs im Science Center gibt, geht sie hin. »Die Frau, die das vorstellte, war begeisternd«, erzählt Stark, »ich wusste sofort, dass ich da dabei sein will.« Noch am gleichen Tag bewirbt sie sich über die damals geschaltete Bewerbungsadresse.

Seit dem Frühjahr 2019 arbeitet Stark als Minijobberin im Besucherservice der Experimenta. »Alles, was ich bisher gemacht habe, habe ich mit Herzblut gemacht«, sagt sie, »aber die Experimenta toppt alles.«

Noch nie sei sie so wertschätzend behandelt worden wie in dieser Organisation. »Unsere Vorgesetzten bedanken sich am Ende jedes Arbeitstags für unseren Einsatz«, erzählt sie. Die Mitarbeitenden im Besucherservice seien »das Gesicht der Experimenta«, so Stark, »wir bekommen dafür so viel gutes Feedback auch von den Besuchern, das ist Wertschätzung pur.«

Zusätzliche Freude bereiten ihr die immer neuen Ausstellungsthemen, welche die Arbeit in der Experimenta abwechslungsreich gestalten. So startete im Herbst 2023 beispielsweise die Ausstellung »Du und Dein Gehirn – ein gutes Team«. »Das ist auch für uns vom Besucherservice ein kontinuierliches Lernexperiment«, sagt Stark, »lebenslanges Lernen in Perfektion.«

Minijobs sind auch deshalb so beliebt, weil sie für beide Seiten unbürokratisch sind. Bis maximal 520 Euro im Monat oder 6240 Euro im Jahr kann jeder und jede auf diese Weise steuer- und abgabenfrei hinzuverdienen. Für dic Minijobber ist das Einkommen brutto für netto. Die Arbeitgeber hingegen entrichten sowohl Steuern als auch Sozialabgaben für die von ihnen angestellten Minijobber, allerdings in einer einfach zu handhabenden Pauschale.

Hier noch ein Geheimtipp: Wer als Vollrentner einen Minijob im gewerblichen Bereich ausübt und darauf Rentenbeiträge bezahlt, holt dies bereits nach vier Jahren wieder heraus. Dieser Hinweis versteckt sich in den Tiefen der Webseite der Deutschen Rentenversicherung.

Er ist so versteckt, dass die neuen Einkommensgrenzen bei den Minijobs im Herbst 2023 noch nicht angepasst worden sind. Hier der Wortlaut[39]: »Rentnerinnen und Rentner, die über die reguläre Altersgrenze hinaus einen Minijob ausüben, können eigene Beträge zur Rentenversicherung einzahlen und damit ihre Rente steigern. Bei einem monatlichen Einkommen von 450 Euro und einer Beitragszahlung von 16,20 Euro steigt die Rente nach einem Jahr um rund 5 Euro. Damit fließen die gezahlten Beiträge in weniger als vier Jahren zurück ins Portemonnaie.«

Bei einer durchschnittlichen Rentenbezugszeit[40] von 22,1 Jahren für Frauen und 18,8 Jahren für Männer ist dies ein hervorragender Deal. Vier von fünf Minijobbern entgeht er allerdings, wie nur wenige Absätze weiter oben zu lesen ist: Über 80 Prozent der Minijobber lassen sich von der Versicherungspflicht befreien, zahlen also nicht in die Rentenversicherung ein.

Deshalb nun eine Berechnung auf Basis der seit Anfang 2023 gültigen Minijobeinkommensgrenze von 520 Euro im Monat: Beim aktuellen Beitragssatz für die Minijobber von 3,6 Prozent läge der monatliche Beitrag für die Rentenversicherung also bei 18,72 Euro statt wie vorher bei 16,20 Euro.

Die Zusatzrente aus dem Minijob gibt es allerdings nur, wenn jemand sich bereits in der sogenannten Altersvollrente befindet. Um Gleichheit am Arbeitsmarkt für alle zu schaffen, müssen Arbeitgeber für diese Minijobber Rentenbeiträge bezahlen, obwohl die Betreffenden schon in der Vollrente sind.

Die Beiträge kommen den Minijobbern aber nur zugute, wenn diese mit einzahlen. Ansonsten verbleiben die Arbeitgeberbeiträge im großen Milliardentopf der Rentenversicherung.

Anders verhält sich dies bei Männern und Frauen, welche die Rente mit 63 mit finanziellen Abschlägen beziehen. Hier wirken die Arbeitgeberbeiträge rentensteigernd, und zwar um rund vier Euro pro Jahr und Minijob mit maximalem Gehalt. Den eigenen Rentenbeitrag erhöht dies weiter, allerdings relativ zur Höhe der eigenen Einzahlung. Dies entspricht derzeit knapp einem Euro und hat dementsprechend eine deutlich längere Rücklaufzeit: Wer hier als Minijobber selbst Rentenbeiträge in Höhe von 18,72 Euro im Monat bezahlt, bekommt dafür rund einen Euro mehr Rente.

Er oder sie braucht also einen Rentenbezug von mindestens 19 Jahren – und damit die derzeitige durchschnittliche Rentenbezugszeit, um die Einzahlungen wieder herauszuholen. Hier wirkt die Eigenbeteiligung also wie eine Wette auf die Langlebigkeit jeder und jedes Einzelnen. Mehr dazu und weitere Beispielsrechnungen finden sich im Servicekapitel »Was zu tun ist«.

Wer als Rentner nicht bei einem Arbeitgeber im Minijob angestellt ist, sondern mehrere Arbeit- und/oder Auftraggeber hat, agiert in aller Regel als Selbstständiger und schreibt Rechnungen. So wie Marion von Engelmann, die immer mal wieder als Privatchauffeuse und Kurierfahrerin arbeitet. Zudem betreut sie die Eltern-Kind-Kurse ihrer Tochter. Hier ist ihre Geschichte:

Ein Ü für alle Fälle: Privatchauffeur/Kurierfahrer

59 Jahre alt war Marion von Engelmann, als die gelernte Werbekauffrau »nicht ganz freiwillig« aus dem Berufsleben ausscheiden musste. Eine Hüftoperation hatte so schwere Folgeschäden bei ihr ausgelöst, dass erst eine Arztodyssee und dann die Frühverrentung folgte. Nur zu Hause herumsitzen, das konnte von Engelmann sich aber auch nicht vorstellen.

Auf einer Veranstaltung der örtlichen Industrie- und Handelskammer entdeckte sie die Organisation »Generation Ü« – eine Jobvermittlung »für den Ruhestand und Ü55+«.

Gegründet hat sie Dr. Christian Ege als deutschlandweites Netzwerk, »um die Lücken zu schließen, die der demografische Wandel reißt«, wie der frühere Staatssekretär sagt. Die 2021 mit dem Deutschen Demografiepreis ausgezeichnete Plattform vermittelt Menschen vor und in der Rente, die weiter tätig sein wollen, an Unternehmen, die projektbezogen oder dauerhaft Menschen in der zweiten Lebenshälfte Arbeit bieten.

»Besonders gesucht sind Chauffeure und Fahrer für Geschäftsfahrten, Schulfahrten und Logistik« sagt Ege, »Bürokaufleute, Zahnarzthelfer, Hausmeister, Lernbegleiter, Produktionshelfer und jegliche Art von Unterstützung im Finanzwesen.« Ege und seine Mitstreitenden vernetzen die Arbeitswilligen und die Auftraggeber und helfen, wenn gewünscht, auch bei der Abwicklung über einen Minijob oder eine selbstständige Gewerbeanmeldung.

Marion von Engelmann leuchtete das Angebot von Generation Ü sofort ein. »Das fand ich genial«, sagt sie. Sowohl sie als auch ihr Ehemann arbeiten immer wieder als Privatchauffeure. »Wir holen Kunden vom Flughafen ab und bringen sie nach Hause oder sind bei Weihnachtsfeiern im Fahrdienst aktiv«, erzählt sie.

Diese Arbeit erledigt sie als Selbstständige: Sie schreibt Rechnungen und wickelt hinterher auch Steuern und eventuelle Sozialabgaben ab. Aus versicherungstechnischen Gründen benutzen sie und ihr Mann immer die Autos der Kunden. »Das ist eine sehr angenehme Arbeit«, sagt von Engelmann, »und ich kann alles meinem Rhythmus entsprechend gestalten.«

Dies gilt auch für die Eltern-Kind-Kurse, die sie für das Unternehmen ihrer Tochter betreut: »Da bleibe ich fit und werde gleichzeitig gefordert.« Von Engelmann hält es für entscheidend, sich immer wieder auf Neues einzulassen und auch aus der eigenen Komfortzone herauszugehen. »Es ist so wichtig, sich nicht unterkriegen zu lassen«, sagt sie. Wer offen ist, finde immer eine interessante Arbeit: »Wenn das eine nicht funktioniert, dann suche ich mir was anderes, was mir liegt.«

JOBS AN ORTEN, WO ANDERE URLAUB MACHEN

Der Fachkräftemangel macht es möglich: Wer im Hotel- und Gaststättenbereich gearbeitet hat und nach der Rente noch Lust auf mehr hat, findet an allen touristischen Hotspots Europas inzwischen Jobangebote.

In den USA ist diese Art von Senior-Work-and-Travel längst üblich. »Silver-Haired and Shameless about Perks«[41] betitelte die *New York*

Times am 26. Januar 2023 einen Artikel zu diesem Thema. Dieser erzählt die Geschichte der 60-jährigen Maria und ihrer 68-jährigen Gattin Joey, die sich beide bei einer Fluglinie (United Airlines) und einer großen Hotelkette (Hilton) anstellen ließen.

Beide arbeiteten nur das absolute Minimum an Stunden, das notwendig war, um die Mitarbeitervergünstigungen zu erhalten – Maria je 15 Wochenstunden in der Gepäckabfertigung und Joey jeweils freitags, samstags und sonntags an der Rezeption eines Hilton Hotels in ihrem Wohnort Riverside in Kalifornien.

Den 60. Geburtstag von Maria feierten die beiden mit einer Kurzreise nach Europa: Laut *New York Times* flogen sie Business-Klasse nach Amsterdam, logierten dort zwei Nächte im Hilton, reisten weiter nach Frankreich und blieben dort noch weitere zwei Tage. Sie bezahlten lediglich die anfallenden Steuern für die Flüge in Höhe von 462 US-Dollar, 55 US-Dollar pro Nacht im Hilton sowie 75 US-Dollar in dem Fünf-Sterne-Hotel in Frankreich.

In Deutschland wäre dies allein deshalb nicht möglich, weil man Mitarbeiterrabatte hierzulande als »geldwerten Vorteil« versteuern muss. Steuerfrei sind lediglich Ermäßigungen bis zu 4 Prozent auf die Waren oder Dienstleistungen des jeweiligen Arbeitsgebers. Der jährliche Freibetrag liegt derzeit bei 1080 Euro im Jahr.

Dennoch kann diese Art der Kombination von neuem Job etwa mit der Rente mit 63 – oder auch der normalen Altersrente – für Reisefreaks durchaus interessant sein: In der Regel liegt der persönliche Steuersatz in der Rente niedriger. Mehr dazu und einige Modellrechnungen finden sich im letzten Kapitel.

Mitarbeiterrabatte gibt es in fast allen Branchen: Wer beispielsweise eine neue Einbauküche oder ein Auto braucht, könnte zumindest theoretisch darüber nachdenken, dort als RentArbeiter für eine gewisse Zeit anzuheuern.

In Deutschland ist dies bislang noch ein Geheimtipp. Berichte darüber sind extrem selten, die Recherche im Internet ist mühselig. Mitarbeitende der Airlines dürfen oft nicht öffentlich über die Vergünstigungen sprechen, die sie bei ihren privaten Reisen für Flüge oder Hotelkosten erhalten.

Wer das Internet durchforstet, findet jedoch immer wieder Hinweise in Mitarbeiterchats von Fluglinien wie Austrian Airlines oder Swiss, wo von Mitarbeiterflügen selbst nach USA oder Asien für unter 100 Euro die Rede ist.

So bietet ein aktuelles Jobangebot für »Mitarbeitende im Kundenservice für die Lufthansa Group«[42] vom Oktober 2023 am Standort Berlin unter der Überschrift »Beflügelndes Umfeld« folgende »Travel benefits«: »Attraktive Flugvergünstigungen bei Lufthansa und vielen weiteren Airlines, Flugbenefits ab dem ersten Tag mit LH standby, Rabatte rund ums Reisen, zum Beispiel vergünstigte Hotel- und Mietwagenbuchungen, Kreuzfahrtangebote und vieles mehr.«

Der Job ist dezidiert offen für Quereinsteigende, Erfahrungen in der Airline-Branche sind nicht notwendig: »Alles Notwendige lernst Du bei uns«, heißt es in der Jobanzeige. Wichtig ist stattdessen fließendes Deutsch und die Fähigkeit, ein Telefongespräch souverän in Englisch führen zu können.

Serviceorientierung und Schichtdienste sind ebenfalls gewünscht. Versprochen wird allerdings, dass erfolgreiche Bewerber ihre »Einsatzzeiten bei uns mitbestimmen« können und diese Präferenzen immerhin zu 60 Prozent erfüllt werden.

Nach den ersten drei Monaten in Vollzeit und erfolgreicher Einarbeitung sind verschiedene Teilzeitmodelle möglich, auch dauerhaftes Homeoffice.

Theoretisch könnte jemand, der die Rente mit 63 angetreten ist, also nach drei Monaten Vollzeit zu einem Homeoffice-Teilzeitmodell wechseln, Schichten zu 60 Prozent nach eigenen Zeitpräferenzen arbeiten und in der Freizeit mit dem Partner für einen Bruchteil der regulären Kosten durch die Welt reisen.

Zudem besteht noch eine weitere Möglichkeit für Freunde von Flugreisen – die Arbeit als Flugkurier. Kurt Linnert erzählt seine Geschichte.

Vom Sparkassenchef und 1. Stadtrat zum Flugkurier

Kürzlich saß ein Bodybuilder neben ihm, er selbst befand sich in der Mitte einer Viererreihe in der Economy-Klasse auf einem Transatlantikflug. »Das war natürlich nicht ganz so optimal«, erzählt Kurt Linnert von seinem Einsatz als Flugkurier. Doch die Maschine sei voll gewesen, keine Chance für ein Upgrade in die Businessklasse.

Da hilft dann auch der Senatorstatus nicht, den sich der heute 71-jährige frühere Sparkassenchef und 1. Stadtrat von Kelsterbach nach seinem Start als Flugkurier 2015 schnell erarbeitete und seitdem jedes Jahr erneuert hat. 100 000 Flugmeilen innerhalb eines Jahres muss man dazu bei der Lufthansa oder ihren Partner-Airlines erfliegen. Dafür darf man dann den First-Class-Check-in sowie privilegierte Lounges an Flughäfen weltweit benutzen.

Vor allem aber profitiert ein Senator auch von erhöhtem Freigepäck – und das ist bei Linnerts Job als Flugkurier oft nötig. Denn der Transport eiliger Ware oder Dokumente ist der Kern seines Jobs: Manchmal sind es nur Stunden vom Anruf seines Auftragsgebers bis zum Abflug.

Wann er fliegen will, kann Linnert immer selbst bestimmen: Er schaltet sich dann »grün« auf dem internen Portal von Samedaylogistics, seinem Auftraggeber in Kelsterbach. Auch wohin es gehen soll, entspricht nach vielen Jahren als zuverlässiger Kurier oftmals Linnerts Präferenzen – er fliegt am liebsten in die USA, nach Kanada und Mexico. »Ich mag die Flughäfen dort, Chicago O'Hare ist einer meiner liebsten Destinationen«, sagt er.

Eigentlich wollte Kurt Linnert nach seinem Rentenbeginn mit 63 vor allem seine vielen Ehrenämter weiter pflegen und eine Immobilienvermittlung gründen. Über 40 Jahre war der Kelsterbacher bei der Sparkasse Groß-Gerau angestellt, viele Jahre davon als Chef in Kelsterbach. Von Anfang an faszinierte es ihn zu reisen. Über 20 Kundenreisen für die Sparkasse organisierte er bereits Ende der 1980er-Jahre, auch an damals noch exotische Orte wie Peking oder Bangkok.

Durch seine Arbeit bei der Sparkasse kam er früh in Kontakt mit der örtlichen Politik. Eines Tages rief ihn die Sekretärin des langjährigen Bürgermeisters an. Sie wusste, dass er als Sparkassenverantwortlicher sicher zum runden Geburtstag eines bekannten Kelsterbachers fahren würde und fragte: »Können Sie den Chef vielleicht mitnehmen?« Natürlich konnte Linnert – und so gratulierten die beiden immer wieder mal gemeinsam bei den vielen runden Geburtstagen und anderen Jubiläen in der Stadt.

Darüber entwickelte sich Linnerts jahrzehntelange ehrenamtliche Arbeit im Stadtparlament: Stadtverordneter, Parlamentschef. Schließlich kam auch die Frage, ob er selbst Bürgermeister werden wollte. Doch Linnert sah noch eine Chance, bei der Sparkasse weiter aufzusteigen. Als sich diese dann zerschlagen hatte, nahm er für einige

Jahre die Berufung zum hauptamtlichen 1. Stadtrat an und beendete seine Tätigkeit für die Sparkasse.

Daher ist er in der Stadt bekannt »wie ein bunter Hund«, wie Linnert sagt. Als er mit 63 in Rente geht, erwirbt er einen Gewerbeschein und gründet eine Immobilienvermittlung, die er immer noch betreibt. »Das war eine meiner Aufgaben bei der Sparkasse, und mit meiner Ortkenntnis war klar, dass ich das auch im Ruhestand gut und gerne weiterbetreiben könnte«, sagt er.

Zudem spricht ihn ein Freund an. Dieser hatte kurz zuvor das möglicherweise erste Speziallogistikunternehmen für Übernachtkurierleistungen in Deutschland gegründet. Er wusste, dass Linnert gern reist und zuverlässig ist – und damit die perfekten Grundlagen für einen Flugkurier mitbringt. Als weiteres Plus kommt hinzu, dass Linnert nicht nur wenige Minuten vom Büro des Logistikunternehmens, sondern auch nur wenige Kilometer vom Frankfurter Flughafen entfernt wohnt.

»Alles optimale Voraussetzungen«, sagt Linnert. Also meldete er ein zweites Gewerbe an, dieses Mal als Flugkurier. Er ist selbstständig und schreibt seinem Auftraggeber für jede absolvierte Kurierdienstleistung eine Rechnung. Für einen Minijob fallen bei Flugkurieren in der Regel zu viele Stunden Einsatzzeit an.

Samedaylogistics organisiert die Einsätze. »Ich bekomme die Reiseroute sowie die Unterlagen für den Transport, dann geht es los«, sagt Linnert. Waren zu verzollen, obliegt allerdings ihm. Häufig geht es von den Landeflughäfen mit dem Mietwagen weiter zu den jeweiligen Fabriken im Land. Wenn er ein Übernachtungsquartier braucht, sucht sich das Linnert meist selbst. »Ist einfacher für mich«, sagt er.

Was er transportiert, ist unterschiedlich: Oft sind es dringende Ersatzteile, ohne die Maschinen vor Ort nicht laufen können. Es können aber auch Dokumente oder Medikamente sein. Wichtig ist, dass Linnert die Ware als Gepäck mitnehmen kann und sie nicht als Fracht gesondert aufgeben muss. So kann er nach der Landung und der ordnungsgemäßen Einfuhr alles sofort in Empfang nehmen und an die Bestimmungsorte bringen.

»Als Flugkurier sind wir Dienstleister, das ist ganz wichtig«, beschreibt er seine Aufgabe, »wir sind diejenigen, die Verantwortung für die Ware und ihre einwandfreie Lieferung übernehmen.« Und die einen Ausweg finden, wenn es zu den üblichen Missgeschicken beim Fliegen kommt wie beispielsweise verpassten Anschlussflügen oder Wetterlagen, die den Flugplan durcheinanderbringen. »Dann unterstützt uns selbstverständlich die Zentrale«, erzählt Linnert, »bislang habe ich alles ans Ziel gebracht.«

Neben seiner Reiselust und seinem Organisationstalent ist es auch hilfreich, dass der Vielflieger »innerhalb kürzester Zeit eigentlich in jeder Situation im Flugzeug schlafen kann«, wie er erzählt. Auch Jetlag sei so kein Problem für ihn, zumal es bei den meisten Aufträgen sofort wieder zurückgeht. Denn wenn er an irgendeinem Ziel länger als notwendig bleiben will, muss er die zusätzlichen Übernachtungskosten natürlich selbst zahlen. Der spätere Rückflug ist vorab mit dem Büro abzustimmen. Bonusmeilen dafür erhält Linnert zwar eigentlich immer, er nutzt sie aber meistens lieber für separate Urlaubsreisen mit seiner Frau.

Mit ihr bespricht er auch, wie viel und sogar wohin er fliegt. »Schwierige oder gar gefährliche Destinationen mache ich nicht«, sagt er. China beispielsweise ist für ihn seit der Coronapandemie je nach Situation tabu. Wenn das örtliche Stadtparlament tagt und er Sitzungen hat, kommen auch die Sitzungstage Montag und Dienstag nicht infrage, ebenso wie natürlich die privaten Termine.

Reich werden könne man als Flugkurier nicht, sagt Linnert: »Das ist ganz klar ein Hobby.« Aber eben eines mit interessanten »Benefits«, um im Vielfliegerjargon zu bleiben: Die erflogenen Bonusmeilen kann er privat nutzen, ebenso wie die zwei Upgrade-Voucher per Jahr, die mit dem Senatorstatus einhergehen. Auch bei anderen, vorwiegend US-amerikanischen Fluglinien genießt er ähnliche Vielfliegerprivilegien. Durch den Vielfliegerstatus gelangen er und – wenn sie als seine Begleitung mitreist – seine Frau an jedem Flughafen in komfortable Lounges, oft mit Duschen und anderen Bequemlichkeiten ausgestattet.

Sowohl die Mitarbeitenden am Schalter als auch in der Kabine kennen den Vielflieger schon, zumal Linnert meistens in der immer gleichen »Arbeitskleidung« unterwegs ist – braune Lederschuhe, welche die vielen Kilometer Flughafengänge gut abfedern, eine bequeme schwarze Hose und die schwarze Jacke mit dem Aufdruck seines Arbeitgebers. Vor allem aber mit einem immer freundlichen Lächeln und ausgeruhtem Blick für die Transportaufgaben, die vor ihm liegen.

Auch weil Linnerts Frau erst Ende 50 ist, will er noch einige Jahre als Flugkurier weitermachen. Wichtig sind ihm aber ebenso seine diversen anderen Ehrenämter wie bei der lokalen Tafel und die Arbeit in der Immobilienberatung. All dies zusammen halte jung und »hilft einem auch über den einen oder anderen gesundheitlichen Rückschlag hinweg«, sagt er. Denn es seien »sinnstiftende Aufgaben« und dies sei im Ruhestand extrem wichtig. »Ich sehe das oft bei Altersgenossen, die nach einigen Jahren im Ruhestand nichts mehr mit sich anzufangen wissen«, sagt Linnert.

Flugkuriere hätten keine Altersbeschränkung, berichtet er und erzählt von Martha: Die Kollegin sei sogar noch etwas älter und fliege noch jede Woche.

Logisch ist, dass Flugkuriere nicht weit entfernt von Flughäfen wohnen sollten, die auch Drehkreuzfunktion haben. In Deutschland sind dies vor allem Frankfurt am Main und München. Bei den meisten Unternehmen kann man sich relativ einfach registrieren. Airmates, das Netzwerk der Lufthansa für Onboard-Kuriere, hat beispielsweise Zugriff auf ein »globales Netzwerk aus über 10 000 Flugkurieren auf 6 Kontinenten in über 50 Ländern«, wie es auf der Webseite heißt.

Bewährte Möglichkeiten, im Ruhestand ins Ausland zu gehen, bieten auch der Senior Experten Service sowie Organisationen wie Granny Aupair. Letztere vermitteln Aufenthalte in Familien und inzwischen auch Organisationen weltweit.

Michaela Hansen hat Granny Aupair 2010 in Deutschland gegründet und sagt von sich, sie sei damals die erste derartige Agentur gewesen. Mehrere tausend Frauen im Alter zwischen 45 und 78 hätte sie seitdem in über 50 Länder vermittelt, schreibt Hansen auf ihrer Webseite granny-aupair.com.

Inzwischen können dort auch jüngere Frauen ein Sabbatical als Leihoma machen. Wem die Betreuung von kleinen Kindern nicht so liegt, kann auch als Gesellschafterin für alleinstehende Ältere ins Ausland fahren. »Als Gesellschafterin werden Sie schnell zu einem festen Teil des Alltags von Alleinstehenden oder Gebrechlichen«, heißt es dazu auf der Webseite: »Vor allem für viele hochbetagte Menschen mit deutschen Wurzeln ist es im Alter wichtig, noch einmal die Erinnerung an eine Kindheit und Jugend in Deutschland teilen zu können.«

Überaus vielfältig sind auch die Organisationen, die helfende Hände aus Deutschland suchen: von Kindergärten in Namibia über eine Englischschule für ältere Kinder in Kambodscha, Gesundheitsfürsorge in Ghana oder Sprachunterstützung in einem bolivianischen Kindergarten bis hin zur Hilfe in einem peruanischen Waisenhaus oder Mitarbeit an einem College in Tansania.

Das Grundprinzip bleibt immer gleich: Die Interessentinnen schließen eine meistens zeitlich befristete Mitgliedschaft bei Granny Aupair ab, registrieren sich und teilen ihre Wünsche mit. Mit einem Newsletter, Infoveranstaltungen und vielen Videos auf der Webseite bietet die Agentur konkrete Hilfe und viele Tipps für Einsteigerinnen.

Hansen ist wichtig, dass ihre Agentur keine Jobvermittlung ist. Das französische »Au-pair« bedeute »auf Gegenseitigkeit«, und so leben die Grannies laut Webseite »wie eine Oma auf Zeit in einer Familie und helfen in einem sozialen Projekt und sind in den Alltag einer anderen Kultur integriert«.

Dementsprechend erhalten die Leihomas vor Ort wenn überhaupt auch nur ein Taschengeld, genießen aber natürlich freie Kost und Logis. Wer die Flüge und andere Extrakosten zahlt, verhandeln in aller Regel die beteiligten Parteien miteinander.

Wer Tiere mag und gerne reist, ist möglicherweise bei Organisationen wie Trustedhousesitters.com oder perfektetiersitter.de richtig. Dort suchen Menschen mit Haustieren nach Haussittern, die in ihrer Abwesenheit auf den Hund, die Katze, das Pferd oder andere Lebewesen aufpassen. Wer sich dafür interessiert, muss in der Regel Mitglied der jeweiligen Plattform werden. Im Durchschnitt betragen die vermittelten Aufenthalte zwei Wochen.

Der Klassiker im Bereich unentgeltlicher Arbeit im Ausland ist nach wie vor der »Senior Experten Service« oder kurz SES. 1983 im damaligen Deutschen Industrie- und Handelstag (DIHT) in Bonn gegründet, vermittelte die Organisation seitdem über 60 000 Einsätze in 170 Ländern. Neben den Spitzenverbänden der deutschen Wirtschaft tragen unternehmensnahe Stiftungen und zwei Bundesministerien den SES.

Wer mit dem SES unterwegs ist, wird nicht nur ausgezeichnet vorbereitet und betreut, sondern ist auch Teil eines riesigen weltweiten Netzwerks in der Entwicklungszusammenarbeit. Die Einsätze dauern im Schnitt vier bis sechs Wochen und maximal ein halbes Jahr.

Gesucht werden Experten und Expertinnen aus buchstäblich allen Bereichen zum Einsatz in den jeweiligen Entwicklungsländern. Dort geben sie ihr Wissen in konkreten Projekten für kleine und mittlere Unternehmen, öffentliche Verwaltungen, Kammern und Wirtschaftsverbände, soziale und medizinische Einrichtungen sowie Institutionen der Grund- und Berufsbildung weiter.

Gründen in der Rente

Von der Produktdesignerin zur Unternehmerin

Wie so oft, war der erste Anstoß ein persönlicher. »Ich bin sehr viel und sehr gerne unterwegs«, erzählt die Hamburgerin Elke Jensen, »aber das seitliche Ziehen hat mir immer mal wieder Probleme bereitet.« Als studierte Produktdesignerin und langjährige Dozentin und Professorin an der Akademie Mode und Design Hamburg (AMD) ging sie die Frage professionell an: Gab es schon etwas am Markt, was das Schieben, Ziehen und Stützen erleichtern würde?

Klar, da waren die klassischen Rollatoren. Die aber fand Jensen allesamt nicht ansprechend – und zum Ziehen eigneten sie sich auch nicht. Eine Freundin von ihr hatte sich eine Kinderkarre gekauft, um sie – ohne Kind – als Schiebe- und Stützhilfsmittel zu benutzen. So begann Jensen, Entwürfe zu zeichnen. »Die ersten Entwürfe bewegten sich alle in der Nähe von Rollatoren«, erzählt sie, »das hat mich richtig blockiert.«

Dann sah sie unterwegs einen Kinderwagen, an dem »Caddy« stand. »Das war er, der Heureka-Moment«, sagt Jensen, »über diesen Begriff Caddy bin ich dann sofort auf neue Formen gekommen und konnte richtig loszeichnen.« Sie erzählt diese Geschichte, weil ihr dabei auffiel, »dass wir sehr begriffszentriert sind«. Um anders und neu zu denken, müssen wir uns ihrer Meinung nach auch damit auseinandersetzen, wie wir die Dinge bezeichnen.

Dies ist auch ein wichtiges Thema im demografischen Wandel. Oft hegen wir unbewusste, aber wirkmächtige negative Altersbilder und

Altersstereotypen, die unsere Sicht auf die zweite Lebenshälfte unnötig erschweren.

Jensen ergeht es nicht so, aber sie hat auch viel über Vorbilder nachgedacht. »Meine Großeltern wurden beide über 90 und hatten ein sehr gutes Alter, meine Eltern leider nicht«, erzählt sie. Sie ist überzeugt: »Alter ist keine Krankheit, sondern eine Lebensphase.«

Als Dozentin und Designspezialistin beschäftigte sie sich ihr Leben lang vorwiegend mit Möbeln und Innendesign. Einen formschönen Shopper zu entwerfen, der gleichzeitig Trolley und Gehhilfe ist, war daher etwas Neues für sie, aber auch eine spannende Herausforderung: »Nachdem meine Zeichnungen in die richtige Richtung gingen, habe ich angefangen, mit Kunststoffrohren und Draht einen Prototypen zu bauen.« Ihr Bruder hat eine Metallwerkstatt und half ihr: »Wir haben da erst mal alte Kinderwagenräder rangeschraubt.«

Das war 2015 und Jensen war zu der Zeit mit 66 genau in dem Alter, in dem nach dem Kultsong von Udo Jürgens »das Leben anfängt«. Für Jensen war es in diesem Fall das Dasein als Start-up-Gründerin und Unternehmerin. »Eigentlich dachte ich am Anfang, dass ich schnell jemanden finde, der den Prototypen toll findet und das Ganze dann zu seinem Projekt macht und die Produktion und Vermarktung übernimmt«, erzählt sie.

Doch Pustekuchen: Zwar fanden die meisten ihre Erfindung nicht nur stylish, sondern auch sinnvoll, notwendig und bislang am Markt fehlend. Doch mithelfen, sie zu entwickeln, zu bauen und zu vermarkten – das wollte keiner.

Also musste Jensen selbst ran. Hilfreich war ihr großes Netzwerk an Freunden und Bekannten. »Ich habe alle angequatscht«, sagt sie, »kennst du einen guten Metallbauer, eine PR-Frau, einen Ledertäschner?« So hangelte sie sich von einer Adresse zur nächsten, oft gaben Bekannte von Bekannten den entscheidenden Tipp. So vermittelten Freunde mit einem Fahrradladen sie beispielsweise zu einem Fahrradhersteller, der sich bereit erklärte, beim Bau des Prototypen mitzuhelfen.

Es dauerte sechs Jahre, bis ihr jetzt »CityCaddy« getauftes Produkt so weit entwickelt war, dass sie zufrieden war. »Der Weg war lang und zäh«, sagt sie.

Zum einen habe sie durchaus »eine gewisse Zurückhaltung aufgrund ihres Alters gespürt«. Ihre Bankberaterin beispielsweise sei nicht so sehr an ihrem Produkt und der wirtschaftlichen Machbarkeit interessiert gewesen als an ihrer Nachfolgeregelung. So musste Jensen anfangs viel selbst finanzieren, obwohl sie »nicht gerade zu den wohlhabenden Rentnern gehört«.

2019 gründete sie eine Unternehmensgesellschaft UG, an der sich viele Freunde und Familienangehörige finanziell beteiligten. So benötigte sie keine externen Kredite, ihre privaten Geldgeber sind heute ihre Gesellschafter.

Zum anderen aber war auch die Produktentwicklung viel langwieriger, als Jensen anfangs dachte. Der Fahrradhersteller, der beim Prototyp half, hatte für die eigentliche Fertigung keine Kapazität mehr frei, weil die Radbranche durch die Coronapandemie einen außerordentlichen Boom erlebte. Also musste sie wieder los, eine Metallwerkstatt nach der anderen besuchen. »Viele hatten die Expertise dann doch nicht, auch wenn sie es vorher vollmundig versprochen haben«, sagt Jensen. Inzwischen hat sie einen Betrieb auf der Schwäbischen Alb mit gut 150 Mitarbeitenden gefunden: »Das sind tolle Tüftler, mit denen zusammenzuarbeiten macht viel Spaß.«

Von Anfang an war ihr klar, dass der CityCaddy vollständig in Deutschland produziert werden sollte. Auch die abnehmbare Ledertasche wird von einem kleinen, aber feinen Täschnerbetrieb mit nur 30 Mitarbeitenden in Thüringen handgefertigt.

Wo immer möglich, zapfte Jensen ihr Netzwerk an. Eine Freundin von ihr posierte als Model für die Marketingaufnahmen. Eine ehemalige Studentin setzte die Renderings für den CityCaddy um. Für das Marketing und die PR heuerte Jensen jedoch Profis an. »Wer für mich arbeitet, muss auch ordentlich bezahlt werden«, sagt Jensen.

Im April 2021 war es soweit: Sechs Jahre nach den ersten Zeichnungen konnte sie den CityCaddy der Öffentlichkeit präsentieren. Mit ihren 72 Jahren war Elke Jensen nun eine Seniorentrepreneurin oder, etwas frischer gesagt, eine Start-up-Gründerin. »Ich habe ein sonniges Gemüt, das hat mir sicher durch all die Hindernisse auf dem Weg geholfen«, sagt Jensen. Hilfreich sei auch gewesen, im Alter gelassener als früher zu sein. »Ohne einen starken Umsetzungswillen und Durchhaltevermögen geht es jedoch nicht«, gibt sie zu bedenken, »und absolut notwendig ist ein gutes Netzwerk mit ehrlichen Sparringspartnern, die sowohl fachliche als auch emotionale Unterstützung bieten.«

Über 200 CityCaddies haben Jensen und ihr Marketingteam inzwischen verkauft, fast nur an weibliche Kundinnen und fast ausschließlich über die eigene Webseite. »Wir schicken auf Rechnung und ohne Vorabkasse, damit unsere Käuferinnen den CityCaddy auch ausprobieren können«, erzählt sie. Noch nie habe es Ausfälle gegeben, »die Damen sind sehr korrekt und haben alle gezahlt«.

Auch ihre Nachfolge hat Jensen bereits im Blick und für sich geregelt: »Klar ist mir meine Endlichkeit mit über 70 bewusst.« Die nächste Zeit macht sie aber auf jeden Fall weiter: »Ich bin stolz wie Bolle auf das, was wir gemeinsam geschafft haben.« So viele Kundinnen schreiben ihr Briefe, wie sehr ihnen der CityCaddy im Alltag hilft und welche Freude sie daran haben. »Diese positive Resonanz stärkt mich und auch mein Team«, sagt sie.

Eine wunderbare Reise voller Höhen und Tiefen, Überraschungen und vor allem aber immer neuen Höhepunkten sei die Produktentwicklung sowie die Firmengründung gewesen. Nun, wo der CityCaddy auf dem Markt ist, sei wahrscheinlich dies die tollste Erfahrung – ein Produkt geschaffen zu haben, das anderen das Leben erleichtert.

Elke Jensens Gründungsgeschichte zieht sich auch deshalb über etliche Jahre, weil sie auf die Zusammenarbeit mit vielen Menschen angewiesen war. Zudem musste sie Produktionsbetriebe für ihren

Caddy und auch die Ledertaschen finden, was gar nicht so einfach war. Leichter ist der Schritt in die Selbstständigkeit als Rentner für all jene, die soloselbstständig sein wollen. So wie Anne Böhm.

Von der Kriminalistin zur Waldbaderin

Eigentlich wollte Anne Böhm in der Pension ihr Berufswissen als freiberufliche Sicherheitsberaterin anwenden. »Kleine Workshops mit maximal fünf Teilnehmern, das war meine Grundidee«, erzählt sie.

Gut 40 Jahre arbeitete die gelernte Einzelhandelskauffrau als Kriminalbeamtin. »Angefangen habe ich als kriminaltechnische Sachverständige für Präge- und Reifenspuren, das war damals eher so ein Eine-Frau-Ding«, sagt die heute 67-Jährige. Dann wechselte sie nach Düsseldorf ins Landeskriminalamt und begann dort mit Seminaren, Kursen und Unterricht zum Thema »Wie schütze ich mich vor Einbruch«. Später kam die Prävention von Computerkriminalität hinzu.

Relativ spät in ihrer Karriere entschloss Böhm sich, nebenbei an der Universität Saarbrücken Evaluation zu studieren. Als sie mit ihrer Abschlussarbeit nicht so recht vorwärtskam, bot ihr ein Kommilitone an, sie könne in Wien einen leerstehenden Büroraum von ihm nutzen.

Böhm war begeistert, denn Wien war schon seit ihrer Abifahrt eine ihrer Lieblingsstädte. Dort angekommen, entdeckte sie die Organisation »Itraumi«, österreichisch für »Ich traue mich«. Dies war eine Gruppe von Menschen, die in der zweiten Lebenshälfte noch mal etwas Neues anfangen wollten. Böhm fühlte sich dort sofort wohl: »Das war eine wunderbare Gemeinschaft.«

Alle in der Gruppe helfen sich gegenseitig, auch bei der Arbeit an ihren Geschäftsideen für die Zeit nach der Rente oder Pensionierung. »Diese Unterstützung ist so wichtig«, sagt Böhm, »ältere Menschen haben keine Lobby, und es gibt wenig Hilfe bei Gründungen.« In ihrem Freundeskreis sieht sie viele, die deshalb mit ihren Ideen nicht weiterkommen und feststecken.

Die Bonnerin hatte so viel Freude an Wien und ihren neuen Bekannten, dass sie beschließt, nach ihrer Pensionierung dorthin überzusiedeln. Passenderweise wird auch das Büro in Wien frei, sodass sie es für sich anmieten kann.

Dann kommt die Coronazeit, und die Macher und Macherinnen von »Itraumi« müssen aufgeben. Böhm gefällt die Gruppe und ihre gemeinsame Arbeit inzwischen allerdings so gut, dass sie mit drei Mitstreitenden »wir-bestager.jetzt« aufmacht. Dies ist laut Webseite eine »Plattform für Menschen 50 Plus, die einen neuen, selbstbestimmten Weg gehen möchten«.

»Wir wollen Best Ager und ihre Unternehmen und Unternehmungen vorstellen und vernetzen, suchen nach Gleichgesinnten und ähnlichen Initiativen und wollen alle ermutigen, die sich in diesem Alter noch mal auf einen ganz neuen Weg machen«, sagt Böhm.

Dies gilt insbesondere auch für sie selbst. Nach vielen Gesprächen und Diskussionen ist sie davon abgekommen, Sicherheitstrainings anzubieten. »Mein Wissen wäre zu schnell veraltet«, sagt sie. Vielleicht noch entscheidender war aber, dass sie sich anderen Lieblingsbeschäftigungen zuwandte und daraus eine neue Geschäftsidee entwickelte.

»Wir hatten in Bonn ein Haus am Waldrand«, erzählt die Mutter von vier erwachsenen Kindern, »und ich liebte es, draußen zu sein.« Noch heute, so sagt sie, »muss ich mir nur vorstellen, wie ich da rausgehe in den Wald, und aller Stress und alle negativen Gefühle fallen sofort von mir ab, und ich werde ganz ruhig.«

In Österreich erfährt sie, dass es dort eine zertifizierte Ausbildung als Waldpädagogin gibt. Das Land und seine Bürger sind stolz auf ihren Wald, der rund 48 Prozent der Staatsfläche bedeckt. »Das Bildungsministerium hier strebt an, dass jedes Kind mindestens einmal bis zum Alter von zehn Jahren in den Wald geht und das Leben dort entdeckt«, erzählt sie.

Während eines Besuchs bei ihrer Tochter in Passau nimmt sie im nicht weit entfernten österreichischen Gmund an einem ersten Lehrgang in Waldpädagogik teil. »Es hat mir vom ersten Tag an prima gefallen«, erzählt sie, »ich habe alles aufgesogen wie ein Schwamm.«

Dort lernt sie alles über den Lebensraum Wald, am Schluss erfolgt eine praktische und theoretische Prüfung. Böhm ist angefixt: Zusätzlich absolviert sie die Jagdprüfung und einen weiteren Zertifikatslehrgang »Waldbaden«. Da sei es vor allem um die gesundheitliche Wirkung des Waldes auf den Mensch und seine Psyche gegangen, erzählt sie. Keineswegs esoterisch sei das gewesen, sondern »solide wissenschaftlich fundiert«.

So bietet Böhm nun zwei- bis dreistündige Kurse für Kinder und Erwachsene an, um den Wald kennenzulernen, aber auch Familienbesuche und Waldbaden mit Betonung auf der gesundheitlichen Wirkung. Aus ihrem alten Wirkungsbereich heraus schuf sie zudem ein Angebot, das sich »Der Wald als Angstraum« nennt: In zwei Stunden bespricht sie mit ihren Klienten, wo, wie und ob überhaupt im Wald etwas passieren kann und wie sich jeder angstfrei durch den Wald bewegt.

Seit sechs Jahren lebt Böhm nun in Österreich, sie hat den Umzug nie bereut. »Das, was ich jetzt mache, kann ich den Rest meines Lebens machen, es ist wunderbar erfüllend und sinnstiftend«, sagt sie. Zudem liege noch eine Menge Aufbauarbeit vor ihr und ihren Mitstreitenden bei wir-bestager.jetzt. »Wir sind allenfalls am Anfang unserer Arbeit«, freut sie sich, »da ist noch viel zu tun.«

Die wir-bestager.jetzt entwickeln derzeit ein Netzwerk für Soloselbstständige in der zweiten Lebenshälfte in Österreich. In Deutschland machen dies die hier bereits vorgestellten SilverPreneure von Gründer Günter Röll. Zudem gibt es eine Reihe von lokalen Initiativen, in denen sich Gleichgesinnte treffen und vor allem austauschen können.

Sich so zu engagieren, ist immer sinnvoll: Der Rat und die Erfahrung anderer älterer Gründender hilft bei vielem, von der Erstellung der Webseite über die besten Social-Media-Kanäle bis hin zur Hilfe beim so wichtigen Marketing.

Es ist zu erwarten, dass sich in den nächsten Jahren noch viel mehr solcher Netzwerke bilden werden. Jedes Jahr bis 2030 starten rund eine Million Männer und Frauen in die Rente. Sicherlich werden sie alle zunächst die freie Zeit und vor allem ihre Autonomie genießen.

Doch viele Studien zeigen, dass nach der »Honeymoon-Phase« von bis zu einem Jahr bei etlichen der Wunsch aufkommt, etwas Sinnvolles zu unternehmen und zur Gesellschaft beizutragen. Für viele ist dies ein Ehrenamt, für manche aber auch die Soloselbstständigkeit.

Und dann gibt es noch Erfahrene, die so viel Energie mitbringen, dass sie all dies und noch viel mehr machen. So wie Christl Weins.

Von der Biochemikerin zur Logotherapeutin

Christel Weins könnte sich auch Fachfrau für Berufswechsel nennen: Biochemikerin, Familienmanagerin mit drei Söhnen, nachgeholte Promotion mit 55, selbstständige Gutachterin ein Jahr später und dann, während andere mit 66 in Rente gehen, eine logotherapeutische Ausbildung.

»Das Leben stellt einem Aufgaben, und darauf antwortet man«, zitiert sie den österreichischen Philosophen und Gründer der Logotherapie, Viktor Frankl. In einem Film über Frankl hörte sie diesen Satz – es war quasi ihr Lebensmotto. Er motivierte sie zu ihrem (vorläufig) letzten Berufswechsel zur Logotherapie und Existenzanalyse (L-EA), für das sie eine fast dreijährige Ausbildung bei der Deutschen Gesellschaft für Logotherapie und Existenzanalyse e. V. (DGLE) in Tübingen aufnahm.

Logotherapie ist eine »Interventionsform an der Schnittstelle zwischen Psychologie, Philosophie und Medizin, die sowohl im therapeutischen, beraterischen wie präventiven Kontext ihren Einsatz findet«, wie es auf der DGLE-Webseite heißt.

Einer der Kerninhalte ist die Überzeugung Frankls, dass Menschen grundsätzlich frei zur Entscheidung sind, gleichzeitig aber vieles auch nicht geändert werden könne. Das therapeutische Gespräch zielt deshalb darauf ab, »neu zu denken, um frei zu beginnen, uns zu lösen vom Verharren in der Betrachtung des Problems, von dem, was begrenzt«. Gemeinsam sollen so neue Perspektiven gewonnen werden: »Wo soll es noch hingehen? Was kann, was darf noch kommen?«

Überlegungen, die perfekt zu einem gelingenden langen Leben passen – zumal es auch um die »Lust am Erdenken neuer Möglichkeiten« und die »Neugier auf andere Persönlichkeitsfacetten und alternative Handlungsstrategien« geht.

Mit Jahrgang 1951 ist Weins eine der Frauen, die ihre Karriere zugunsten von Mann und Kindern deutlich zurückgestellt haben. Zwar beendete sie ihr Studium der Biochemie. Doch während ihr Mann seinen Berufsweg ging, »habe ich in der chemischen Forschung im Keller in den Labors gearbeitet«, erzählt sie. Nach mehreren Umzügen kam die Familie in Saarbrücken an, ab 1989 arbeitete Weins wieder halbtags. »Immer in befristeten Verträgen allerdings, was anderes war nicht möglich.«

Mit 55 Jahren promovierte sie in chemischer Analytik. Weil es keine Stelle in ihrem Feld gab, ging sie ins Qualitätsmanagement und wurde mit 60 für diese Aufgabe in einem Pharmaunternehmen angestellt. Mit 62 machte sie sich als Gutachterin für Gewässergüte selbstständig, damals in Zusammenarbeit mit der Uni Stuttgart.

Dann sah sie den Film über Viktor Frankl. »Es geht um den Sinn dessen, was wir tun, das ist sein Thema«, sagt sie. Schon immer war Weins in verschiedensten Ehrenämtern aktiv, unter anderem als Stadträtin in Saarbrücken und in Nachbarschaftsnetzwerken. »Ich bin eigentlich jeden Tag unterwegs, irgendwas ist immer«, sagt sie.

Vielleicht auch deshalb war es für Weins kein so ungewöhnlicher Gedanke, mit 63 nochmals eine mehrjährige Ausbildung anzufangen, die sie auch selbst bezahlen musste.

Als Logotherapeutin arbeitet sie heute oft mit Kindern und mit Älteren. »Wenn jemand keine Aufgabe mehr hat, kommt der Absturz recht schnell«, hat sie beobachtet. Wenn die »Leitplanke der Arbeit« aus dem Leben verschwindet, fiele es vielen Menschen äußerst schwer, ihren Ruhestand mit Inhalt zu füllen.

Für Weins ist es deshalb entscheidend im Leben, eine Aufgabe zu haben. Dies gelte selbst für einen Pflegebedürftigen im Altersheim: »Selbst im Rollstuhl braucht man eine Aufgabe«, sagt sie.

Weins ist deshalb nicht nur bei den Üs, sondern auch im Silverpreneurnetzwerk von Günter Röll aktiv. Sie hat für sich den derzeit richtigen Mix aus Arbeit, Ehrenamt und Ruhestand gefunden: »Logotherapie mache ich, bis ich 100 bin.«

Gerade in den freien Berufen und unter den Selbstständigen arbeiten viele Menschen bis ins hohe Alter. Sie nennen eigentlich immer den gleichen Grund dafür – es bereitet ihnen Freude, und sie können so weiter zur Gesellschaft beitragen, nützlich sein und ihr Wissen und ihre Erfahrung weitergeben.

So vermeiden sie die Frage aller Fragen in der zweiten Lebenshälfte: Ab wann bin ich alt? Auch die Wissenschaft kann diese Frage nicht beantworten, sie ist für pauschale Antworten viel zu individuell. Einzig für die Hochaltrigkeit heißt es ab und zu, sie begänne in etwa ab dem 85., manche sagen, ab dem 90. Geburtstag.

Die für mich beste Antwort auf die Frage »Wann bin ich alt?« stammt von dem ausgesprochen klugen und kenntnisreichen Altersforscher Andreas Kruse. Er leitete bis Sommer 2021 das Institut für Gerontologie an der Universität Heidelberg und war viele Jahre Vorsitzender der Kommission, die für die Bundesregierung die zweijährlich erscheinenden Altenberichte erstellt.

Kruse hält das Eingebundensein in die Gesellschaft für die entscheidende Variable. »Nur wenige gesunde 63-Jährige sagen heute, dass sie sich alt fühlen. Aber viele haben den Eindruck, aufgrund ihres Alters nicht mehr gebraucht zu werden. Das hat desaströse Auswirkungen auf Psyche und Geist«, sagte er im Frühjahr 2023 in einem Interview[43] der *Zeit*. Er habe nach dem Mauerfall eine Studie in den neuen Bundesländern durchgeführt, nachdem viele volkseigene Betriebe geschlossen werden mussten und Menschen schon mit Anfang 50 in die Frührente abgeschoben wurden. »Die sagten uns damals: Wir fühlen uns zutiefst alt«, erzählt Kruse.

Wer sich nicht mehr gebraucht fühle, verliere die Lebensbindung, so Kruse: »Das ist Psychosomatik pur und beeinträchtigt mit der Zeit auch die körperlichen Funktionen.« Er verweist auf die US-Psychologin Becca Levy und ihre Studien, wie entscheidend die eigene Einstellung zum Alter für das Wohlbefinden in dieser Lebensphase ist: »Wenn du von dir glaubst, nichts Positives mehr bewirken zu können, geht es körperlich bergab.«

Das Ganze kann man auch umdrehen: Wer dem Alter gegenüber positiv eingestellt ist, lebt länger. Um bis zu siebeneinhalb Jahre kann man seine Lebenserwartung so verlängern, argumentiert die Yale-Professorin Levy in ihrem Buch *Du bist so alt, wie du dich denkst*.

Die zugrunde liegende Studie basiert auf einer Reise nach Japan, die Levy als junge Doktorandin in den 1990er-Jahren unternahm. Damals erforschte sie, warum die Menschen in Japan mit am längsten weltweit leben. Eine ihrer Hypothesen war, dass es auf die Altersbilder in der Gesellschaft ankomme. »In Japan werden ältere Menschen sehr wertgeschätzt und mehr in die Gesellschaft integriert als an vielen Orten auf der Welt«, sagte sie im Herbst 2023 der *Zeit*[44].

Levy entwickelte einen Test, um Altersbilder zu messen. Darin fragte sie beispielsweise, welche fünf Wörter einem spontan einfallen, wenn man an alte Menschen denke. »Waren Wörter wie Weisheit oder Kreativität darunter, hatte die Person einen positiveren Altersglauben als eine, der vor allem Wörter wie Krankheit oder Schwäche einfielen«, sagt sie in dem Interview.

Die Psychologin stellt klar, dass es nur zu 25 Prozent von genetischen Faktoren abhänge, wie lange wir leben: »Die restlichen 75 Prozent gehen auf andere Dinge zurück, zum Beispiel auf Krankheiten, Verletzungen und psychosoziale Faktoren.«

Leider gäbe es in vielen Gesellschaften sogar eine regelrechte Altersdiskriminierung, argumentiert Levy. Diese sei umso schädlicher, je unbewusster sie ablaufe. Die Weltgesundheitsorganisation WHO habe sie deshalb als die »am weitesten verbreitete und heimtückischste, aber auch unbekannteste Diskriminierung anerkannt«.

Levy entwickelte die ABC-Methode, um negative Altersbilder in positive umzuwandeln. Das A stünde dabei für Achtsamkeit, »ein Bewusstsein für Altersüberzeugungen im Alltag«. Jeder könne seine eigenen Altersbilder überprüfen, indem er oder sie eine Woche lang aufschreibe, wie einem das Alter begegne. So lasse sich schwarz auf weiß nachvollziehen, wie es um das eigene Altersbild bestellt sei.

Mit dem B folge dann das »Benennen der Ursachen«. Und C sei schließlich die Courage, die negativen Altersbilder »erst infrage zu stellen und dann gegen sie vorzugehen«. Dies könne sowohl auf individueller Ebene als auch gemeinsam in Form einer sozialen Bewegung passieren.

Gute Beispiele finden sich in Japan: Dort würden alte Menschen gefeiert, sagt die Psychologin. Das japanische Fernsehen sende eine Realityshow, in der Hundertjährige auftreten: »Ältere sind dort im Alltag viel sichtbarer, und davon profitieren am Ende alle.«

Ein weiteres ausgezeichnetes Beispiel für erfolgreiche Gründer in der Rente ist Gerhard Wissel, der mit 91 noch mal eine Firma gründete.

Vom Rentner zum Start-up-Gründer

Über 20 Jahre ist Gerhard Wissel bereits in Rente, als er 2023 mit Freunden die Wissel Alpin GmbH gründet. Sie soll den von ihm entwickelten »Wissel Alpin E-Hiker« vertreiben, einen elektrischen und geländegängigen Rollator für alle Arten von Touren durch Feld, Wald, Flur und mit Schneeketten sogar durch Winterwege und -pisten.

Wissel ist sicherlich einer der ungewöhnlichsten Gründer Deutschlands – und mit 91 Jahren möglicherweise auch einer der ältesten. Ein Tüftler war der Maschinenbauingenieur und Betriebswirt sein Leben lang. Vor 65 Jahren erfand er einen Schaufellader, der in Grundzügen immer noch so bei dem Baumaschinenhersteller Kramer Werke Pfullendorf am Bodensee gebaut wird. Viele Jahre lang war Wissel dort Geschäftsführer von zuletzt über 1000 Mitarbeitenden.

Als er mit 70 in Rente ging, war er viel draußen in der Natur – beim Wandern, auf der Jagd, mit seinem Mountainbike in den Bergen oder im Winter dort beim Skifahren. Bis zu diesem verflixten Unfall mit dem Mountainbike mit 86 Jahren: »Danach war ich deutlich weniger mobil«, erzählt er, »und so habe ich nach einem Rollator gesucht, mit dem ich weiter in meine geliebte Natur gehen konnte.«

Weil er auf dem Markt nichts entdeckte, entschloss er sich, selbst einen geländegängigen Rollator zu entwickeln. »Ich habe viel mit Teilen gearbeitet, die auch im Mountainbike verbaut sind, deshalb können Fahrradwerkstätten meinen Wissel-Alpin E-Hiker auch gut warten«, erzählt er.

Mit Papier, Geodreieck und technischem Lineal zeichnete er zu Hause die ersten Entwürfe. In Wolfram Mattheyssen fand er einen ebenbürtigen Tüftler, der diese Skizzen in seiner Fahrradschmiede im Deggenhausertal nach und nach zu dem umsetzte, was jetzt als »Wandergerät mit E-Antrieb« (Wissel-Alpin Webseite) angeboten wird.

Rund 400 Stunden habe er den E-Hiker erprobt, schätzt Wissel. Über drei, vier Jahre tüftelten, bauten und testeten er und Mattheyssen immer neue Prototypen. Die Lenksperre beispielsweise, mit der er jetzt auch Treppenstufen und andere hohe Hindernisse überwindet. Oder die schwenkbaren Handgriffe, um die Unterarme zu entlasten. Drei Geschwindigkeiten schafft der eingebaute Elektroantrieb und ist so stark, dass er Wissel richtiggehend den Berg hochziehen kann, wenn der sich einen Gurt um die Hüfte legt.

Bis zu 30 Kilogramm Gepäck lassen sich per E-Hiker regensicher transportieren – und auch gerne mal ein Enkelkind, das sich bequem auf die breite Ablage des Gefährts setzen kann. Ebenso wie Wissel selbst, wenn er mal Pause machen will oder einen schönen Aussichtsort erreicht hat.

All die durchdachten Details des Alpin-Hikers entstammen der Nutzung des Gefährts durch Erfinder Wissel. »Skifahren kann ich seit dem Unfall leider nicht mehr«, sagt er, »aber wenn ich Schneeketten an den E-Hiker mache, komme ich im Winter jeden Berg hoch und treffe meine Ski- und Wanderfreunde.« Und das Bier auf der Hüttenterrasse schmecke »dann genauso gut wie früher«.

Superpraktisch ist beispielsweise auch das Licht, mit dem sich der Alpin-Hiker auch nachts nutzen lässt. Man kann es einfach abnehmen, und es beleuchtet dann auch das Haustürschloss. »Dann muss ich nicht so viel mit dem Schlüssel herumfummeln,« sagt Wissel.

Was ihn seine Erfindung in puncto Investition gekostet hat, will er nicht verraten. Nur so viel: »Natürlich hätte ich mir dafür auch ein schönes Auto kaufen können.« Doch sein Ziel sei es dezidiert gewesen, selbst wieder mobil zu werden. »Das ist ein Rezept fürs Alter, dass man sich nicht zurückzieht und resigniert, sondern mit neuen, vielleicht auch geringeren Mitteln jetzt trotzdem noch das zu machen, was mir früher auch immer Spaß gemacht hat«, sagt der Erfinder.

Klugerweise setzt Wissel bei seinen Aktivitäten auch immer auf sein Netzwerk: Eine ehemalige langjährige Sekretärin hilft ihm als Schreibkraft, ein am Bodensee supervernetzter früherer Immobilienmakler kümmert sich um Marketing und Vertrieb.

Zehn E-Hiker ließ Wissel zum Start des neuen Unternehmens in eigener Finanzierung bauen. Der geländegängige Rollator kostet mit knapp 5000 Euro so viel wie ein gutes Mountainbike. Nachdem mehrere Medien über den 92-jährigen Erfinder und Unternehmensgründer berichteten, zog die Nachfrage richtig an.

Gerhard Wissel freut sich über den Erfolg: »In meinem Alter braucht es keine Arbeit, wohl aber eine Aufgabe.« Die hat er nun – und auch das passende Gefährt, um bei jedem Wetter zu seiner roten Lieblingsbank mit Ausblick weit über den Bodensee zu gelangen.

Was zu tun ist

Empfehlungen für Politik, Wirtschaft und Gesellschaft

...um mehr Menschen den Berufswechsel in der zweiten Lebenshälfte zu erleichtern

Noch sind die Männer und Frauen, die dieses Buch vorstellt, echte Pioniere. Nur wenige Menschen trauen sich, in der zweiten Lebenshälfte beruflich noch mal etwas Neues anzufangen.

Dies ist äußerst schade. Denn Freude an der Arbeit, gutes Feedback von den Kollegen und Wertschätzung am Arbeitsplatz sind essenzielle positive Einflussfaktoren für Selbstwirksamkeit. Dabei geht es um unser Bild von uns selbst und das, was wir beitragen können – für unsere unmittelbare Umgebung, unsere Freunde, unsere Familie, aber natürlich auch für unser persönliches Wachstum.

Mit Freude etwas Neues zu starten, vielleicht sogar zu reüssieren, kann Flügel verleihen. Wir sehen, was wir alles erreichen, wenn wir uns nur trauen. Wir loten ständig unsere Komfortzone aus und verschieben so kontinuierlich die Grenzen dessen, was wir alles schaffen.

Manchen Menschen sind diese Wesenszüge gegeben, andere müssen dafür hart an sich arbeiten. Deshalb soll sich dieses Kapitel zum Schluss darum drehen, wie Politik, Wirtschaft und Gesellschaft uns allen eine gelingende zweite Lebenshälfte erleichtern können.

Zentral sind dabei unsere Altersbilder. Dies habe ich häufig in diesem Buch erwähnt. Aber diese Vorstellungen sind einfach so wichtig, dass es notwendig ist, immer wieder darauf hinzuweisen.

Deshalb zitiere ich an dieser Stelle noch zwei Altersforscherinnen zu diesem Thema. »Vielfältige Altersbilder sind eine echte Win-win-Situation für alle«, sagt beispielsweise Verena Klusmann auf der Webseite 7jahrelaenger.de. Die Gesundheitspsychologin ist Professorin für Gesundheitsförderung und Prävention an der Hochschule Furtwangen im Schwarzwald. Sie definiert Altersbilder als »all das, was unsere Vorstellung vom Älterwerden ausmacht« und sagt deutlich, dass diese Altersbilder massiv beeinflussen, wie jeder und jede von uns altert.

Positive Altersbilder können das Leben zwischen sieben und 13 Jahren verlängern, negative hingegen verkürzen es: »Wenn man jedoch denkt, das Leben wäre im Alter sowieso vorbei, entwickeln sich die negativen Erwartungen mit hoher Wahrscheinlichkeit zu einer sich selbst erfüllenden Prophezeiung.«

Susanne Wurm, Psychologin und Leiterin der Abteilung für Präventionsforschung und Sozialmedizin an der Universität Greifswald, weist darauf hin, dass negative Altersbilder bereits im Kleinkindalter vermittelt werden. »Wir kommen auf die Welt und werden schon – unter anderem durch Kinderbücher – mit negativen Altersstereotypen konfrontiert«, sagt sie auf der Webseite 7jahrelaenger.de.

Ein Stück weit sei dies normal, argumentiert die Forscherin. Jüngere würden sich so aufwerten, nach dem Motto »Wir sind die Tollen und Produktiven, wohingegen die Alten langweilig und nicht mehr leistungsfähig sind«. Später sei diese Denkweise dann so normal geworden, dass Ältere dem nicht widersprechen, sich dem Altersbild ergeben würden und sich damit abwerten.

Diese Altersbilder hat die Forschung jedoch inzwischen eindeutig widerlegt. Wir können bis ins hohe Alter Neues lernen – selbstverständlich auch einen neuen Beruf, ein Musikinstrument oder eine Sportart.

Für Wurm ist die »wohl spannendste Erkenntnis« aus verschiedensten Studien zum Zusammenhang von Altersbild und Langlebigkeit die folgende: »Im Alter vorrangig Gewinne zu sehen, kann das Leben verlängern. Das heißt, dass man das Alter mit Plänen und Zielen assoziiert, mit persönlicher Weiterentwicklung, mit Zeit für Interessen und soziale Kontakte und dem Wunsch, neue Dinge zu lernen.«

Selbstverständlich kann jeder und jede dies im Ruhestand tun – aber eben auch in der Arbeit. Und zwar dann, wenn es zum einen die richtige ist und zum anderen das Arbeitsumfeld stimmt.

Vor allem Letzteres ist ein gewaltiges Problem, wie eine Umfrage nach der nächsten leider immer wieder zeigt. So ließ das Demografie- Netzwerk ddn im Herbst 2023 Erwerbstätige repräsentativ befragen[45], wann sie in Rente gehen wollen und was sie dazu bewegen könnte, länger zu arbeiten.

63,4 Prozent und damit die überwiegende Mehrheit will sich spätestens mit 63 pensionieren lassen, mehr als ein Drittel sogar schon mit 61. Dies ist derzeit nicht möglich, der früheste Zeitpunkt ist die Rente mit 63 mit oder ohne Abschläge.

Für Niels Reith vom ddn-Vorstand ist dies eine bittere Bilanz: »Grundsätzlich müssen wir feststellen, dass es bei der Mehrheit der Erwerbstätigen nach wie vor keine Bereitschaft gibt, auch nur bis zum derzeit gültigen Renteneintrittsalter zu arbeiten.« Für Unternehmen sei dies »keine gute Nachricht«, da sich der Fachkräftemangel dadurch weiter verschärfen werde.

Die ddn-Umfrage erkundigte sich deshalb danach, was die Arbeitsnachfrage der Älteren erhöhen könnte. Und auch hier lagen die Ergebnisse im Rahmen dessen, was aus früheren Befragungen bekannt ist: Jeweils 40 Prozent gaben zu Protokoll, dass »die freie Wahl der Arbeitszeit, mehr Gehalt und weniger körperliche Belastung oder Stress« sie dazu bewegen könnte, länger zu arbeiten. Ein Drittel nannte die »freie Wahl des Arbeitspensums«, ein knappes Drittel die »Wertschätzung durch Vorgesetzte«.

Die wohl umfassendste Befragung von Älteren zu der Frage, wann und warum sie in Rente gehen wollen, findet sich im Rahmen der lidA-Kohortenstudie (kurz für »leben in der Arbeit«) von Professor Hans Martin Hasselhorn von der Bergischen Universität Wuppertal und seinem Team.

Das zentrale Thema ist der Übergang von der Arbeit in den Ruhestand. Dazu werden seit 2009 im Abstand von drei bis vier Jahren verschiedene Alterskohorten befragt. Wichtige Fragen sind beispielsweise: »Was bedeutet es für Gesundheit und Wohlbefinden, wenn Sie immer länger arbeiten müssen? Welche Arbeitsbelastungen sind besonders kritisch? Wie kann man Arbeit verändern, damit die letzten Arbeitsjahre gute Lebensjahre sind?«

Kohortenstudien zeichnen sich dadurch aus, dass verschiedene Jahrgänge über einen längeren Zeitverlauf immer wieder die gleichen Fragen beantworten. Dadurch können die Forschenden zum einen ermitteln, ob sich bestimmte Haltungen im Zeitverlauf bei den gleichen Personen ändern. Zum anderen können sie so auch Unterschiede zwischen den einzelnen Geburtsjahrgängen untersuchen. Bei der lidA-Studie betrifft dies Menschen der Jahrgänge 1959, 1965 und 1971. Sie beantworten zu Hause in jeder Befragungswelle über 100 Fragen in 60- bis 75-minütigen Interviews.

Inzwischen sind Professor Hasselhorn und sein Team bei der vierten Welle[46] angelangt. Nach wie vor konstatieren sie eine umfassende »Kultur des Frühausstiegs« – nicht nur bei den Befragten, sondern auch in der Gesellschaft. So stimmen 73 Prozent der Teilnehmenden zu, dass es diese Kultur des Frühausstiegs in ihrem persönlichen Umfeld gebe. Und sogar 87 Prozent sagen, in der Öffentlichkeit herrsche die Meinung »je früher in den Ruhestand, desto besser«.

Zwölf Gründe nennen die Studienautoren für diesen Wunsch nach dem frühestmöglichen Ausstieg. Mit 83 Prozent Zustimmung am wichtigsten ist »mehr freie Zeit zu haben«, gefolgt von der Aussage »Irgendwann muss Schluss sein« (64 Prozent). 50 Prozent geben an, eine »ausreichende finanzielle Absicherung erreicht zu haben«

und deshalb in Rente zu gehen. Dass die »Arbeit zu anstrengend« ist, steht erst auf dem vierten Platz mit 45 Prozent Zustimmung, gefolgt von gesundheitlichen Problemen, die 41 Prozent nennen.

Deutlich über ein Drittel (38 Prozent) stimmen ihren Pensionseintritt mit dem des Partners ab. Erst dann kommt mit 36 Prozent – und damit erst an siebter Stelle – das Argument, »zu diesem Zeitpunkt ohne Abschläge in die Altersrente« gehen zu können. Danach folgen in dieser Reihenfolge: die Betreuung von Enkelkind/Kindern (31 Prozent), Zeit für freiwillige oder ehrenamtliche Tätigkeiten (21 Prozent), Betreuung kranker oder pflegebedürftiger Personen (17 Prozent), dass die »Arbeitskraft nicht mehr gefragt« sei (8 Prozent) und ein auslaufender Arbeitsvertrag (4 Prozent).

Außerordentlich interessant ist allerdings, dass sich der Wunsch nach frühem Ausstieg ändert, je näher die Betreffenden der Rente kommen. Dies zeigt sich an den Antworten des Jahrgangs 1959 im Zeitverlauf. Sie wurden im Alter von 55, 58/59 und 63 befragt. »Wenn wir immer dieselben Personen befragen, zeigt sich: Je älter sie werden und je mehr sie sich dem gesetzlichen Rentenalter nähern, desto mehr von ihnen würden gern später in Ruhestand gehen«, schreiben die Studienautoren.

So steige der Anteil »derer, die erst nach einem Alter von 67 aussteigen möchten« über die acht Befragungsjahre nur gering von 6 Prozent auf 9 Prozent. Mehr als verdoppelt habe sich allerdings die Zahl derer, die im »Zeitfenster von 65 bis 67 Jahren aussteigen wollen« – und zwar von 11 auf 27 Prozent.

Wenig überraschend finden sich bei dieser Entwicklung große Unterschiede je nach Berufsgruppen, körperlicher Belastung, Einkommen, Arbeitszeiten und privater Lebenssituation. Viele spannende Details dazu lassen sich in den vielfältigen Publikationen zur lidA-Studie nachlesen.

Eindeutig – und weitgehend analog zur oben geschilderten aktuellsten ddn-Befragung – sind allerdings wieder die Bedingungen, welche die Teilnehmenden für eine mögliche Weiterarbeit nennen.

Ganz oben steht mit 66 Prozent Zustimmung »Wenn ich frei bestimmen könnte, wie viel ich arbeite«, gefolgt von »Wenn ich frei bestimmen könnte, wann ich arbeite« (56 Prozent). Danach kommen gute Bezahlung (52 Prozent), nicht zu anstrengende Arbeit (51 Prozent), auf nette Menschen treffen (48 Prozent), interessante Arbeit (47 Prozent) und bei der Arbeit gebraucht zu werden (45 Prozent).

Für Hans Martin Hasselhorn und seine Kollegin Melanie Ebener zeigen diese Ergebnisse, »dass bei vielen älteren Beschäftigten eine erklärte Bereitschaft besteht, doch länger als zunächst gewünscht erwerbstätig zu bleiben, und zwar dann, wenn die Arbeitsbedingungen verbessert würden, insbesondere durch einen höheren Entscheidungsspielraum«[47].

Die beiden Experten empfehlen deshalb, der »Motivation der Beschäftigten, erwerbstätig zu sein« mehr Aufmerksamkeit zu widmen: »Wenn Politik und Wirtschaft in Deutschland also das Ziel verfolgen, dass ältere Beschäftigte länger im Erwerbsleben bleiben, dann muss es ihnen gelingen, sie dazu zu bringen, länger arbeiten zu wollen. Dies kann nicht ohne grundlegende Betrachtung der Arbeitsbedingungen geschehen.«

Um die Arbeitsbedingungen für Ältere ist es leider noch immer schlecht bestellt – trotz ständig steigendem Fachkräftemangel. »Viel Verbesserungspotenzial« konstatiert beispielsweise Iwona Janas, Country Manager Deutschland beim Zeitarbeitsgiganten Manpower-Group im Vorwort der von ihrem Unternehmen in Auftrag gegebenen »Silver Workforce Studie 2023«[48]. Allzu oft hätten es »Arbeitnehmende über 50 schwer, von ihren Arbeitgeber*innen gesehen zu werden und sich berufliche Chancen sowie Re- und Upskilling-Möglichkeiten zu eröffnen«.

Zwar werde das Fachwissen der Generation 50+ geschätzt, konstatiert die Studie. Ohne »speziell angepasste Maßnahmen« gerate es aber in Gefahr, schreiben die Autoren. Und die gibt es nur in den allerwenigsten Unternehmen: 86,8 Prozent der befragten Betriebe unterhalten keine eigenen Programme für ihre Mitarbeiterschaft 50+.

Besonders hoch sei der »Bedarf an Digitalschulungen, abgestimmten Gesundheitsprogrammen und flexibleren Arbeitszeitmodellen«.

Dies zeigt, dass neun von zehn Unternehmen in Deutschland sich noch immer nicht über die Konsequenzen des demografischen Wandels für sich bewusst sind. Weder kümmern sie sich um die ständig wachsende Altersgruppe 50+ noch denken sie darüber nach, wie sie diese Männer und Frauen länger in ihren Betrieben halten können. Nur jedes dritte Unternehmen bemüht sich aktiv darum, Menschen aus dieser Altersklasse einzustellen.

Dabei sind die Erfahrungen der Firmen, die hier schon aktiv sind, außerordentlich gut. Fast immer handelt es sich dabei um Unternehmen in Branchen, die schon seit Langem vom Fachkräftemangel betroffen sind. Deshalb haben sie früher als viele andere begonnen, sich mit dem Thema zu beschäftigen.

So sind sowohl die Deutsche Bahn als auch die regionalen Mobilitätsanbieter wie beispielsweise Transdev Vorreiter bei den Qualifizierungsangeboten von Quereinsteigenden. In der Regel zahlen sie vom ersten Tag an Tariflohn und bieten eine gute Mischung zwischen Online-Unterricht und der Instruktion vor Ort. So können die Quereinsteigenden sowohl in der Gruppe lernen als auch selbstständig nach ihrem eigenen Tempo.

Grundsätzlich sinnvoll wäre eine weitere Modularisierung der Ausbildung in Deutschland. So hochgelobt das deutsche Ausbildungswesen im internationalen Vergleich ist, so langwierig ist es doch auch. Zwei- bis vierjährige Programme sind für viele schwer zu leisten – nicht nur für Ältere, sondern auch für etliche Jüngere mit Handicaps oder auch für Menschen mit Migrationshintergrund.

Sie alle würden davon profitieren, wenn Ausbildungsgänge in verschiedenen kürzeren, aber aufeinander aufbauenden Modulen von wenigen Wochen bis wenigen Monaten Dauer möglich wären. Noch gibt es in Deutschland keine mir bekannten Untersuchungen zu Berufswechseln wie denjenigen, die ich in diesem Buch beschreibe.

Die Bertelsmann Stiftung legte im Sommer 2023 die Studie »Bessere Perspektiven bei Jobwechseln. Zur Ähnlichkeit beruflicher Übergänge« vor. Das deutsche Berufsbildungssystem sei durch eine hohe Standardisierung und Stratifizierung geprägt, schreiben die Forschenden dort. Sie meinen damit die einheitlichen Bildungsstandards und die Differenzierung nach verschiedenen Schulsystemen wie Berufsschulen, Fachhochschulen und Universitäten. Beides erschwere die »Mobilität zwischen Berufen auf dem Arbeitsmarkt«.

Dies sei nachteilig für Unternehmen und Beschäftigte: »Studien belegen, dass freiwillige Berufswechsel häufig mit einem höheren Einkommen und einer größeren Arbeitszufriedenheit einhergehen.« Dennoch sind Berufswechsel in Deutschland kaum erforscht, so die Autoren: »Für den deutschen Arbeitsmarkt fehlt es allerdings an belastbaren Untersuchungen zur Ähnlichkeit von Berufen und ihrer Bedeutung für die berufliche Mobilität.« Noch mehr gelte dies für den Wechsel in einen neuen Beruf.

In der Studie zerlegen die Forschenden deshalb eine Reihe von Berufen in ihre einzelnen Tätigkeitsbestandteile und versuchen, ein »Ähnlichkeitsmaß« zu bestimmen. Dies erscheint ihnen als guter Weg, Berufswechsel in Zukunft zu erleichtern: Je höher das Ähnlichkeitsmaß, desto leichter sei der Übergang in einen neuen Beruf.

Diese Vorgehensweise könnte es erleichtern, den persönlichen Aufwand für einen Berufswechsel besser abzuschätzen. »Je größer der Anteil an vergleichbaren Kompetenzen, desto besser sollten berufliche Übergänge gelingen, und umso höher ist auch die mit einem Berufswechsel verbundene wirtschaftliche Produktivität«, schreiben die Forschenden.

Auch die Bertelsmann-Autoren empfehlen, modulare Teilqualifizierungen auszubauen: »Der schrittweise Kompetenzerwerb durch Teilqualifizierung ist eine Möglichkeit, sich entsprechend seiner individuellen Kompetenzen und Lebensumstände weiterzubilden.«

Eine Modularisierung würde auch dem mehrstufigen Leben besser entsprechen, das künftig das dreistufige Leben ersetzen wird. Lernen, Arbeiten, Ausruhen – diese drei Lebensphasen werden schon heute, aber spätestens für alle im 21. Jahrhundert Geborenen durch einen ständigen Wechsel dieser drei Phasen ersetzt.

Schon durch die Digitalisierung, aber noch viel stärker durch den derzeitig anlaufenden Einsatz von Künstlicher Intelligenz werden sich viele Berufe immer wieder ändern. Auch die Wende zu nachhaltigem Wirtschaften beeinflusst Berufsbilder. Menschen müssen also kontinuierlich Neues lernen.

Dies ist eine große Chance, wenn wir es als Gesellschaft richtig angehen. Optimal wäre es, wenn wir ab 35, spätestens aber ab 40 Jahren, Phasen des Lernens, aber auch des Ausruhens einbauen würden. Die Arbeitnehmenden könnten diese Zeiten nutzen, um sich in benachbarten Berufen umzusehen oder auch etwas Neues auszuprobieren. Eine Mitarbeiterin auf dem Bauamt könnte beispielsweise einen Monat in einem Architektenbüro hospitieren, ein Mitarbeiter im Baumarkt in einem Handwerksbetrieb.

Einmal pro Jahrzehnt sollte zudem jeder und jede die Chance erhalten, immer wieder mal ein, zwei oder drei Monate »auszuruhen« – also gar nichts zu machen, in einen langen Urlaub zu fahren, sich um den Garten zu kümmern oder was auch immer ihm oder ihr Freude bereitet.

Wer über diese beiden Optionen verfügte, wäre in der zweiten Lebenshälfte sicher eher bereit, sich auf Neues einzulassen und/oder eine berufliche Änderung zu wagen. Er oder sie wüsste zudem, wie es sich anfühlt, wenn der Wecker drei Monate lang nicht klingelt – also genau das, was sich alle Menschen vom Renteneintritt wünschen und erhoffen.

Beide Möglichkeiten – also Auszeiten fürs Lernen und Ausruhen im vierten, fünften und sechsten Lebensjahrzehnt – würden meiner Ansicht nach deutlich dabei mithelfen, die deutsche »Kultur des Frühausstiegs« (Hasselhorn) zu verändern.

Es ist absolut nachvollziehbar, dass Menschen nach Jahrzehnten im selben Job (und möglicherweise auch bei demselben Arbeitgeber) die Freude an ihrer Arbeit verlieren. Wenn dann noch schlechte Arbeitsbedingungen und/oder nicht wertschätzende Vorgesetzte dazu kommen, ist klar, dass diese Arbeitnehmenden den frühestmöglichen Ausstieg aus dem Berufsleben anstreben.

Wer aber in regelmäßigen Abständen noch mal etwas Neues startet, nimmt eine gänzlich andere Perspektive ein. Dies zeigen nicht nur die Erfahrungen der in diesem Buch beschriebenen Pioniere und Pionierinnen. Es ist auch sonst leicht nachvollziehbar: Jede neue Herausforderung verschiebt unsere Komfortzone und lässt uns erkennen, was wir alles zu leisten imstande sind. Dies ist ein grundsätzlich beglückender Prozess und ein Kernelement für ein gelingendes Altern.

Wie könnten wir solche Auszeiten finanzieren? Eine Möglichkeit sind Lebensarbeitszeitkonten, die manche Unternehmen bereits anbieten. Darüber kann man Überstunden ansammeln und für die Auszeiten dann wieder entnehmen. So bleibt der Mitarbeitende sozialversichert und erhält zudem Gehalt, wenn auch meist reduziert.

Es gibt bereits die gesetzliche Möglichkeit, solche Konten auch bei einem Arbeitgeberwechsel mitzunehmen und bei der Deutschen Rentenversicherung »zwischenzuparken«. Allerdings nutzen Berufstätige sie kaum, und Daten darüber sind nicht vorhanden.

Darüber hinaus könnte man existierende Programme wie den Bildungsgutschein der Arbeitsämter oder die Zusage der Rentenversicherung, Umschulungen zu finanzieren, ausweiten. Momentan können dies nur Arbeitslose oder gesundheitlich beeinträchtigte Personen für sich beanspruchen. Aber die Gesellschaft – und in der Folge der Gesetzgeber – ist natürlich jederzeit in der Lage, die Konditionen für solche Angebote zu ändern.

Denkbar wäre auch, den Bafög-Ansatz weiterzuentwickeln. Schon heute steht für jeden, der sich als Geselle weiterqualifizieren möchte, das Meister-Bafög bereit. Warum also sollte es kein Berufswechsel-Bafög geben?

In der Schweiz hat Loopings, ein Online-Kompetenzzentrum für Arbeit 45+, beispielsweise das »Praktikum Arbeitswelt 4.0« ins

Leben gerufen. Dort können Teilnehmende für vier Wochen in die »Start-up-Welt eintauchen, Neues lernen und ihren Horizont und ihr Netzwerk erweitern«, wie es in einem Artikel auf https://thephilanthropist.ch/ heißt.

Bernadette Höller leitet seit einigen Jahren loopings.ch und hat mit ihrem Team das On- und Offline-Angebot kontinuierlich ausgeweitet. So finden viele Veranstaltungen und diverse Stammtische an unterschiedlichen Orten in der Schweiz statt. Online kann man dutzende persönliche Erfahrungsberichte von Jobwechseln, aber auch innovative Herangehensweisen von Unternehmen abrufen.

Migros Pionierfonds, eine Stiftung des gleichnamigen Schweizer Lebensmittelhändlers, sowie verschiedene Unternehmen wie die Zürcher Kantonalbank, die Helvetia Versicherung und die Georg Fischer AG, tragen loopings.ch. Leider findet sich eine ähnliche Plattform mit vergleichbarer Unterstützung in Deutschland noch nicht.

Hierzulande ist die Szene derjenigen, die sich um neue berufliche Chancen in der zweiten Lebenshälfte sowie die entscheidende Frage unserer Altersbilder kümmern, noch zersplittert. Dennoch bewegt sich inzwischen einiges bei diesbezüglichen Themen aufgrund des absehbaren Rentenbeginns der Babyboomer und des Fachkräftemangels.

Leider tut sich in der Politik am wenigsten. Dort gilt scheinbar noch immer für die meisten der Satz einer ehemaligen Bundesfamilienministerin: »Alles, was mit dem demografischen Wandel zu tun hat, ist politisch hochtoxisch. Da lasse ich lieber meine Finger von.«

Immerhin hat Bundesarbeitsminister Hubertus Heil zum 1. Januar 2023 die Hinzuverdienstgrenzen für Bezieher und Bezieherinnen der Rente mit 63 gestrichen und bei Erwerbsminderungsrenten spürbar erhöht. Wie sich dies auswirkt und welche Chancen es bietet, erläutere ich im folgenden Ratgeberkapitel »Gut zu wissen: Ressourcen für den Berufswechsel«.

Dringend notwendig wäre es nun, generell die sozial- und steuerrechtlichen Rahmenbedingungen für Arbeit 60+ zu prüfen. Wer bei

Bezug einer Vollrente beispielsweise mehr arbeitet als bei einem Minijob, wird von seinem Arbeitgeber erneut bei der Krankenkasse angemeldet und muss zweimal Krankenversicherungsbeiträge bezahlen – einmal als Rentner, einmal als Arbeitnehmer. Erst im Folgejahr kann der oder die Betreffende sich zumindest die Beiträge zurückholen, die über der sogenannten Beitragsbemessungsgrenze liegen.

»Das ist total kontraproduktiv für die Beschäftigung von Vollrentnern«, sagt Christian Ege, der Gründer der Vermittlungsplattform »Generation Ü«. Nach seiner Erfahrung zieht fast jeder sein Arbeitsangebot zurück, nachdem er oder sie ausgerechnet haben, was netto vom Brutto übrig bleibt. »Fast alle entscheiden sich deshalb für einen Minijob mit entsprechend wenig Arbeitsstunden im Monat«, sagt Ege, »dabei wären etliche der Arbeitssuchenden willig, deutlich mehr zu arbeiten und dies wäre auch im Interesse der Firmen, die sie anstellen wollen.«

Im Bundeswirtschaftsministerium scheint diese Botschaft zumindest angekommen zu sein. Im Oktober 2023 legte Bundeswirtschaftsminister Robert Habeck das knapp 60-seitige Programm »Industriepolitik in der Zeitenwende« mit seinen Überlegungen für die wirtschaftliche Zukunft des Landes vor.

Dort findet sich auf Seite 39 die bemerkenswerte Passage: »Eine wesentliche und sich offensichtlich anbietende Maßnahme zur Förderung einer Beschäftigung neben dem Rentenbezug wäre die Auszahlung des Arbeitgeberbeitrags zur gesetzlichen Arbeitslosen- und Rentenversicherung nach Erreichen der Regelaltersgrenze direkt an die Arbeitnehmer, so wie es bisher bereits beim Arbeitnehmerbeitrag gehandhabt wird.«

Was da in bürokratischem Stil steht, wäre tatsächlich eine kleine Revolution: Bei Bezug einer Vollrente muss man schon heute seinen Anteil an der Renten- und Arbeitslosenversicherung nicht mehr bezahlen (den Krankenversicherungsanteil allerdings schon). Habeck schlägt nun vor, dass die Betreffenden den Anteil der Arbeitgeber zusätzlich ausgezahlt bekommen könnten. Maximal kann dies derzeit bis knapp 10 000 Euro ausmachen, wie einige Medien sofort ausgerechnet haben.

Allerdings war die politische Resonanz auf Habecks Vorschlag äußerst verhalten, wenn nicht gar sofort ablehnend. Zuspruch kam nur von der Opposition, aus der CDU-Generalsekretär Carsten Linnemann eine »Aktiv-Rente« propagiert. Sie sieht vor, Arbeit in der Vollrente bis zu einem maximalen Einkommen von 24 000 Euro steuerfrei zu stellen. Ähnliches findet sich auch in einem weiteren Punkt des Habeck-Strategiepapieres, einen »steuerlichen Freibetrag für sozialversicherungspflichtig Beschäftigte oberhalb der Regelaltersgrenze«.

Als dritten Punkt für mehr Arbeitsmarktbeteiligung Älterer nennt das Strategiepapier aus dem Bundeswirtschaftsministerium »Lösungen für eine Flexibilisierung des fixen Beendigungszeitpunktes in Arbeitsverträgen bei Erreichen der Regelaltersgrenze«.

Dafür sind in Deutschland die Sozialpartner zuständig, also die Gewerkschaften und die jeweiligen Arbeitgeberverbände. Sie waren bislang nicht unbedingt Treiber dieses gesellschaftlichen Wandels. Würde der Renteneintritt flexibilisiert, so ihre Befürchtungen, müssten die Arbeitgebenden mit jedem Arbeitnehmenden einzeln aushandeln, wann er oder sie in Rente geht.

Bislang regelt der Tarifvertrag dies kollektiv für alle Mitarbeitenden. Und es obliegt umgekehrt jedem einzelnen Berufstätigen, mit seinen Vorgesetzten zu verhandeln, wenn er oder sie über die Rentengrenze hinweg weiterarbeiten will.

Ein weiterer Vorschlag kommt von dem renommierten Arbeitsmarktforscher Enzo Weber, der den Forschungsbereich »Prognosen und gesamtwirtschaftliche Analysen« am Institut für Arbeitsmarkt- und Berufsforschung in Nürnberg leitet. Weber plädiert für Zuschläge für alle, welche die Rente mit 63 aufschieben und weiterarbeiten.

Wie bei Vollrentnern, die ihren Pensionsbezug zugunsten der Weiterarbeit aufschieben, sollten auch Menschen mit 45 Versicherungsjahren bei einem späteren Renteneintritt lebenslange Extrazuschläge von 0,5 Prozent pro Monat Weiterarbeit bekommen. »Die Zuschläge ließen sich durch die bis zum tatsächlichen Renteneintritt gesparten Rentenzahlungen finanzieren«, schreibt Weber in einem Gastbeitrag[49] der *FAZ*.

Er hält die Älteren für das »größte Potenzial im Inland«, um den demografisch bedingten Fachkräftemangel zu bekämpfen. »Hätten die Menschen in ihren Sechzigern Erwerbsquoten auf dem Niveau der gerade einmal fünf Jahre Jüngeren, würden wir in Deutschland knapp 2,5 Millionen Arbeitskräfte gewinnen«, so Weber.

Dies wäre eine deutliche Entlastung angesichts der sieben Millionen Personen, die dem Arbeitsmarkt in Deutschland bis 2035 aufgrund der demografischen Alterung verlorengehen.

Noch allerdings entscheiden sich die meisten Menschen auf dem Weg in den Ruhestand für den frühestmöglichen Ausstieg. Ende Oktober 2023 wurden neue Rekordzahlen vermeldet[50]: So sei die Zahl neuer Anträge auf die Rente mit 63 um 16,8 Prozent gestiegen und läge damit in den ersten neun Monaten 2023 bereits so hoch wie im ganzen Jahr 2015.

Wir müssen uns als Gesellschaft bald entscheiden, ob wir diese Kultur des Frühausstiegs brechen wollen. Die Strategien dazu sind da: leichtere Berufswechsel, finanzielle Anreize, um weiterzuarbeiten, wertschätzender Umgang der Unternehmen mit ihren älteren Mitarbeitenden, mehr Autonomie in puncto eigene Arbeit – um nur die wichtigsten zu nennen.

Weil derartige Kulturwechsel jedoch Jahre, oft sogar Jahrzehnte dauern, sollten wir umgehend handeln. Jeder und jede von uns kann dazu beitragen, im jeweiligen Umfeld auf negative Altersbilder und Altersdiskriminierung hinzuweisen, und natürlich mit gutem Beispiel vorangehen.

Die Entwicklungspsychologin Pasqualina Perrig-Chiello von der Universität Bern gilt als Expertin für die Lebensmitte. Sie wird oft danach gefragt, wie eine gute zweite Lebenshälfte gelingen kann. »Menschen, die keine Angst vor Veränderung haben und Wandel mögen, sind natürlich im Vorteil. Veränderung bedeutet Ungewissheit. Menschen, die sich in ihren Sicherheitsmodus verkriechen, geraten eher in die Krise«, sagte sie dem *Spiegel*[51].

Wenn es uns als Gesellschaft gelingt, diese Bereitschaft zum Wandel zu fördern, legen wir die Grundlage für eine gelingende zweite Lebenshälfte. Packen wir es also an! Es lohnt sich.

Gut zu wissen: Ressourcen für den Berufswechsel

UMSCHULUNG MIT EINEM BILDUNGSGUTSCHEIN

Bildungsgutscheine sind das Instrument, mit dem die Bundesagentur für Arbeit eine Umschulung und/oder Weiterbildung fördert. In den vergangenen Jahren war dies jeweils rund 300 000-mal der Fall. Für 2020 meldet die Statistikbehörde Destatis 272 768 »Eintritte« in die Förderung der beruflichen Weiterbildung[52].

Wer sich dafür interessiert, sollte ein persönliches Gespräch im zuständigen Jobcenter vereinbaren. Wer bereits arbeitslos ist, verfügt bereits über diesen Kontakt. Bildungsgutscheine sind aber auch erhältlich, wenn man von Arbeitslosigkeit bedroht ist.

Diese Möglichkeit besteht kurz-, aber auch mittelfristig: Wer beispielsweise davon ausgeht, dass große Teile seines Jobs über kurz oder lang von Künstlicher Intelligenz übernommen oder wegrationalisiert werden, wäre ein solcher Kandidat, eine solche Kandidatin. Schwerer wird sich allerdings jemand tun, der ohne konkreten Anlass eine neue Ausbildung anstrebt – es sei denn, die Ausbildung findet im Rahmen klarer Engpassberufe wie beispielsweise der Altenpflege statt.

In der Regel übernimmt das Jobcenter während der Dauer der Umschulung die Lehrgangsgebühren samt Kosten für Lernmittel, Arbeitskleidung und Prüfungsgebühren sowie die Fahrtkosten und auch die Ausgaben für die Kinderbetreuung.

Auf den Webseiten der Bundesagentur für Arbeit finden sich viele Lehrgänge und Kursangebote (www.arbeitsagentur.de/kursnet, www.arbeitsagentur.de/weiterbildungssuche, www.arbeitsagentur.de/berufsausbildung). Interessante Informationen zu den notwendigen Qualifikationen und persönlichen Eigenschaften für bestimmte Berufe gibt es zudem beim Bundesinstitut für Berufsbildung (BiBB), zum Beispiel einen Online-Check (www.bibb.de/checkliste).

Wer Anspruch auf Arbeitslosengeld hat, kann dieses auch in der Umschulung weiter beziehen. Ansonsten gibt es Bürgergeld für alle, die kein anderweitiges Einkommen haben.

Achtung: Wer eine bezahlte Ausbildung bei einem Arbeitgeber anfängt und zusätzlich Leistungen des Jobcenters oder Bürgergeld bezieht, muss dies mit dem Einkommen aus der Weiterbildung verrechnen. Der monatliche Freibetrag liegt derzeit bei 400 Euro. Alles darüber wird auf das Arbeitslosen- oder Bürgergeld angerechnet.

Mit dem Weiterbildungsgeld und der Weiterbildungsprämie fördert die Arbeitsagentur den erfolgreichen Verlauf der Weiterbildung beziehungsweise den erfolgreichen Abschluss. Ersteres beläuft sich auf 150 Euro im Monat. Letzteres liegt bei 1000 Euro, wenn man die Zwischenprüfung bei der Kammer oder einen Teil einer gestreckten Abschlussprüfung besteht. 1500 Euro erhält man zudem für die erfolgreiche Abschlussprüfung.

UMSCHULUNG DURCH DIE RENTENVERSICHERUNG

Neben dem Arbeitsamt kann auch die Deutsche Rentenversicherung eine Umschulung finanzieren. Diese ist daran interessiert, dass die bei ihr versicherten Menschen so lange wie möglich arbeiten. Wer sich so umschulen lassen will, muss eine der folgenden Voraussetzungen erfüllen:

- Er oder sie hat mindestens 15 Jahre in die Deutsche Rentenversicherung eingezahlt. Das nennt sich im Fachjargon die

»Mindestwartzeit bis zum Zeitpunkt der Antragstellung«. Dabei zählen auch Zeiten der Kindererziehung.

- Er oder sie muss aufgrund gesundheitlicher Probleme seinen oder ihren Beruf aufgeben und möchte deshalb umschulen. Achtung: Wer aufgrund eines Arbeitsunfalls, einer Berufskrankheit oder einer Gesundheitsschädigung durch Dritte aus seinem Beruf aussteigen muss, hat es bei der folgenden Umschulung mit den Berufsgenossenschaften und/oder der Unfallversicherung zu tun. Die dortigen Bedingungen gleichen aber der Vorgehensweise bei der Deutschen Rentenversicherung.
- Er oder sie bezieht eine Erwerbsminderungsrente oder hat Anspruch darauf.
- Er oder sie erhält eine große Witwer- oder Witwenrente oder hat Anspruch darauf.

In all diesen Fällen lohnt es sich, Kontakt mit einem Mitarbeitenden der Rentenversicherung aufzunehmen. Zwar besteht kein Anspruch auf eine besondere Umschulung oder den Wunschberuf, aber die Versicherung ist grundsätzlich daran interessiert, Menschen wieder in Lohn und Brot zu bringen.

So läuft die Förderung ab: Sie sprechen mit Ihren behandelnden Ärzten, ob aus medizinischer Sicht eine Umschulung für Sie sinnvoll ist. Diese erstellen im positiven Fall ein Attest, mit dem Sie einen Gesprächstermin mit einem Rehaberatenden der Rentenversicherung über die »medizinische und/oder berufliche Reha« vereinbaren. Bis zum Termin recherchieren Sie, welcher Umschulungsberuf Sie zum einen interessiert und zum anderen, wie und wo Sie diesen erlernen können und was der Lehrgang kostet. Einen guten Überblick über Anbieter, Kurse und Aussichten findet sich beispielsweise auf der Webseite ratgeber-umschulung.de.

Nach dem Gespräch bei der Rentenkasse müssen Sie einen »Antrag auf Teilhabe am Arbeitsleben« stellen: Er ist die Grundlage für die Entscheidung der Rentenkasse. Hinzu kommt eine »Berufs- und Arbeitserprobung«, ähnlich wie die Eignungstests beim Arbeitsamt. Damit soll festgestellt werden, inwieweit Sie sich für den neuen Beruf eignen. Es kann auch sein, dass man Sie auffordert, einige Tage bis wenige Wochen in dem Bereich der potenziellen zukünftigen Umschulung zu arbeiten.

Geht alles glatt, kann die Umschulung losgehen. In aller Regel wird sie zwei Jahre dauern. Die Rentenversicherung bezahlt dabei die Kosten für den Lehrgang sowie Ihre Fahrtkosten entweder mit dem eigenen Pkw in Höhe der jeweils geltenden gesetzlichen Kilometerpauschale oder mit öffentlichen Verkehrsmitteln.

Normalerweise nimmt man wohnortnah an einem Kurs teil, sodass eine Verpflegungspauschale nur bei Abwesenheit über acht Stunden vom Heimatort inklusive der Pendelzeit gezahlt wird. Kann die Weiterbildung nicht in der Nähe des Wohnortes stattfinden, ist es möglich, dass die Rentenversicherung auch die Kosten für die Unterbringung vor Ort übernimmt.

Wenn die Rentenversicherung die Umschulung bezahlt, arbeiten die Betreffenden in aller Regel nicht mehr in ihren alten Berufen – aus gesundheitlichen oder anderweitigen Gründen. Deshalb zahlt die Rentenversicherung während der Ausbildung das sogenannte Übergangsgeld weiter zur Finanzierung des Lebensunterhalts. Dies ist entweder das bisherige Krankengeld oder die bislang gezahlte Erwerbsunfähigkeitsrente.

Vom Angestellten zum Selbstständigen

STEUERLICHE UND SOZIALRECHTLICHE FRAGEN

Etliche der in diesem Buch vorgestellten Männer und Frauen beschlossen in der zweiten Lebenshälfte, sich mit einem neuen Beruf aus dem Angestelltendasein heraus selbstständig zu machen. Manche wollten von Anfang an allein arbeiten, strebten also die sogenannte Soloselbstständigkeit an. Andere planten ein kleines Unternehmen, bei dem sie auch Mitarbeitende einstellen würden.

Hier soll es deshalb um die wichtigsten steuer- und sozialrechtlichen Fragen für beide Gruppen gehen. Beginnen wir mit der Soloselbstständigen, wir nennen unseren Beispielfall Annette. Ihr Arbeitgeber hat ihr gekündigt, und sie möchte diese Zäsur in ihrem Berufsleben dazu nutzen, etwas Neues anzufangen.

Sobald sie von der Kündigung erfährt, sollte sie sich beim Arbeitsamt melden. So kann sie reibungslos und ohne Zeitverzug nicht nur Arbeitslosengeld erhalten, sondern bleibt auch sozialversichert.

Zudem kann sie dort einen »**Gründungszuschuss**« beantragen: Damit unterstützt die Arbeitsagentur Menschen, die sich selbstständig machen wollen. Die Voraussetzung dafür ist, dass Annette zu Beginn ihrer Selbstständigkeit noch mindestens 150 Tage Anspruch auf Arbeitslosengeld hat. Dies hat sie, wenn sie in den vergangenen 30 Monaten mindestens zwölf Monate in die Arbeitslosenversicherung eingezahlt hat.

Der Gründungszuschuss wird in zwei Phasen ausgezahlt. In der ersten Phase wird das Arbeitslosengeld für sechs Monate um 300 Euro erhöht. In der zweiten Phase gibt es zwar kein Arbeitslosengeld mehr, aber neun Monate lang einen Zuschuss von 300 Euro.

Zwar besteht kein Rechtsanspruch auf den Gründungszuschuss. Wenn die Geschäftsidee aber von einer fachkundigen Stelle wie der Industrie- und Handelskammer oder der Handwerkerinnung geprüft ist, wird er wahrscheinlich genehmigt.

Auch eine Einrichtung der Existenzgründerberatung oder die Bank, mit der Sie eventuell über einen Kredit verhandeln, kann diese Prüfung vornehmen. Auch ein Schreiben eines zuständigen Fachverbands oder eines Steuerberatenden oder einer Unternehmensberatung wird in der Regel akzeptiert.

Der erste Schritt ist jedoch immer ein Gespräch mit dem Zuständigen in der Arbeitsagentur. Je besser Sie vorbereitet sind, desto einfacher wird dieses ablaufen. In vielen Fällen wird der Mitarbeitende Ihnen Hinweise vermitteln, wo Sie weitere Informationen bekommen und was Sie alles brauchen, damit eine fachkundige Stelle Ihren Businessplan begutachtet.

Selbst kündigen oder Abfindung durch den Arbeitgeber

Wenn Sie selbst kündigen oder sich mit Ihrem Arbeitgeber auf die Aufhebung des Arbeitsverhältnisses und eine Abfindung einigen, wird Ihnen in aller Regel eine »Sperrzeit« auferlegt. Dies bedeutet, dass Sie erst nach einem bestimmten Sperrzeitraum (bis zu zwölf Wochen) Arbeitslosengeld beziehen. Die Mitarbeitenden in den Arbeitsagenturen verfügen hier allerdings über großen Ermessenspielraum: Wenn Sie schlüssig erklären können, warum Sie gekündigt haben, kann die Sperrzeit auch gestrichen werden.

Ein Beispiel dafür könnte sein, dass Annette die besten Geschäftschancen für ihre Soloselbstständigkeit beispielsweise als Seniorenassistentin am Wohnort ihrer Eltern sieht und deshalb dorthin umziehen muss. Aus diesem Grund kündigt sie ihren bisherigen Job oder unterschreibt einen Aufhebungsvertrag.

Bei Letzterem ist normalerweise eine Abfindung im Spiel, die grundsätzlich zu versteuern ist. Allerdings gibt es dafür eine Sonderregel, die »Fünftelregelung«. Diese soll ausgleichen, dass die Steuersätze mit dem Einkommen steigen. Nehmen wir an, Annette versteuert 50 000 Euro pro Jahr und erhält eine Abfindung von 40 000 Euro. Ohne Fünftelregelung müsste sie dann 90 000 Euro versteuern und wäre mit einem großen Teil dieses Betrags im Spitzensteuersatz von maximal 42 Prozent plus Solidaritätszuschlag.

Dies ist unfair, wie auch der Gesetzgeber weiß. Also wird ihre Abfindungssumme gefünftelt, auf dann noch 8000 Euro. Gedanklich wird die Abfindung so auf fünf Jahre verteilt. Nun werden die Lohnsteuersummen ohne und mit Abfindung verglichen. Dieser Unterschiedsbetrag wird wieder mal fünf genommen und stellt dann die zu zahlende Steuer auf die Abfindung dar.

Bei Annette hätte das beispielsweise zur Folge, dass sie keinen Solidaritätszuschlag zahlen muss und insgesamt knapp 2000 Euro Steuern spart. Grundsätzlich fällt die Fünftelregelung umso lukrativer aus, je geringer das Einkommen und je höher die Abfindung ist.

Wenn Annette also Verhandlungsspielraum hat, könnte sie beispielsweise überlegen, den Aufhebungsvertrag früh im Jahr zu unterschreiben, um ihr Jahreseinkommen möglichst niedrig zu halten. Denkbar wäre auch, die Abfindung in zwei Raten aufzuspalten: Wenn man nicht mehr als 10 Prozent der Hauptsumme in das Folgejahr verschiebt, darf man die Fünftelregelung auf die Gesamtsumme anwenden[53]. Aber Achtung: Sind es mehr als 10 Prozent, ist die Abfindung normal zu versteuern.

Noch ein Wermutstropfen: Nur privat und gesetzlich Versicherte müssen keine Sozialabgaben auf Abfindungen bezahlen. Wer freiwillig krankenversichert ist, muss Beiträge zur Kranken- und Pflegeversicherung mit Erhalt der Abfindung nachbezahlen – allerdings wie immer selbstverständlich nur bis zur Höhe der Beitragsbemessungsgrenze. Alle darüber liegenden Einkünfte werden nicht mit Abgaben belegt.

Endlich selbstständig: Steuer und Sozialabgaben

Wer sich als früherer Angestellter selbstständig macht, ist für seine soziale Absicherung weitestgehend selbst zuständig. Es gibt aber eine Reihe von Berufen, für welche die **Rentenversicherungspflicht** weiter besteht.

Wer als Selbstständiger vor allem für einen Auftraggeber arbeitet, muss zudem abklären lassen, ob eine Scheinselbstständigkeit vorliegt. Die Deutsche Rentenversicherung hat dazu eine Clearingstelle eingerichtet. Da die Sanktionen bei Scheinselbstständigkeit gravierend sind, lohnt es sich immer, dies zu prüfen.

Nun zu den Berufen, für die per Gesetz die Pflicht zur gesetzlichen Rentenversicherung besteht. Dies sind neben Handwerkern vor allem Künstler und Publizisten, Hebammen und freiberufliche Lehrende. Auch in den Pflegeberufen fallen viele Selbstständige unter die Versicherungspflicht, ebenso wie Seelotsen, Küstenschiffer und Küstenfischer.

Wie die Deutsche Rentenversicherung in ihrer Broschüre »Selbstständig – wie die Rentenversicherung Sie schützt« erklärt, gehe der Gesetzgeber bei diesen Berufen »von einer besonderen Schutzbedürftigkeit aus«. Diese Personengruppe muss sich innerhalb von drei Monaten nach Aufnahme der selbstständigen Tätigkeit beim jeweiligen Rentenversicherungsträger melden.

Selbstständige Handwerker sind versicherungspflichtig, wenn sie in die Handwerksrolle eingetragen sind und tatsächlich selbstständig arbeiten. Erst nach 18 Jahren mit Pflichtbeiträgen können sie sich wieder von der Versicherungspflicht befreien lassen.

Die Versicherungspflicht für alle oben genannten Gruppen erlischt, wenn Mitarbeitende eingestellt werden und es sich um mehr als einen Minijobber handelt.

Wie so oft in Deutschland gibt es allerdings von der Versicherungspflicht auch wieder eine Ausnahme: Neueinsteiger können sich in den ersten drei Jahren auf Antrag von der Versicherungspflicht befreien lassen. Es ist also in jedem Fall notwendig, sich bei der Deutschen Rentenversicherung beraten zu lassen.

Zudem ist es möglich, sich freiwillig versichern zu lassen. Die mögliche Beitragshöhe kann man selbst wählen, sie lag 2023 zwischen dem Mindestbeitrag von 96,72 Euro im Monat und dem Höchstbeitrag von 1357,80 Euro im Monat.

Wer sich dafür entscheidet, profitiert auch weiter von den Leistungen der Rentenversicherung. Besonders sinnvoll kann dies bei Rehabilitationsmaßnahmen und auch einer Rente wegen Erwerbsminderung sein.

Ein weiterer Grund kann sein, dass man Hinterbliebene absichern will – insbesondere, wenn jemand schon lange Jahre in die Rentenversicherung eingezahlt hat und nur noch wenige Jahre fehlen, bis derjenige die wichtige Schwelle von 35 oder 45 Versicherungsjahren erreicht.

Auch in der Arbeitslosenversicherung besteht die Option, sich als Selbstständiger weiter freiwillig zu versichern. Dies setzt verschiedene Aspekte voraus, zum Beispiel, selbstständig mindestens 15 Stunden pro Woche zu arbeiten. Auch muss der Antragsteller innerhalb der letzten 30 Monate vor Aufnahme der Selbstständigkeit mindestens zwölf Monate sozialversicherungspflichtig beschäftigt gewesen sein.

Für Gründende in der zweiten Lebenshälfte kann diese freiwillige Arbeitslosenversicherung durchaus Sinn machen: Für einen monatlichen Beitrag von knapp 90 Euro erhalten sie sich so die Möglichkeit, wieder Arbeitslosengeld zu beziehen, falls ihre Geschäftsidee scheitert, und damit eventuell die Zeit bis zum Rentenbezug zu überbrücken. Zudem kann man das Arbeitslosengeld ab 58 Jahren statt regulär für ein Jahr für 18 Monate beanspruchen. Zudem sichert man sich so weitere Leistungsansprüche wie Weiterbildungsmaßnahmen oder die Übernahme von Bewerbungskosten.

In der **Krankenversicherung** können Selbstständige entweder freiwillig bei den gesetzlichen Versicherungen bleiben oder sich privat versichern.

Beide Varianten haben etliche Fallstricke: In der privaten Versicherung liegen die Beiträge in der zweiten Lebenshälfte in aller Regel deutlich höher. Man muss alle Vorerkrankungen angeben, und dies steigert die Beiträge weiter. Anders als jemand, der in jungen Jahren beigetreten ist, profitieren Ältere nicht von den beim Eintritt in der

Jugend erhobenen Zusatzbeiträgen, die den Kostenanstieg im Alter ausgleichen sollen.

Bei der gesetzlichen Krankenversicherung müssen freiwillig Versicherte nicht nur auf ihren steuerrechtlichen Gewinn, sondern auf alle Einkommensarten Beiträge bis zur Beitragsbemessungsgrenze zahlen. Dies sind vor allem Einkünfte aus Vermietung und Verpachtung, Zinsen und Dividenden, Betriebsrenten, Direktversicherungen und sogar Unterhaltszahlungen. Die Beitragsbemessungsgrenze lag 2023 bei 59 850 Euro, der Höchstbetrag zur Krankenversicherung belief sich dementsprechend auf 978 Euro im Monat. Wer über all diese Zusatzeinkommen nicht verfügt, zahlt den Mindestbeitrag, der 2023 bei 221,81 Euro im Monat lag.

Bleibt noch die Frage der **Steuer**: Auch hier ändert sich Grundlegendes, wenn Arbeitnehmer zu Selbstständigen werden. Eine fundierte Beratung durch Steuerkundige ist hier absolut unerlässlich. Während die Lohnsteuer bei Arbeitnehmenden automatisch abgezogen wird, müssen Selbstständige in der Regel ihre Steuern vorauszahlen – und zwar nicht nur die Gewinnsteuern, sondern auch die Umsatzsteuern.

Selbstverständlich kann jeder und jede sich in die Steuerthematik einlesen und schlau machen. Ohne einen Steuerberatenden sollte man diesen Schritt dennoch auf keinen Fall tun. Dazu sind die Steuerregeln in Deutschland viel zu komplex.

Altersteilzeit

Altersteilzeit steht hierzulande vorwiegend in zwei Modellen zur Verfügung. Eher unbeliebt ist die Variante, dass sich die Arbeitszeit über die gesamte Zeitdauer von vier Jahren in der Regel auf die Hälfte reduziert.

Deutlich beliebter ist das Blockmodell: Zwei Jahre arbeitet der oder die Betreffende weiter voll, danach wird er oder sie zwei Jahre bei weiterlaufendem halben Gehalt freigestellt.

Theoretisch könnte der Altersteilzeitler die freie Zeit nutzen, woanders zu arbeiten. Praktisch erlaubt ist allerdings nur ein Minijob bei einem fremden Arbeitgeber. Insofern dürfte die Altersteilzeit sich allenfalls für die Vorbereitung eines Berufswechsels in der zweiten Lebenshälfte eignen. Sie muss zudem so konzipiert sein, dass das Ende nahtlos in die reguläre Altersrente übergeht. Mit Beginn der regulären Altersrente kann jeder und jede wieder unbegrenzt hinzuverdienen.

Arbeiten und Rente mit 63 – die neuen RentArbeitenden

Die sogenannte Rente mit 63 ist derzeit die früheste Möglichkeit, Rente zu beziehen. Seit Januar 2023 ist es zudem möglich, unbegrenzt weiterzuarbeiten – also Pension und Erwerbseinkommen zu beziehen.

Ich nenne diese Menschen »RentArbeiter«: Sie sind aus meiner Sicht echte Pioniere und Pionierinnen für ein gelingendes Altern. Wie sie jeweils individuell Rente und Arbeit in den Lebensjahren zwischen 63 und 70 (oder künftig vielleicht sogar im Lebensjahrzehnt von 63 bis 73) miteinander verbinden, ist superspannend. Noch sind es sehr wenige Menschen, doch dies wird sich in den kommenden Jahren ändern.

Denn für RentArbeitende eröffnen sich eine Reihe interessanter Einkommens- und Beschäftigungsmöglichkeiten. Fast jeder dritte Neurentner hat sich im Jahr 2022 entschieden, so früh wie möglich in Pension zu gehen. Als diese Möglichkeit 2014 eingeführt wurde, waren es nur 18 Prozent. Die Rente mit 63 ist ein Hit bei den Menschen hierzulande.

Es gibt grundsätzlich zwei Optionen, sich diese zu sichern. Wer 45 Versicherungsjahre nachweisen kann, erhält sie ohne »Abschläge«. Wer auf 35 Versicherungsjahre zurückblickt, bezieht sie auch – dann allerdings mit teilweise saftigen und vor allem lebenslangen Abschlägen bei der Rente.

Nun aber kommt der Clou, eben der Rententurbo: Diese Zahlungen so früh wie möglich beziehen und trotzdem voll oder teilweise weiterarbeiten. Wer in der zweiten Lebenshälfte noch mal etwas Neues anfängt oder gar seine eigentliche Berufung findet, dem wird es nicht schwerfallen, weiter tätig zu sein. Und als RentArbeitende springt dabei auch richtig was heraus.

Deshalb als Anschauungsbeispiel hier zwei Modellfälle, die auf Rechnungen der Stiftung Warentest[54] basieren:

Ein Einkommensplus von fast 27 000 Euro in zwei Jahren errechnete die Stiftung Warentest beispielsweise für einen Normalverdiener, der abschlagfrei in Rente gehen darf und dies auch tut und trotzdem bis zur Regelaltersrente weiterarbeitet.

Sehen wir uns die Details an: Der Mann, nennen wir ihn Peter, hat Zeit seines Arbeitslebens immer durchschnittlich verdient, im Jahr 2023 also 3595 Euro im Monat. Mit 64 Jahren und vier Monaten erreicht er 45 Versicherungsjahre und kann abschlagsfrei in Frührente gehen. Dies sind 16 Monate früher als die für ihn gültige normale Altersgrenze.

Peter beantragt also für sich die »Rente mit 63«, arbeitet aber dennoch wie bisher in Absprache mit seinem Arbeitgeber weiter. Das ist problemlos möglich, für seinen Chef ändert sich dadurch nur wenig. Dieser bezahlt seinen Anteil an den Sozialversicherungen weiter. Peter hingegen hat nun viele Wahlmöglichkeiten.

Diese mögen anfangs verwirren, denn zu keiner anderen Zeit ist das Sozial- und Steuerrecht komplizierter als in dieser Lebensphase. Es ist deshalb jedem und jeder nur anzuraten, sich hier frühestmöglich beraten zu lassen – sowohl unentgeltlich bei der Deutschen Rentenversicherung als auch unbedingt bei einem Steuerberater oder Lohnsteuerhilfeverein. Gegebenenfalls lohnt es sich ferner, einen privaten Rentenberater aufzusuchen.

Warum ist das alles so kompliziert? Es hängt vor allem mit den vielen Wahlvarianten zusammen. Beginnen wir mit der einfachsten: Peter nutzt die »Rente mit 63« und arbeitet wie vorher in Vollzeit weiter.

Dann bekommt er – weil er 45 Versicherungsjahre vorweisen kann – seine ungekürzte Altersrente plus seinen normalen Arbeitslohn. Allerdings muss er auch mehr Steuern und auch mehr Sozialabgaben zahlen. Ersteres, weil in Deutschland ein »progressives Steuermodell« herrscht: Wer mehr verdient, zahlt nicht nur mehr, sondern auch höhere Steuersätze.

Oder wie die Politiker so gern sagen: Starke Schultern müssen mehr tragen. Wenn Peter aber beispielsweise verheiratet ist und seine Partnerin oder sein Partner nichts verdient, fallen die zusätzlichen Steuern deutlich geringer aus, weil dann die Steuerfreibeträge beider zusammengerechnet werden und so die Steuerlast drücken.

Noch komplizierter wird es bei den Sozialabgaben, also der Arbeitslosen-, Pflege-, Kranken- und Rentenversicherung. Für Peter als Rentner ist es logisch, dass er keine Beiträge mehr zur Renten- und Arbeitslosenversicherung bezahlen muss. Sein Arbeitgeber muss dies sehr wohl: Der Grund dafür ist, dass es sonst viel »günstiger« wäre, Rentner zu beschäftigen als Nichtrentner, was die Politik vermeiden will. Warum dies so ist, ist ihr Geheimnis, denn auf der anderen Seite sollen Rentner mit der Option des unbeschränkten Hinzuverdienstes ja gerade dazu angeregt werden, länger zu arbeiten. Aber dies ist nur eine von vielen offenen Fragen auf dem politisch so schwierigen Feld der Rentenpolitik.

Dennoch dürfte es für Peter attraktiv sein, weiter in die Rentenversicherung einzuzahlen: So kann er seine Pensionszahlungen immer weiter erhöhen, und zwar über die ursprünglich zum regulären Rentenbeginn vorhergesagte Summe hinaus. Sollte er gar so gerne arbeiten, dass er über seinen regulären Renteneintritt von 66 Jahren und vier Monaten hinaus tätig ist, erhöhen sich seine Ruhestandseinkünfte jeden Monat um 0,5 Prozent – und zwar lebenslang.

Ein Jahr lang weiterzuarbeiten, bedeutet also eine lebenslange Rentenerhöhung um satte 6 Prozent. Bei zwei Jahren sind es dementsprechend 12 Prozent, bei drei Jahren 18 Prozent. Peter wäre dann erst kurz vor seinem 70. Geburtstag und hätte statistisch eine weitere

Lebenserwartung von rund zwei Jahrzehnten vor sich – bei rund 20 Prozent höherer Rente als zum ursprünglichen Pensionseintritt berechnet. Dies klappt natürlich nur, wenn ihm sein Job Spaß macht, beispielsweise weil er mit 55 noch mal etwas Neues angefangen hat.

Und wenn Peter gesund bleibt. Kommen wir also zur Frage der Kranken- und Pflegeversicherung. Auch hier gibt es so viele Variationsmöglichkeiten, dass eine professionelle Beratung unbedingt jeder Entscheidung zugrunde liegen muss.

Die vielleicht einfachste Frage ist die nach dem Krankengeld. Wer gesetzlich krankenversichert ist, erhält dies ab der siebten Woche nach Krankschreibung. Bis dahin muss der Arbeitgeber den Lohn weiterzahlen (»Lohnfortzahlung«), danach springt die Krankenkasse ein und gewährt zwischen 70 und 90 Prozent des Nettoeinkommens. Wer privat versichert ist, hat in der Regel ein Krankentagegeld vereinbart, das die Privatversicherung in der abgesprochenen Höhe zahlt.

Allerdings bekommen Rentner dieses Krankengeld nicht – sie sind ja im Prinzip nicht mehr in Arbeit. Es gibt jedoch einen vollkommen legalen Trick, als RentArbeitender dennoch weiter Krankengeld zu beziehen – und zwar, indem man statt einer Vollrente eine Teilrente von bis zu 99,99 Prozent erhält. Diese Teilrente bietet noch weitere Vorteile, aber dazu später mehr. Die Lohnfortzahlung steht RentArbeitenden übrigens auf jeden Fall zu, dies ist kein Problem.

Anders als bei der Steuer gibt es bei den Sozialabgaben feste Sätze, die für alle gleich sind. Kompliziert wird die Sache hier allerdings dadurch, dass Sozialabgaben nur bis zu einer bestimmten Einkommenshöhe zu bezahlen sind.

Dies ist die sogenannte Beitragsbemessungsgrenze – und die bestimmt der Gesetzgeber jährlich neu und passt sie der allgemeinen Einkommenshöhe an. Im Jahr 2023 lag sie beispielsweise bei 59 850 Euro jährlich: auf alles, was jemand darüber hinaus verdient, müssen KEINE zusätzlichen Sozialabgaben entrichtet werden.

Für den RentArbeiter Peter bringt diese Gesetzeslage allerdings die unangenehme Pflicht mit sich, deutlich mehr in die Pflege- und

Krankenkasse einzahlen zu müssen: Die Beiträge werden gesondert auf seine Rente und zudem ebenfalls auf sein Lohneinkommen fällig. Erst im Nachhinein, also in der Regel im Folgejahr, kann er bei der Krankenkasse die Rückerstattung der Beiträge beantragen, welche die Beitragsbemessungsgrenze übersteigen.

Und es wird leider noch komplizierter. Im Jahr 2023 lag der Krankenversicherungssatz bei 14,6 Prozent. Als Arbeitnehmer zahlt Peter seine Hälfte, der Arbeitgeber die andere. Für den Rentner übernimmt der Staat im Prinzip den Anteil des früheren Arbeitgebers. Den Part, den Peter tragen muss, zieht man ihm »automatisch« von der Rente ab.

Für den RentArbeiter wird es nun äußerst verwirrend: Bei seinem Lohn läuft alles weiter wie vorher, allerdings muss er keinen Beitrag zur Arbeitslosenversicherung leisten, und er darf frei wählen, ob er zusätzlich in die Rentenversicherung einzahlen und so seine Rente weiter erhöhen will.

Bei seiner Pensionszahlung liegt sein Krankenkassenbetrag bei 7,3 Prozent (also der Hälfte der derzeit gültigen 14,6 Prozent), wenn er eine Teilrente erhält und dementsprechend weiter Krankengeld beziehen will. Mit Vollrente und ohne Krankengeld entfallen die entsprechenden 0,3 Prozent, also entrichtet er 7 Prozent. Hinzu kommt in beiden Fällen die Hälfte des kassenindividuellen Zusatzbeitrags.

Bei der Pflegeversicherung ist es etwas einfacher. Da unterscheiden sich die Sätze nach der Zahl der Kinder. Wer kinderlos ist, zahlt vier Prozent auf die Rente und 2,3 Prozent auf das Einkommen. Wer Kinder hat, zahlt 3,4 Prozent auf die Rente und in der Regel 1,7 Prozent auf das Einkommen. Bei weiteren Kindern unter 25 Jahren reduziert sich dieser Satz weiter.

So verwirrend das Ganze bei den Sozialversicherungen ist, gilt doch eines sicher: In vielen Fällen wird es sich bei den Varianten Kind/kein Kind, Vollrente/Teilrente bei Durchschnittsverdienern wie Peter nur um wenige Euro pro Monat handeln.

Die grundsätzlichen Fragen beziehen sich hingegen auf die zusätzlichen Steuern und Sozialabgaben bei RentArbeitern. Seitdem der unbeschränkte Hinzuverdienst zur Rente Anfang 2023 in Kraft getreten ist, haben die Medien zahlreiche Artikel veröffentlicht, in denen sich RentArbeitende beschweren, bei der Weiterarbeit »bliebe kaum was übrig«.

Das mag im Einzelfall so sein, dennoch ist diese Art von Berichterstattung in den meisten Fällen meiner Ansicht nach tendenziös. Denn sie unterschlägt komplett, dass sich RentArbeitende GRUNDSÄTZLICH finanziell besserstellen, weil sie Pensionszahlungen plus Lohneinkommen beziehen. Wie im ersten Kapitel ausgeführt, kommen noch viele nicht-monetäre Benefits hinzu – von der Wertschätzung bei der Arbeit über die Sinnstiftung bis hin zu einem hoffentlich netten Kollegenkreis.

Zudem unterschlagen derlei »Bleibt-kaum-was-übrig«-Berechnungen natürlich auch, dass sich Steuerzahlungen gestalten lassen, wie Steuerberater so schön sagen. Insbesondere für selbstständige RentArbeitende bestehen so viele Möglichkeiten, wie es legale Steuertricks gibt.

Kommen wir damit also noch zu einem zweiten Modellfall mit überdurchschnittlichem Verdienst: Unsere Besserverdienerin heißt Maria, und auf ihrem Lohnzettel stand durchgehend im Schnitt das Anderthalbfache des Durchschnittsverdienstes. 2023 waren es 64 713 Euro im Jahr.

Damit liegt sie also deutlich über der Sozialversicherungsgrenze. Entscheidet sie sich nun für Rente und Weiterarbeit, bleibt sie von zusätzlichen Sozialabgaben verschont, da sie ohnehin schon die höchstmöglichen Beiträge bezahlt. Zwar werden ihr automatisch Kranken- und Pflegeversicherung von der Rente abgezogen, doch die kann sie sich vollständig im Folgejahr bei ihrer Krankenkasse erstatten lassen.

Maria hat allerdings ein anderes verzwicktes Problem: Sie ist Akademikerin und schafft deshalb keine 45 Versicherungsjahre, da die Studienjahre bei der Rente nicht angerechnet werden. Weil sie aber die Mindestgrenze von 35 Versicherungsjahren erfüllt, kann auch sie die Rente mit 63 beanspruchen – jedoch mit Abschlägen in Höhe von 0,3 Prozent für jeden Monat, den sie vor der regulären Altersgrenze in den Ruhestand geht. Maximal sind dies lebenslang 14,4 Prozent.

Wie auch schon bei Peter kann sie dies ausgleichen, wenn sie weiterarbeitet. Schauen wir also auf ihre Bilanz, wenn Maria sich zum RentArbeiten entschließt: Mit 63 geht sie in Rente und nimmt Abschläge in Höhe von 12 Prozent lebenslang in Kauf. Weil sie voll bis zur regulären Rente mit 66 Jahren und vier Monaten weiter tätig ist, erhöht sich ihr Nettoeinkommen bis dahin um 47 477 Euro, wie die Stiftung Warentest für diesen Modellfall errechnet hat.

Wie aber wirkt sich dies auf die reguläre Rente aus? Bei Peter war es so, dass er durch die Weiterarbeit zu Beginn der regulären Pension höhere Rentenbeträge erhalten hat. Dies ist logisch, weil er mit seinen 45 Versicherungsjahren keine Abschläge bei der Frührente in Kauf nehmen musste.

Bei Maria verhält es sich anders: Mit 63 liegt ihr Rentenanspruch logischerweise niedriger als zum regulären Ruhestandseintritt mit 66 Jahren und vier Monaten. Und sie muss einen Abschlag von 12 Prozent auf die niedrigere Rente mit 63 hinnehmen. Auch wenn sie durch die Weiterarbeit zusätzliche Rentenpunkte erwirbt, was ihre Rente wieder erhöht, bleibt der Abschlag und seine Folgen.

Bei Maria macht das rund 200 Euro weniger im Monat zum Start der regulären Altersrente mit 66 Jahren und vier Monaten aus. Da sie aber zwischen 63 und 66 Jahren und vier Monaten bereits Pensionszahlungen bezogen hat, ist sie 27 weitere Jahre finanziell im Vorteil.

Erst nach ihrem 90. Geburtstag würde sich die Lage drehen: Dann wäre es für sie besser gewesen, keine vorgezogene Rente mit Abschlägen in Anspruch zu nehmen und stattdessen auf die abschlagfreie »Normalrente« mit 66 Jahren und vier Monaten zu setzen.

Bei Peter ergibt die Vergleichsrechnung übrigens, dass der Rentenbooster RentArbeit 20 Jahre lang wirkt. So lange liegt sein verfügbares Einkommen bei vorzeitigem Rentenbezug plus Weiterarbeit höher. Im Gegensatz zu Maria hat er allerdings »nur« zwei Jahre weitergearbeitet und gleichzeitig Pensionszahlungen bezogen. Bei ihr waren es drei Jahre und vier Monate.

Wie gesagt, beides sind Modellrechnungen. Für jeden und jede werden sich hier andere Werte ergeben. Dennoch sind viele professionelle Rentenberater und die Stiftung Warentest sich dahingehend einig, dass die Kombination zwischen vorzeitigem Rentenbezug und Weiterarbeit ein Gewinnerthema ist – für die Betreffenden, aber auch für die Gesellschaft und den dadurch entlasteten Arbeitsmarkt.

Teilrente und Weiterarbeiten

Die Rente mit 63 können langjährig Versicherte auch als Teilrente erhalten. Wie viel Prozent der Leistungen ausgezahlt werden sollen, kann dabei jeder und jede selbst entscheiden. Die fälligen Abschläge beziehen sich dann nur auf die Teilrente.

Ein weiterer Vorteil ist, dass mit Bezug der Rente auch endgültig bestimmt wird, welcher Teil der Rente künftig versteuert werden muss. Im Jahr 2024 sind beispielsweise noch 16 Prozent der gesetzlichen Rente steuerfrei, 84 Prozent sind zu versteuern. Der zu versteuernde Anteil steigt jedes Jahr um einen Prozentpunkt an.

Wenn Maria in unserem Beispielfall also mit 63 in Teilrente geht statt regulär mit 66 Jahren, sind für den Rest ihres Lebens 16 statt 13 Prozent ihrer gesetzliche Rente steuerfrei. Dasselbe gilt für Rürup-Renten und Pensionszahlungen aus berufsständischen Versorgungswerken.

Drei Prozentpunkte Unterschied klingt nach nicht viel, summiert sich aber trotzdem. Denn die weitere Lebenserwartung von Maria mit 63 liegt statistisch locker bei knapp 30 Jahren.

Der Grund dafür, dass der Steuerfreibetrag jährlich um einen Prozentpunkt abschmilzt, liegt darin, dass sich seit einiger Zeit jedes Jahr der steuerliche Freibetrag für die Altersvorsorge erhöht. Wer arbeitet, kann also jährlich einen prozentual höheren Betrag steuerfrei für die

Altersvorsorge einsetzen – muss dann aber bei Bezug der Rente diese auch in zunehmendem Maß versteuern. Wer im Jahr 2040 in den Ruhestand geht, muss die Zahlungen zu 100 Prozent versteuern.

Maria jedoch nicht: Obwohl sie gute Chancen hat, dann noch Rente zu beziehen, bleibt ihr zu versteuernder Rentenanteil bei 84 Prozent, wenn sie in Frührente geht. Wartet sie bis zum regulären Pensionseintritt, sind es wie oben beschrieben 87 Prozent.

Einem ähnlichen Mechanismus, aber leicht unterschiedlichen Beträgen unterliegen alle weiteren Vorsorge-(Spar-)Verträge, deren Beiträge aus versteuertem Einkommen geflossen sind. Das können beispielsweise betriebliche und private Renten oder Zusagen aus Pensionskassen und Direktversicherungen sein.

Eine Teilrente bietet schließlich noch einen dritten Vorteil: Wenn Sie bei der Pflege von Verwandten oder auch Bekannten mithelfen, ohne dafür Geld zu verlangen, zahlt die Pflegeversicherung für Sie in die Rentenkasse ein und erhöht so ihre Rente weiter. Dies gilt auch, wenn Ihre Teilrente bei 99,99 Prozent liegt.

Pro Jahr Pflegetätigkeit kann so ein Rentenplus zwischen 7 und 35 Euro lebenslang hinzukommen. Sie können auch mehrere Personen ehrenamtlich pflegen und erhalten dafür mehrfach den Rentenzuschuss.

Sollte sich Maria für diese Option entscheiden, darf sie allerdings nicht in Vollzeit arbeiten. Erlaubt sind maximal 30 Stunden pro Woche, denn weitere zehn Stunden sind das erforderliche Minimum für die Pflege einer Person. Die Pflege muss zudem regelmäßig an zwei Tagen pro Woche geleistet werden. Zudem müssen die zu Pflegenden mindestens über Pflegegrad 2 verfügen.

Auch nachdem Sie die Regelaltersgrenze erreicht haben, können Sie weiterpflegen und die Rente so erhöhen: Sie müssen nur weiterhin eine Teilrente von 99,99 Prozent beantragen. Bei einer Altersrente von 100 Prozent erlischt die Option, die Zahlungen durch Pflege weiter zu erhöhen. Allerdings können Sie eine 100-Prozent-Rente jederzeit nachträglich in eine 99,99-Prozent Teilrente umwandeln.

Vollrente und Weiterarbeiten

Wer die reguläre Altersgrenze erreicht hat und weiterarbeitet, befindet sich in puncto Steuern und Sozialabgaben in der gleichen Situation wie RentArbeiter Peter mit seiner abschlagfreien Frührente nach 45 Versicherungsjahren.

Interessant ist aber die Frage, ob mit der weiteren Erwerbsarbeit die Rente erhöht werden soll oder nicht. Dies kann jeder und jede selbst entscheiden. Wer keine Rentenbeiträge mehr einzahlen will, spart die Hälfte des derzeitigen Rentenbeitrags von 18,6 Prozent. Während der Arbeitgeber immer weiter seine Hälfte bezahlen muss, bekommt der Arbeitnehmer seine Hälfte, also 9,3 Prozent, zum Nettogehalt hinzu. Bei einem Jahresgehalt von 50 000 Euro wären das nach Rechnungen der Stiftung Warentest monatlich 390 Euro, also 4650 Euro im Jahr.

Für deutlich lukrativer halten die Stiftung-Warentest-Experten die Variante, weiter in die Rentenversicherung einzuzahlen. Mit den 4650 Euro pro Jahr kann man ein Rentenplus von monatlich 44 Euro erreichen. Innerhalb von neun Jahren Rentenbezug steht man damit im Plus.

Nicht unerwähnt bleiben soll zudem die Variante, den Rentenbezug aufzuschieben und weiterzuarbeiten: Pro Monat erhöht sich die Rente dann um 0,5 Prozent. Pro Jahr steigt sie also um 6 Prozent. Diese Zuschläge sind also deutlich höher als die prozentualen Abschläge bei der Frührente. Dies ist logisch, weil der oder die Betreffende ja etliche Jahre älter ist, der Rentenbezug sich also dementsprechend verkürzt.

Die Stiftung Warentest stellt dazu folgende Rechnung auf: Wer mit einem Jahreseinkommen von 50 000 Euro ein Jahr später in den Ruhestand geht, verzichtet auf 20 000 Euro Rente. Stattdessen bekommt er lebenslang 98 Euro mehr Pensionszahlungen im Monat. Allerdings lohnt sich dies erst nach einem Rentenbezug von 17 Jahren. Dies ist also eine Wette auf die Langlebigkeit.

Erwerbsminderungsrente und Weiterarbeiten

Auch wer eine Erwerbsminderungsrente bezieht, kann hinzuverdienen. Bei einer teilweisen Erwerbsminderung liegt die jährliche Hinzuverdienstgrenze seit Januar 2023 bei 35 650 Euro im Jahr, bei einer vollen Erwerbsminderung immerhin noch bei 17 820 Euro jährlich.

Webseiten und Bücher zur Vorbereitung

Seriös und leicht verständlich sind die Webseiten der Stiftung Warentest (test.de) und Finanztip.de. Neben den freien Inhalten kann man bei der Stiftung Warentest einzelne Artikel, Specials und auch Bücher separat kaufen oder per monatlicher oder jährlicher Flatrate abonnieren.

Finanztip.de betreibt die gemeinnützige Finanztip Stiftung. Dort arbeiten inzwischen zwei Dutzend Redakteure, die ihre Recherchen kostenfrei zur Verfügung stellen. Wer von dieser Webseite auf die Seiten kommerzieller Anbieter weiterklickt und dort etwas erwirbt oder einen Vertrag abschließt, unterstützt damit die Finanzierung von Finanztip. Denn über diese »Affiliate-Links« erhält Finanztip eine kleine Rückvergütung pro Verkauf. Alle Affiliate-Links sind mit einem Sternchen gekennzeichnet und verweisen nur auf Produkte, welche die Finanztip-Experten empfehlen.

Nützliche Informationen finden sich auch auf den Webseiten der Deutschen Rentenversicherung sowie der Arbeitsagenturen und Jobcenter. Immer sinnvoll ist es, einen kostenlosen Beratungstermin bei der Deutschen Rentenversicherung wahrzunehmen. Die Rentengesetzgebung in Deutschland ist so kompliziert, dass jeder dabei etwas lernen kann.

Des Weiteren helfen auch kommerzielle Dienstleistungsstellen wie Rentenberater. Je nach Spezialisierung kann dies sinnvoll sein.

Private Rentenberater sind bei ihren Leistungen an die geltenden Rechtsanwaltstarife gebunden. Grundsätzlich erleichtert und beschleunigt es die Beratung, wenn Sie vorher bei der Deutschen Rentenversicherung waren und ihre Unterlagen geordnet und vor allem so vollständig wie möglich vorliegen haben.

Danksagung

Ich möchte mich von Herzen bei all den Frauen und Männern bedanken, die mir für dieses Buch von ihren Berufswechseln erzählt haben. Sie sind wahre Pioniere und Pionierinnen der Arbeitswelt im 21. Jahrhundert – Menschen, die sich in der zweiten Lebenshälfte beruflich noch mal etwas Neues trauen.

Sie ebnen damit den Weg in eine gelingende, produktive Gesellschaft des langen Lebens. Spätestens für unsere Kinder und Kindeskinder werden hundertjährige Lebenswege normal sein – und die hier Porträtierten zeigen, wie viel Freude, Sinn, Befriedigung und auch Wertschätzung eine solche Neuprofilierung in der zweiten Lebenshälfte zu bringen vermag.

Für uns als Gesellschaft sind diese Erfahrungen absolut notwendig, wenn wir dynamisch, neugierig, produktiv und wertschöpfend bleiben wollen. Es ist deshalb zu hoffen, dass die relevanten Verantwortlichen aus Politik, Wirtschaft und Kultur die Rahmenbedingungen so setzen, dass derartige berufliche Neuanfänge jederzeit möglich sind und vor allem auch gefördert werden.

Neben der Dekarbonisierung und der Digitalisierung/Künstlichen Intelligenz ist die Demografie weltweit eines der Schlüsselthemen des 21. Jahrhunderts. Wir im deutschsprachigen Raum können und sollten dazu positive Beispiele liefern. Wenn dieses Buch hilft, hier weiterzukommen, wäre sein Zweck vollauf erfüllt.

Margaret Heckel
Potsdam, im Winter 2023

Über die Autorin

Margaret Heckel ist Journalistin, Autorin und Moderatorin. Die Volkswirtin war Politikchefin der *Welt* und der *Financial Times Deutschland*. Ihre Erfahrungen verarbeitete sie unter anderem in dem Bestseller *So regiert die Kanzlerin*. Zuvor berichtete sie für die *Wirtschaftswoche* aus Leipzig, Moskau sowie Mittel- und Osteuropa.

Seit 2009 konzentriert Heckel sich auf den demografischen Wandel. Bei der Edition Körber-Stiftung erschienen 2012 *Die Midlife-Boomer: Warum es nie spannender war, älter zu werden* und ein Jahr später *Aus Erfahrung gut – wie Ältere die Arbeitswelt erneuern*.

Am 06.06.66 geboren, würde sie zu gern ihren 100. Geburtstag erleben. Heckel hält die Langlebigkeitsrevolution und ihre Auswirkungen für eine der spannendsten und folgenreichsten Entwicklungen unseres Jahrhunderts. Sie wird dazu oft in den Medien befragt und ist mit ihren Vorträgen und Workshops im deutschsprachigen Raum unterwegs.

www.margaretheckel.de
Instagram: @happy100.info
Podcast: Leben für Fortgeschrittene

Anmerkungen

1 https://de.statista.com/statistik/daten/studie/1099900/umfrage/anzahl-der-gesunden-lebensjahre-im-alter-von-65-in-der-eu

2 Waldinger Robert; Schulz, Marc; *The Good Life*, Kösel, erschienen am 30.08.2023 in Deutschland, Zitate beziehen sich auf die US-amerikanische Ausgabe: *The Good Life: Lessons from the World's Longest Study on Happiness* von Robert Waldinger, Marc Schulz

3 Übersetzt mit www.DeepL.com/Translator (kostenlose Version), https://amzn.eu/hWuiF7c

4 https://www.faz.net/aktuell/wirtschaft/schwerpunkt-vollbeschaeftigung-sind-die-alten-noch-zu-gebrauchen-12165059.html

5 Vortrag von Ursula von der Leyen auf der INQA-Tagung Qualität der Arbeit. Berlin, Dezember 2010, zitiert in: Heckel, Margaret; »Die Midlife-Boomer. Warum es nie spannender war, älter zu werden«, Edition Körber-Stiftung, Hamburg; Seiten 22/23

6 Wilke, Felicitas; »Wenn Bewerber mit 45 schon ›zu alt‹ sind«, *Süddeutsche Zeitung* vom 01.09.2022 https://www.sueddeutsche.de/wirtschaft/arbeitsmarkt-fachkraeftemangel-demografischer-wandel-1.5648983, Zugriff am 01.04.2023

7 https://www.amazon.de/Long-Bright-Future-Happiness-Financial/dp/0767930126/ref=tmm_hrd_swatch_0?_encoding=UTF8&qid=1702582811&sr=8-1

8 Gratton, Lynda; Scott, Andrew: *Morgen werden wir 100. Wie unser langes Leben gelingt*. Hamburg, 2018, ISBN 978-3-89684-264-0

9 https://www.amazon.de/Stage-Not-Age-Understand-60/dp/1633699471/ref=tmm_hrd_swatch_0?_encoding=UTF8&qid=1702582645&sr=8-1

10 Übersetzt mit www.DeepL.com/Translator (kostenlose Version), aus folgendemm Interview https://www.nextavenue.org/over-60-think-stage-not-age/, Zugriff 01.04.2023

11 Langer, Ellen J.; *Counterclockwise*, New York: Ballantine Book, 2009; E-Book-Ausgabe, Position 2397, S. 173

12 Hucko, Margaret; Mehringer, Martin; »Wie Bezos und andere Superreiche Milliarden in den Traum vom ewigen Leben stecken«, *Manager Magazin*, 20.02.2023

13 Fuchs, Johann; Söhnlein, Doris; Weber, Brigitte (2021): Projektion des Erwerbspersonenpotenzials bis 2060: Demografische Entwicklung lässt das Arbeitskräfteangebot stark schrumpfen. (IAB-Kurzbericht, 25/2021), Nürnberg, S. 12

14 https://de.statista.com/statistik/daten/studie/235/umfrage/anzahl-der-geburten-seit-1993/

15 https://www.youtube.com/watch?v=E4BsUINJREM

16 https://de.statista.com/statistik/daten/studie/420385/umfrage/vakanzzeit-von-sozialversicherungspflichtigen-arbeitsstellen-ausgewaehlter-engpassberufe-in-deutschland/

17 https://jobkompass.db.jobs/profiler

18 https://www.deutschebahn.com/de/presse/pressestart_zentrales_uebersicht/Deutsche-Bahn-baut-weiter-Personal-auf-Dieses-Jahr-mehr-als-25-000-Neueinstellungen-geplant-10024106

19 https://www.allianz-pro-schiene.de/themen/arbeitsplaetze/lokfuehrer/

20 »Weiblich, 61 Jahre, Auszubildende«, Reportage von Rebekka Wiese in der *Zeit*, online gestellt am 28. Februar 2023

21 Oberst, Barbara; »Weiblich, 61, Maurer-Azubine«, in www.deutsche-handwerks-zeitung«, 27. Februar 2023

22 https://www.fr.de/ratgeber/karriere/ohne-informatikstudium-so-klappt-der-quereinstieg-in-die-it-zr-92384773.html

23 https://www.spiegel.de/wirtschaft/fachkraeftemangel-gewerkschaften-warnen-vor-personalkollaps-im-oeffentlichen-dienst-a-5e9b4775-5763-4196-86f6-9494fac7e664

24 https://www.pwc.de/de/branchen-und-markte/oeffentlicher-sektor/fachkraeftemangel-im-oeffentlichen-sektor.html

25 https://www.academics.de/ratgeber/quereinstieg-oeffentlicher-dienst

26 https://www.zeit.de/arbeit/2023-10/lehrer-quereinsteiger-statistisches-bundesamt

27 https://www.baden-wuerttemberg.de/de/service/presse/pressemitteilung/pid/neuer-bildungsgang-direkteinstieg-kita

28 https://www.swr.de/swraktuell/baden-wuerttemberg/stuttgart/direkteinstieg-kita-lockt-quereinsteiger-100.html

29 https://www.tagesschau.de/inland/gesellschaft/kita-quereinsteiger-100.html

30 https://www.medirocket.de/karrieremagazin/details/quereinstieg-in-die-pflege--so-klappt-es-auch-ohne-ausbildung

31 https://de.indeed.com/karriere-guide/jobsuche/was-ist-ein-office-manager

32 https://www.inc.com/melanie-curtin/attention-millennials-average-entrepreneur-is-this-old-when-they-found-their-first-startup.html

33 https://www.ndr.de/fernsehen/Brot-Stulle,sendung1379398.html und https://www.lechtworden.com/impressum

34 https://www.faz.net/aktuell/rhein-main/frankfurt/konditorin-nanetta-ruf-backt-bio-im-lastwagen-17327786.html

35 https://www.vogue.com/article/apo-whang-od-and-the-indelible-marks-of-filipino-identity

36 https://www.destatis.de/DE/Themen/Querschnitt/Demografischer-Wandel/Aeltere-Menschen/erwerbstaetigkeit.html

37 https://koerber-stiftung.de/projekte/zugabe-preis/#msdynttrid=QUdvC9DZtLdbLZODlrggFiFdL8pxlGuN9cd7OCyDzXc

38 https://www.tagesschau.de/inland/rentner-rente-arbeit-minijob-101.html

39 https://www.deutsche-rentenversicherung.de/DRV/DE/Ueber-uns-und-Presse/Presse/Meldungen/2021/210309_rententipp_minijob.html

40 https://de.statista.com/statistik/daten/studie/154353/umfrage/durchschnittliche-rentenbezugsdauer-2008/

41 https://www.nytimes.com/2022/08/11/travel/retirees-part-time-travel.html

42 https://apply.lufthansagroup.careers/index.php?ac=jobad&id=73876&language=2

43 Agarwala, Anant; Otto, Jeanette; »Wann bin ich alt, Herr Kruse?« in *Zeit*, 15/2023

44 Gieffers, Hanna; »Manche fühlen sich schon mit zwanzig alt« in *Zeit Campus* vom 30. September 2023

45 https://www.spiegel.de/karriere/ruhestand-was-muss-sich-aendern-damit-wir-laenger-arbeiten-wollen-a-10a9b2fa-57bc-4ccc-b4dc-7312e46ad3fb?giftToken=f545de45-f9ec-454e-b5e7-de45863c5ca5

46 https://arbeit.uni-wuppertal.de/fileadmin/arbeit/Broschüre_und_Flyer/lidA_Broschüre_W4_kurz.pdf

47 Hasselhorn, Hans Martin; Ebener, Melanie: Frühzeitiger Ausstieg der Babyboomer aus dem Erwerbsleben – Ergebnisse der lidA-Studie, in Deutsche Rentenversicherung 2/2023, Seite 152 bis 174

48 Silver Workforce Studie 2023, zu beziehen über marketing@manpower.de

49 https://www.faz.net/-gym-bdnb2

50 https://www.welt.de/politik/deutschland/article248248334/Rente-mit-63-Zahl-der-Antraege-steigt-auf-Rekordniveau.html

51 »Wie wir in den mittleren Jahren leben, ist entscheidend für ein gutes Altwerden«, in Spiegel.de, 17.01.2021

52 https://www.destatis.de/DE/Themen/Gesellschaft-Umwelt/Bildung-Forschung-Kultur/Weiterbildung/Tabellen/ba-weiterbildung-insgesamt.html?nn=209608

53 https://www.finanztip.de/steuererklaerung/abfindung-versteuern/

54 Finanztest 7/2023, S. 24 bis 35